JN159924

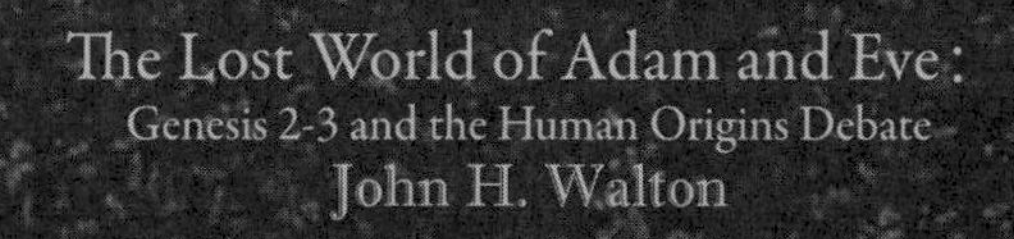


ジョン・H・ウォルトン［著］

# アダムとエバの再発見

## 古代の世界観で聖書を読むII

原 雅幸［訳］ 関野祐二・中村佐知［監修］

聖契神学校［編］ いのちのことば社［発売］

【凡例】

原書にある著者による説明は（　）

訳者による説明や訳注は〔　〕

原書で引用した文に欠けていたのを著者が補った部分は〔　〕で示した。

# はじめに

「この本は、二千年にわたるキリスト教の歴史に衝撃的な一打を与えるかもしれない！」そう直感したのが、本書の翻訳に取り組むきっかけでした。同著者による「THE LOST WORLD」シリーズ一作目『創世記1章の再発見——古代の世界観で聖書を読む』の下訳が終わるか終わらないかという頃、出来立てほやほやの本書を垣間見る機会が与えられ、その内容に「これは、やばい！」と目を丸くしたことを覚えています。

神学生だった当時、積み上げられてきた神学の取り組みを学びながら、どうも釈然としない部分を抱えていた自分にとって、本書は「この道を先に進む光」を与えてくれる、そう直感したのでした。しかし、その刺激的内容を翻訳することは、大袈裟に言えば、自分の「教会人」としての「生命」を危うくするかもしれないとも直感しました。それゆえ、しばらく静かにしていることにしたのです。

「この先生は、信頼できる！」この確信を得たのが、この本の翻訳に踏み切る最後の一押しでした。二〇一八年五月、著者であるジョン・ウォルトン先生が来日され、親しい交わりと直々のレクチャーを受ける機会を得ました。先生の謙虚さと大胆さ、学識の深さと温かな人柄に触れ、真理にまっすぐに生き、そうすることを志す人を励まそうとされている先生に深い感銘を受けたのです。それに比べて自分を守ることに汲々とし、真理を追究することによって起こる波風を恐れてばかりいる自分を恥じました。これでは、真理であるイエスの弟子にふさわしくない、そういう思いが強くなり、ウォルトン先生が離日される日、先生ご本人に、本書を翻訳出版することを約束したのでした。それから気づけば六年も過ぎてしまいましたが、ついに本書を日本の読者の皆様に紹介できることを嬉しく思います。

前作に続いて、本書も取り組むのが「聖書」と「科学」の関係です。これを「創世記」という具体的な聖書テクストを釈義する作業によって解きほぐす取り組みは他に類を見ないでしょう。しかしその方法論は極めてオーソドックスです。聖書解釈の基本である、原著者が最初の読者に意図したメッセージは何かを粘り強く聞き取ることなのです。そのためにウォルトン先生が用いる「パワーツール」が、十九世紀以降に大量に出土した古代文書です。

ウォルトン先生の卓越しているところは、出てきた古代文書を安易に聖書と直結せず、古代の認知環境を再現するための資料とする点です。そこで再構成された観点（世界観）から創世記を読むことに取り組みます。その結果、私たち二十一世紀の読者の「当たり前」は大いに揺さぶられます。人によっては不快感さえ催すかもしれません。正直なところ私自身も、「これは違うだろう」と思いながら訳した部分がありました。しかしウォルトン先生の主張に繰り返しじっくり耳を傾けていくと（翻訳者の特権です）、自分の理解よりウォルトン先生の説明のほうが聖書テクストに忠実だという思いへと変えられていったのでした。

本書の内容は、キリスト教神学の中枢に触れ、そこにある「パラメーター」の再調整を求めます。それゆえ「そこを触ったら信仰が土台から崩れるのではないか」と危険に思う方がおられることを想像します。でも、大丈夫です。不安な方はぜひ最後の「まとめと結論」からお読みください。そこには「学者」であると同時に「牧師」としてのウォルトン先生の心が現れています。きっと本論を読もうというモチベーションが与えられることでしょう。

ただし、展開される議論は専門的である以上に相当繊細なものです。ですから「斜め読み」して批判することはお控えください。薄皮を剥ぐような絶妙な筆さばきで記された議論です。心強い監修者のお二人に導かれながらも、日本語にうまく表現できていないとすれば、訳者である私の責任ですが、寛容さと忍耐をもってお読みくだされば、必ずや咀嚼できると信じるところです。

ウォルトン先生の放つ「一撃」は、決してキリスト教神学、福音的信仰を倒すものではありません。むしろ、不要な議論を削ぎ落とし、本当に大事なことに私たちを向き合わせてくれる、私はそう確信しています。

二〇二四年八月

日本福音キリスト教会連合 キリスト教たんぽぽ教会牧師　原　雅幸

## 目次

# 序論

今日、キリスト教会は科学一般と聖書との関係をめぐる白熱した議論に向き合わされている。その中で傑出している話題は「人類の起源」である。このトピックに関する聖書の主張と現代科学の合意事項（コンセンサス）（主だったところで、生物学的**進化**、**共通祖先**、**比較ゲノム学**、化石記録、人類学など）との間には、果たして何らかの根源的で、本質的な確執が存在するのだろうか。

確かに科学は、わずかながらだとしても日夜変化し続ける。これに対して、聖書は静的で変わらないものだと思われやすい。もちろん聖書そのものは変わらないのだが、「聖書の解釈」となればかなり動的である。したがってその結果としての神学の形は、常に再検討されるものだ。（ただし、中心的な事柄よりも、周辺的な事柄についての場合が多い。）

二千年にわたる教会の歴史は、聖書解釈における驚くほどの相違、根深い神学論争（異端として切り捨てられたものもあれば、大きな分裂をもたらし、並存しているものもある）、そして特定の聖書箇所に関する、いくつかの大きな不一致を証言している。とりわけ創世記1章から3章までの聖書解釈の歴史は、一枚岩であるとは到底言えない。教理の上でも**釈義**の上でも、足並みがきれいにそろった部分は少しもないと言ってよいほどだ。

この事実は教会史の最初期においてさえ確認できる。

この期間（キリスト以後の最初の二世紀）の概観的な研究によってさえ、明らかになる一つの特徴がある。それは、一枚岩の読み方や、単一の方法論などは見出されないことだ。……しかし、一貫性と筋の通った読解形式は見出される。それは今日主流となっているものとは大きく異なる神学的特徴を持つものである。[1]

つまり、創世記の冒頭の数章に関して、キリスト教は数多くの選択肢から一つを選ぶということを棚上げせざるを得なかった。悲しいことだが、自分の仲間内での読み方だけが「真の」キリスト教徒にとって正当な読み方だ、と考える人たちがいたのも事実だ。それゆえに血まで流されたということを、自分たちの恥として告白せざるを得ない。

聖書の解釈者として、また神学者として、私たちには聖書テクストに対する責任がある。私たちの持つ神学的伝統は確かに重要だ。しかし、聖書解釈と解釈に際して用いる解釈学でさえ、何世紀にもわたって変化してきたのだから、すべてのレベルで伝統に忠実であることは到底できない。新しい知見や情報が、いつでも浮上する可能性がある。数百年前に、聖書原語への接近法が刷新されたことは、聖書解釈に大きなインパクトをもたらした。ここ数十年で言えば、古代世界の文書が入手可能になったことにより、聖書テクストの読み方に関する素晴らしい資料源となっている。こういった道具が、私たちの聖書解釈に大変意義深い貢献をすることができるというときに、これらを敢えて無視すべきではない。

科学の側においても、過去百五十年は革命的だった。進化理論の発展はその端緒にすぎず、ヒトゲノムのマッピングから入手可能になった刺激的な情報は、おそらく最新の進展だが、今後さらなる発展が期待され、人類の起源について研究する上での根拠を提供してくれるだろう。

聖書を真摯に受け止める人々は、科学の諸分野から、聖書と信仰に反対する攻撃が次々と浴びせかけられることに愕然とする。残念なことに、このことによって、科学を拒絶したり、敵対視したりする人が出てきてしまった。本来、科学的知見はクリスチャンにとって問題となるべきことではないはずだ。なぜなら私たちは、特別啓示（聖書により、イエスにより）と一般啓示（科学はこれを理解するのに寄与する）のどちらも大切だと確信しているからだ。科学を、信仰に対する武器として用いる人がいるからといって、科学そのものや科学者を問題視する理由にはならない。哲学としての**自然主義**［訳注＝無神論に通じる］が問題なのだ。結局、科学を武器として用いる人々は、聖書を神のことばとして受け取る人々に対して、同じように聖書を武器にする傾向にある。こうしたことへの私たちの応答は、できるだけ平明に聖書をよりよく説明し、聖書を乱用する人たちに、その見方がどの点で誤っているのかを明らかにすることにある。科学についても同じことをしようと思う。

本書において私は、人類の起源に関する現在の合意事項（コンセンサス）がもたらす脅威（と察知されるもの）は、度を越していると強く主張する。その合意には、すべての生命の存在についての説明として、共通祖先と進化理論の原則を受容している。そこから得られる結論が科学的な原則にのっとって疑義があるなら、その合意事項を盲目的に受け入れるべきではないだろう。しかし、その科学的帰結が、時間というテストに耐えられるか否かにかかわらず、聖書的確信にとって何ら脅威とはならないという理解に達することはできる。とはいえ、摩擦を察知することは、珍しいことでもないと言わざるを得ない。

この点を考慮して、私は科学的な主張の適切性の問題にはあまり踏み込まないつもりである。その代わりに、聖書を古代文書として、また聖典として綿密に読むことによって、それが織りなす主張を探求していく。焦点は創世記になるが、私は正典全体を視野に入れて考察する。唯一の正しい解答や解釈を特定しようというのではなく、過去に行われたいくつかの伝統的な読み方からいくらか異なるとしても、テクストに裏付けられ、古代中東の文脈とも、近年の科学的諸発見とも共存可能な、聖典としての聖書の信頼に足る読み方があることを示そうと思う。これと同時に、広範にわたる神学の中核は維持する。すなわち聖書の権威、用いたメカニズムやかかった時間にとらわれない神の親密で活動的な創造者としての役割、無からの創造、私たちがみな神によって創造されたということ、またある時点で罪がこの世界に入り込み、それゆえに救いを必要としていることである。[2]

私たちは、聖書を無理やり当時の文化的文脈に押し込めたり、あるいは現代科学に適合させたりはしない。しかし例えば、もし創世記のある解釈が古代世界に見出される何らかの特徴や、真っ当な科学的結論と見なされるものに一致するとしたら、それに越したことはない。聖書を優先する方法論（対照的なものとしては、科学優先アプローチや、聖書外資料優先アプローチがある）を採用したとしても、聖書についての確信を危うくすることなく、古代世界に対しても、科学に対しても注意を払うことができる。古代文献からの情報も、科学的調査から得られる新たな洞察も、これまでの聖書解釈を見直し、聖書そのものに立ち戻るよう促すものにできる。これは他分野からの要求に盲目的かつ強引に聖書テクストを適合させるということではない。聖書はその自律性を保つべきで、テクスト自体に語らせるべきだ。しかし、それは伝統的な解釈を聖書に照らし合わせるときにも言える。聖書テクストは伝統からも自律的でなくてはならない。だから私たちは、繰り返し聖書テクストに戻って、新しい眼差しでこれを考察する。これを厭わずにすべきだ。それこそが本書の目的である。もちろん私はすべての答えを持っているわけではない。けれども、古代世界からの新しい情報と、現代科学からの新しい洞察に刺激されて、これまで見逃してきた選択肢や、伝統的な読みの氷層下に沈められてきたものがないかを確認するために聖書テクストに立ち戻る。伝統的な神学の土台を崩すつもりはない。私は聖書の権威と、聖書解釈に基づいて築き上げられてきた伝統についての強い確信を持ってこの仕事に取り組む。しかし、私たちの神学的枠組みの中でも、テクストを新しく読む余地は十分にあるし、そのことによって驚かされることさえあるだろう。

1 Peter C. Bouteneff, *Beginnings: Ancient Christian Readings of the Biblical Creation Narratives* (Grand Rapids: Baker, 2008), pp. ix-x. ここで著者はギリシア教父たちの文献に関心を向けている。

2 および、その無誤性についての健全な理解。

# 提言1　創世記は古代文書である

聖書の権威は、著者の意図と分かち難く結び付いている。神はご自分の権威を人間の著者に授けられた。それで神からのメッセージを理解しようと願うとき、人間の著者がどのようにコミュニケーションを図ろうとしたのかを考えなくてはならない。神と人の二つの声が重なり合って響いているのだが、神のうちにある意味とメッセージが満ちた部屋に至る入口は、人間の著者なのだ。すなわち、私たちが創世記を読む際、古代文書の一つを読んでいるのだから、古代世界において適切な前提だけを用いて、解釈を始めるべきだ。そこで古代人の思考がいかなるものであり、そのコミュニケーションを支える概念がどのようなものかを理解することが必要になる。[1]

ある意味で、コミュニケーション行為がうまくいくときはいつでも、伝達する側の様々な適応［訳注＝伝達相手が理解できるように言語表現を順応させること］や調整が功を奏している。しかし、その適応はあくまでも、その伝達者の想定する聴衆に限定されている。伝達者と聴衆が、同じ言語、同じ言語の運用能力、同じ文化や経験を共有していない場合、伝達する側が適応することで、そのギャップは埋められることになる。しかし伝達者が知りもせず、想定もしていない聴衆に適応することは期待できない。ハイ・コンテクスト・コミュニケーション［訳注＝社会的文脈に依拠する度合いが高いコミュニケーションのあり方］とは、伝達者と聴衆とが多くのものを共有している状況下での、内部関係者同士の間に起こるコミュニケーションのことだ。そのような状況下では、適応をほとんどせずとも、効果的なコミュニケーションが成立する。ほとんどのことは言葉にされないので、外部の者がそのコミュニケーションを十分理解するためには、多くの補いが必要になる。

このことは、シカゴで日常的に耳にする交通情報によく表れている［訳注＝著者はシカゴ在勤である］。そこでは、所要時間や事故の場所といった情報が、この道路を熟知している聴き手を前提に発信される。常日頃この道を運転する私にとって、ある地点から別の地点までの所要時間や、どこかで生じた渋滞がどこまで延びているのかといった情報を提供してくれる交通情報は大変意味がある。「ケーブ」から「ジャンクション」までの所要時間が三十八分であるということや、渋滞が「スリップ」から「ネイグルカーブ」にまで達していると聞けば、それがどういう状況なのか私にははっきりわかる。けれども、市外から来た訪問者にとっては、これらの情報は混乱を招くだけのものだ。彼らは、スリップやケーブが何であるかを知らない（地図上で探すこともできない）し、その二つの場所がどのくらい離れたところにあるかもわからない。そして空いている日にはケーブからジャンクションまでは約八分で行くことができるということも知らないのだ。

これとは対照的に、ロー・コンテクスト・コミュニケーション［訳注＝社会的文脈に依拠する度合いが低いコミュニケーションのあり方］においては、内部の者が外部の人にコミュニケーションを取ろうとするわけだから、高度な適応が必要になる。ロー・コンテクストな交通情報であれば、場所の目印となる建物を明示したり、二つの地点を通常はどれくらいの時間で行き来できるのかを市外の人間やその道に不慣れな運転手のために伝えたりしなくてはならない。その説明は普通の交通情報より長くなるだろう。もし交通情報のレポーターが、市外の訪問者にもわかるような原稿を用意したならば、その道に慣れた運転手には、うんざりするほど長く、はた迷惑なものとなるだろう。

聖書の場合、神は伝達者と当座の聴衆とに適応し、伝達者はその聴衆にとって適切なハイ・コンテクスト・コミュニケーションを用いている。これが私の提言である。例えば、預言者とその聴衆は、歴史、文化、言語、その生きた時代に起こった経験を共有している。聖書を読む際、私たちはその社会的文脈にあまり通じていない部外者として、そのコミュニケーションの文脈に入っていくことになる。そのため、伝達者の意味するところや、どういう種類の発話内行為を用いているのかを識別するために、あらゆるツールを用いて推量する必要がある。その預言者が聴衆に対してハイ・コンテクスト・コミュニケーションをとったために省略されたあらゆる情報を補充するためには調査研究を要する。これが古代文書と今日の読者が相互交流する際に欠かせない方法論だ。

　聖書を真摯に受け止める人たちは、神が伝達者（話し手や書き手）の発した言葉［locutions］を霊感したと信じている。この発話は、（神と人間の著者による）共同の発話内行為[2]［illocutions］を達成するためのものであり、それは意図、主張、肯定、そして最終的には意味の理解につながる。しかし、その基礎となる発話そのものは伝達者の世界に結び付いている。つまり、神は権威ある発話内行為を通して、意味の伝達を最大限の効果で最も容易に行うため、想定される伝達者と聴衆との間に起こるハイ・コンテクスト・コミュニケーションに適応された。霊感は、単語レベルの言葉遣い［locutions］（その源は神である）と結び付けられており、発話内行為［illocutions］が、権威によって特徴づけられる意味を確定する際に必要な道筋を決定する。

　私たちと古代の伝達者との間に［訳注＝文化的、時代的、言語的］距離があるために、私たちはそのコミュニケーションを誤解することもあるだろう。というのは、私たちには馴染みのない要素が用いられたり、伝達者の思考様式が飲み込めなかったりするからだ。比較研究は、聖書の著者が採用した文学ジャンルの形式や修辞的技巧の性質を理解する助けになり、様々な要素を古代人が決して抱くことのなかった仕方で理解してしまうことを避けるのに役立つ。このような取り組みは、聖書の権威を汚すことではなく、伝達者が真に伝達しようとしたことに権威を認めることになる。比較研究が必要なもう一つの理由は、伝達者の**認知環境**[3]の様相をわきまえるためでもある。それは私たちには馴染みのないもので、これを知ることでテクストを古代人の世界と世界観の光の下で読むことが可能になる。

つまり、私たちは当該テクストがどのような類のものであり、またそれが提供するメッセージの性質をわきまえることによって、そのテクストを尊重する義務がある。この点について言えば、私たちは長い間、聖書を科学の教科書ではないとわきまえてきた。すなわち神の意図は、科学を教えたり、科学的な啓示を与えたりすることではない。神はご自分のこの世界におけるみわざ［work］をまさしく啓示されるが、この世界の仕組み［works］を聖書によっては啓示なさらない。

私たちにとって馴染みのない認知環境について一例を挙げよう。古代世界に生きる人々には、私たちが自然法則と呼ぶものに関するカテゴリーがなかった。彼らが因果律（原因と結果）について考える場合、たとえ私たちに観察できる（物を押せば動くとか、手放せば落下するというような）ことすべてが古代人にも観察できたとしても、彼らは神的な原因という観点からこの現象世界を理解しようとしていたのだ。すべてのことは、神がそのように設定し、神がそのシステムを維持しているゆえに、そのように機能する。彼らはこの宇宙を機械仕掛のものとして［訳注＝自然法則は宇宙に関するこのような見方に基づく］ではなく、一つの王国として捉えていた。そして神はそのような観点から、世界について人々に語りかけられたのだ。古代人に対する神の啓示は、自然界の仕組みについて、より洗練された理解を与えようとするものではなかった。

同じように神は、後々の読者がそのような情報を発見できるようにテクストの中に隠しておくこともしなかった。もしそのようなことをしたと仮定するなら、無茶苦茶なことになってしまう。例えば、人々が定常的な宇宙を信じていた時代、その科学的結論を聖書の中に見出し、確信を持つことは容易いことだった。しかし今日、私たちは**定常宇宙論**を真実だと思わない。今日、ビッグバンや膨張宇宙についての確信るかもしれない。しかし、そのうちにこの理論を真実だと考える人もいなくなるかもしれない。このような方法論を、権威の枠組み［訳注＝聖書の真理を定める仕組み］の中に取り入れることは到底できない。

同じように、聖書の記述に含まれる「古代科学」の一部をあたかも現代の科学的理解についての神の記述であるかのように用いるなら、テクストの権威を損ねることになる。例えばテクストが、私たちは心臓や腸で物を考えるというような記述をしていても、聖書を権威あるものとして真剣に受け取りたいと願う者がそのことを科学的概念として確信しなくてはいけないということにはならない。血液を送り出す臓器や消化器官が、生理学的に認知のプロセスに関わっているということを証明しようとしなくてよい。これは単に古代科学の文脈におけるコミュニケーションにすぎない。同じように、聖書が下の水と上の水を覆う天蓋（創世記１・６）について語っていても、宇宙の体系の中に「上の水」と「下の水」を組み入れる必要はない。古代世界に生きる人々はみな、雨が降ってくるのなら、上に水があるはずだと信じていた。それゆえ、聖書が「上にある水」（創世記１・７）というとき、それは科学的事象についての権威ある啓示なのではない。たとい厳密な話をして、上にある水は存在しないと結論したとしても、それによって聖書に誤りを見つけたことにはならない。むしろ、神はテクストの権威を別のところに与えておられると私たちはわきまえてきた。権威は、神の啓示の代理人である著者が伝達しようと意図したメッセージと分かち難く結び付いている。神は啓示を始めるために、ご自身を古代イスラエルの世界に適応させたのだ。それゆえ、聖書は私たちのために［for］（実に全人類のために）書かれたのだが、私たちに対して［to］書かれたのではない。そういった事情を考慮すると、聖書は私たちの言語で伝達されたものではないし、私たちの文化に向けられたものでもない。ましてや現代科学の状況と主張から派生する世界とその仕組みについての問いかけなど想定していないのだ。

もし、今日的な概念をテクストの中に読み込むなら、それはテクストの権威を周辺に追いやり、事実上、これを危うくする。というのは、権威を自分たちのところ、自分たちの考えへと不法に横取りすることになるからだ。これはテクストを、著者もその聴衆も知らなかった現代科学に関するものとして解釈するとき、特に当てはまる。テクストは、それが意味しなかったことを意味することはできない。テクストが言おうとしていることが、現代科学と一致することがあったとしても、テクストは現代科学に関する権威ある主張を構成しているのではない(例えば、聖書のある箇所はビッグバン宇宙論とぴたりと一致するが、テクストはビッグバン宇宙論を正しいと権威づけるものではない)。著者が意味し、聴衆が理解したことが、どの情報に権威があるかを制限する。旧約聖書の著者が意図したことを乗り越えることが許される唯一の確かな道は、もう一つの権威あるメッセージ(すなわち新約聖書の著者)が、その拡張された意味を提示している場合だけだ。

その代わりに私が提案するのは、聖書についての教理的確信(権威、無誤性、無謬性等)を人間の伝達者たちが意図したメッセージ(それは神的伝達者によって与えられたものだから)にきちんと結び付けることである。これは彼らが信じていたすべてのこと(彼らは固体としての「大空」を確かに信じていた)を私たちも信じるということではなくて、そこにあるコミュニケーション行為に忠実に参与するという意味だ。彼らのメッセージの形式は彼らの言語や文化に多くを負っているものだから、伝達者が前提として信じていたと推論され得ることと、教える意図を持っていた中心事項とを識別することは重要だ[4]。だから例えば、イスラエルが固体としての大空を信じていて、神がイスラエルとのコミュニケーションにおいて、そのモデルにご自分を適合させたとしても何ら驚くことはない。しかし、テクストのメッセージは、宇宙地勢学における宇宙の真の形について明言するものではないので、私たちは聖書の権威や無誤性を危険に晒すことなく、安全な形でそういった細部の事柄を退けられる。そのような宇宙地勢学は、伝達者たちの信念体系にあったもので、コミュニケーションの枠組みとして採用されたにすぎず、彼らのメッセージの中身ではない。信念は、具体的には彼らの考えの組み立て方によって、一般的には伝達者の文脈によって見分けられるだろう。しばしば私たちは、著者が自分の世界について抱いている信念は、そのテクストのメッセージとは無関係であるとか、取るに足らないと判断し、それゆえテクストの権威とは無関係であると見なす。同じように、人が「はらわたで考える」という概念は、彼らの使う表現や聖書記者の信念に組み込まれているが、啓示の意図するところは、生理学や解剖学についての明言ではない。このような場合、宇宙地勢学や解剖学、生理学のように受け取られ得るものは、コミュニケーションの枠組みの一部である。私はそう主張する。このような文化に固く結び付けられた概念を脇に置くことは、そのテクストのメッセージや権威を損なうものではない。文学ジャンルもコミュニケーションの枠組みの一部であり、それゆえ文化に固く結び付いている。伝達者の意図を適切に理解するためには、文化的側面や形態を考慮する必要がある。[5] その一方で、いったんメッセージを理解したなら、一般的な適用（例＝「神と隣人を愛せよ、そうすればうまくいくだろう」）だけを採用し、伝達者が文学ジャンルに込めたメッセージを単なる適応だとか、潜在的に誤謬を含んだものだとして除外し、それを無視することもできない。

テクストの権威と無誤性は、伝統的にもそうであったように、それが明言している事柄と結び付いている。そこで明言されているのは科学的な事柄ではない。テクストは、人間が内臓で物を考えるということを明言しようとしてはいない（そういった用語で伝達行為がされているのは、古代の聴衆がそのように信じていたからにすぎない）。テクストは、上に水があるとは明言していない。それゆえ私たちがこれから考慮すべき問題は、テクストが、その権威において人間の物質的な起源について何らかの明言をしているのかどうかである。もしテクストの伝達行為が、古代世界で誰もが信じていた概念（生理学的なことや、上に水があるということ）や当時の「科学」に適応しているのなら、それを権威ある啓示や、テクストによる明言と考えるべきではない。

それでは、科学に関連するような何らかの新しい啓示が、聖書の中にあるのだろうか。この問いは、例えば疫病や紅海が分かれることのように、この世界で起こった歴史的出来事について、聖書が記述していることとは関係ない。そのような歴史的な出来事には、その性質上、科学的には説明し得ない特異な事象（現象のみならず、事前警告や、タイミング、対象の選択性等）が含まれている。そうではなくて、ここで問題にしているのは、一般的に起きる出来事、標準的な構造、私たちの身の回りの世界の仕組みに関連すること［一般的に科学が取り扱う事項］である。聖書はこういった事柄について、理解を修正したり、更新したりしているのか。そうではない、というのが私の主張である。聖書に記述される一般的な仕組みに関する側面のすべては、古代世界の概念――イスラエルを含むすべての古代世界ですでに信じられていたこと――や視座を反映している。テクストは、神の性質および、ご自身の人格とみわざについての十全な啓示であるが、一般的な世界の仕組み（私たちが自然科学と呼ぶもの）に関する新しい情報が、神からイスラエルに提示されたことは一度もない。テクストは徹底的に古代のものであり、その文脈において伝達行為がなされているのだ。

これは、古代の人々が理解していなかった科学（例えば、洪水が起こる原理など）を含んだ歴史的出来事を伝えるテクストを除外するものではない。このような場合には、聖書は科学的な啓示を与えているのではなく、科学的な事柄には沈黙している。私たちがどのような科学的説明を受け入れるとしても、それはテクストの権威を支えるものにはならない（それは私たちの解釈が権威を持たないのと同様である）。この一連の洞察を人間の起源に関する聖書的見解に適用するなら、テクストは神学的な明言（活動的な神、神のかたちに造られた人間、等）や、ある歴史的な出来事の叙述を提供している（これは、文学ジャンルの分析に関わるものなので、後述する）が、自然科学的なメカニズムについては何も説明していないことがわかる。神は確かにそれをなさったが、テクストはどのようにそれがなされたかについて、科学的な説明を提供していない。その代わり、テクストは古代世界の観点で起源を描いており、それはまったくもって正しい神学によって伝えられているものだ。

私たちは、古代文書としてのテクストが何を述べ、また何を述べていないかにしっかりと注意を払うことによって、テクストの主張を理解する入口に立てる。自分たちの文化や認知環境、伝統や諸課題に基づいた前提は容易に侵食し、入り込みやすい。部外者であることをわきまえた読者として、自分の今日的な視座を当然のものとしたり、テクストにそういったものを押し付けたりしないようにするためには、ある程度の訓練が必要だが、自分自身の文脈は、その思考にあまりにも浸透しており、しかも古代世界は未知のものであるゆえに、自分がそれをしていることに無自覚でさえある。古代と現代の思考方法の区別を認識する最も良い道は、古代世界に注意を向けることだ。それは古代文献に慣れ親しみ、精通することで達成される。これは決して聖書（の権威）を無効にすることではなく、聖書を理解するツールになり得るということだ。創世記の冒頭の数章を理解しようとする場合、私たちが慣れ親しみ、精通すべきなのは古代世界の宇宙論に関するテクストに限定されない。認知環境を知る手がかりは、古代の幅広い文献から得ることができる。無論、すべての人がこの課題を担えるわけではないのは明らかだ。それはちょうど、聖書を読むすべての人が、ギリシア語やヘブル語をマスターする時間を割くことができないのと同じである。原語に対する賜物、召し、情熱を持ち、研究し、調査し、執筆する機会を得た人が、その専門技術を他の人の益のために用いればよい。同じように、古代世界の研究に対する賜物、召し、情熱を持ち、研究や執筆の機会のある人が、それらを持たない人のために自分の専門技術を用いることができる。

そのような研究は、宗教改革者たちによって唱導された聖書の明晰さ（「明瞭性」）に関する侵害ではない。改革者たちは、聖書のすべての部分が、一般的な読者に対して、明快なものだとは主張していない。

もしそう信じていたのなら、解釈の複雑さを、釈義の上でも組織神学の上でも説明しようと何百もの書籍を書く必要はなかっただろう。その代わりに、聖書には「平易な意味」があることを擁護しようとしたのだ。それは難解で、神秘的あるいは寓意的かつ霊的な識別によってのみわかるものではない。誰もが手の届き得る明白な意味のことである。

歴史の大部分において、学者たちは古代世界からの情報に手が届く状況になかったので、それを解釈のための手がかりとして用いることもできなかった。初代教会教父たちは、(紀元前三世紀のバビロニアの祭司であるベロッソスに彼らがたびたび言及していることからもわかるように)古代世界に手を伸ばしたいと興味を持っていたけれども、彼らの資料は非常に限られていた。けれども十九世紀中頃、イラクにおいて大変大掛かりな考古学的発掘が開始されて以来、百万を超える楔形文字テクストが出土し、古代文献が公開された。これにより古代世界に対する重要で新しい洞察を得られるようになったのだ。これが、創世記の冒頭の数章を古代文書として私たちが解釈する際の土台となっている。

創世記を古代文献として取り扱おうとする際に、教会史の中で用いられてきた解釈者たちの洞察を無視しようとは思わない。それと同時に、その解釈者たちは一枚岩では決してなかったこともわきまえている。信条と公会議により、鍵となる神学的主張について結論が出され、そういった結論が、ほとんどの場合、現代の教義的合意事項になっていることは事実である。しかし、先人たちが様々な結論を出してきたからと言って、創世記の最初の数章の釈義に対する新たな試みを無視することは、解釈者たちの慣行ではなかった。マルチン・ルターは創世記についての自分の論考を始めるにあたり、「今日まで、十分な技量をもってこの章におけるすべての事柄を説明したという人は、教会の中に誰一人いなかった」[6]と書いている。それゆえ、再解釈に至るかもしれない新鮮な知識を求めることを躊躇すべきではない。なぜなら私たちがそのようにすることは、私たちの前を歩んだ解釈者たちの肩の上に立ちながらも、彼らの足跡をたどることになるからである。

1 この章の大部分は、John H. Walton and D. Brent Sandy, *The Lost World of Scripture: Ancient Literary Culture and Biblical Authority*（Downers Grove, IL: InterVarsity Press, 2013）からの引用である。

2 発話内行為とは、約束、命令、祝福、指示など、発話行為の焦点となるもの。発話内行為は、伝達者が自分の言葉で何をしようとしているのかを明らかにする。

3 この言葉のような専門用語の定義については、巻末の用語解説で確認してほしい［日本語版では、用語解説のある単語についてすべてではないが、ゴシック体で示している］。

4 ヒエロニムスでさえ、この区別を認めており、「聖書の中の多くの事柄は、…その出来事が起こった時代の見解に基づいて語られているのであって、その事柄の真相に基づいて語られているのではない」と記している。Jerome, *Commentary on Jeremiah*, 28:10-11, trans. Michael Graves, *Ancient Christian Texts*（Downers Grove, IL: InterVarsity Press, 2012）, p. 173. この文献を紹介してくれたマイケル・グレイブスに感謝する。

5 K. Lawson Younger Jr., *Ancient Conquest Accounts: A Study in Ancient Near Eastern and Biblical History Writing*（Sheffield: JSOT Press, 1990）; および、John H. Walton, *The Lost World of Genesis One: Ancient Cosmology and the Origins Debate*（Downers Grove, IL: Inter- Varsity Press, 2009 邦訳『創世記1章の再発見――古代の世界観で聖書を読む』聖契神学校、二〇一八年）に技術的解説がある。

6 Theo M. M. A. C. Bell, "Humanity Is a Microcosm: Adam and Eve in Luther's Lectures on Genesis（1534–1545）," in *Out of Paradise: Eve and Adam and Their Interpreters*, ed. Bob Becking and Susan Hennecke（Sheffield: Sheffield Phoenix, 2010）, pp. 67-89. を参照のこと。

## 提言2　古代世界と旧約聖書において、創造活動の焦点は役割と機能を定めて秩序を確立することである

私たちの生活文化では、物質的なものに高い価値（究極的とは言わないまでも）が置かれている。そんな私たちの認知環境の中で、科学は最も信頼できる真理の源として、傑出した位置を占めており、知識に関しては唯一の権威とされている。結果的に、私たちが宇宙の起源全般や、とりわけ人類の起源を考える場合、私たちの**認識論**（何かを知るとはどういうことか、知ろうとすることをどのように知るのか）には科学的なパラメータが存在し、私たちの**存在論**（何かが存在するとはどういうことか、存在を成り立たせるものとは何か）は、明らかに物質的な性格を帯びている。この文化に生きる人の多くは、経験によるものか、物質的なものだけを認める、厳格な唯物主義者か自然主義者である。

そのような風潮の中では、起源について考える際に、物質的な観点で考えてしまうのは、ごく普通のことだ。存在が物質的に定義されるなら、何かを存在に至らせる（すなわち創造する）のも物質的な観点で理解されることだろう。この考え方が私たちの文化において支配的であるので、もはや、それ以外の考え方がありはしないかと問うことさえしない。それ以外の選択肢を考慮することもないし、異なる時代や場所の異なる文化の下では、違う考え方をする可能性があるとは思いもよらない。それで、創世記の最初の数章を開き、そこで創造について論じられているのを見ると、それは物質的な宇宙に焦点化された議論に違いないと断じる。私たちは自分たちの物質的な視座から、無分別にテクストの詳細を読み込んでしま

い、それこそがテクストの字義的な読み方であると信じ込む。

しかしながら、前の章で論じたように、古代世界の認知環境は私たちのものと大きく異なっていた。それゆえ、私たちは、自分たちの文化的前提をテクストに反射的に押し付けてしまわないよう慎重になる必要がある。テクストが扱っていない概念をテクストの権威に結び付けることによって、知らぬ間にその権威を傷つけるというリスクを冒すことがあるのだ。聖書を真剣に取り扱おうとする者として私たちが努めるべきことは、神が啓示していることについて、人間の伝達者が私たちに伝えようとしていることを読むことである。人間の伝達者は、自分の生まれ育った認知環境でそれを行うだろう。

それで手順としては、まず私たちの文化的前提をできる限り除外し、その上でテクストが何を言おうとしているのかを読み取るよう試みる。次に、テクストの研究から得られる洞察を踏まえ、今度は古代中東の幅広い文化的文脈に目を向ける。そうすることで、聖書がどのように当時の共通認識を示しているのかを確認し、古代イスラエル人が慣れ親しんだ考え方から、新たな現実のビジョンへと導く神の啓示を特定する。聖書に対して、私たちが知りたい科学的な疑問を投げかけることから始めてはいけない。聖書は科学を啓示していないし、私たちの科学的な思考様式に対して、聖書の著者も聴衆も気にしたり、関心を持ったりすることはない。私たちの抱いている問いは、彼らの念頭にあるものと響き合うことはないし、ましてや彼らにとって意味のあるものではない。同じように、その聖書テクストが当時の文脈においてどのような意味を持っているのかを理解していないのに、私たちが今日持ち合わせている科学的な思考に、それがどこでどのように合致するだろうかと考えることから始めてもいけない。私たちは古代文献とその世界に入り込み、当時の人々のコミュニケーションとその認知環境を理解する必要がある。私たちが知りたいのは、それらがどんな問いに答えようとしているのか、聖書記者たちが、自分たちの視座から何を肯定しようとしているのかということだ。それこそが権威をもった聖書の主張である。だから、私たちの踏むべき手順は、彼らが本来意図したことに焦点を合わせなくてはならない。
それで、「創造する」とは、どんな活動を意味するのか、古代世界における意味を私たちがわかっている〔訳注＝あるいは、私たちと同じである〕という前提から始めることはできない。ある人たちは、聖書テクストを「字義的に」読むことに高い価値を置く。この「字義的」という用語には危うさが付きまとうのだが、それはともかく、テクストが意図したように、過不足なく読むことの大切さはみな、わきまえている。そしてそう言うからには、英語テクスト〔訳注＝日本語テクストでも同じ〕を、この種の研究のための底本として読むわけにはいかない。というのは、その英語テクストがすでに誤り得る翻訳者による解釈の結果だからだ。あらゆる翻訳は解釈であり、霊感された翻訳は存在しない。私たちはヘブル語の単語とそのニュアンスを、可能な限り最善な方法で分析せねばならない。

もし「創造する〔訳注＝英語はcreate〕」という訳語が方向性として正しいのであれば（私はそうだと信じるのだが）、この動詞は、「存在しない状態から存在する状態への移行」を表現する動詞として扱うという考えが土台となる。その結果、「創造する」と訳された動詞の理解を深めるのに先立ち、古代の認知環境において、「存在」を決定づける要素は何だったのかを探求する必要がある。当時の人々が私たちと同じ物質的、自然主義的、科学的視座や価値観、あるいは物質世界に対するこだわりを持っていたと仮定することはできない。そういったものを脇に置いて、テクストを改めて読むべきなのだ。

もし創造行為が、「存在しない状態」から「存在する状態」への移行を含むものなら、創造や起源を語る叙述は「存在しない状態」の描写をもって始まるだろう。したがって、ある叙述が、創造に先立つ原初的状況をどのように描くかによって、「存在しない状態」が意味するものを理解する助けになる。この手順を踏まえると、私たちの問いは基本的に「これはどういった類の起源についての叙述なのか」ということになる。私たちが書くであろう叙述と同じ類だとか、私たちの直感が正しい方向に導くはずだと仮定することはできない。直感は、文化的に形づくられたものである。

原初的な状況は創世記１章２節（創世記２章５〜６節にも再述）に描かれている。実は、古代世界における数多くの宇宙論的テクストを検討するなら、創造が起こっていない状態（創造前の状況）から始めるのは通例だとわかる。この点については、ひとまず聖書の叙述について考察した後に戻ってこよう。聖書の叙述は創世記１章１節から始まるが、この節は神の具体的な行為を描くものではない。[1] むしろ、この節は、この章が話題にし、明言しようとしている中心主題、神が関わろうとしている行為を導入する文学的な機能を果たすものだと広く認知されている。この理解を裏付ける根拠は（１）創世記は文学的導入句を伴ってそれぞれのセクションを始めていること（創世記２・４、５・１、６・９他）（２）叙述の文学的形態、すなわち神がそのみわざを第七日目に完成されたという言明をもって締めくくられていること（創世記２・２）。このみわざは創造のみわざ（創世記２・３、創世記１・１と同じ言葉）であり、そこで創造されたものは天と地である（創世記２・１）。すなわち、神による天と地の創造は、七日の間に行われたのであり、創世記１章１節はその七日間の中にはない。それゆえ、創世記１章１節は読者に、この七日間に起こることは何なのかを知らせようとしているのだとわかる。だからこの節は「開闢（かいびゃく）の期間に（これはヘブル語の「はじめに」という言葉の性質である）神は天と地を創造し、以下のように神はなさった」と読むべきである。それゆえ、実際の創造行為の叙述は１章２節から始まり、そこには、創造前の状況が記述されている。

創世記１章２節を開くと、そこにはすでに物質（地や大水）が存在し、始まったばかりの世界が水と暗闇に覆われていることがわかる。ここでも古代中東の宇宙論との共通点が見られる。暗闇と大水は「秩序がない「ノン・オーダー＝非秩序」状態」である。しかし、もしすでに物質があるとなると、このテクストは私たちのうちにたちまち次のような疑問を生み出す。物質的な起源を語るのなら、どうして物質がない状態から説き起こさないのか。これは興味深いことではないだろうか。

創世記1章2節で、最も重要な表現はトーフー・ワ・ボーフーというヘブル語の組み合わせである。これは英語の New International Version 聖書（以下、ＮＩＶと略す）では「formless and empty（形のない、空の）」と訳されている。それが示唆するところは、物質性があまねく存在しているものの、形をもたず、舞台上に役者が不在であるといったことである。果たしてこれは、このヘブル語が本当に伝えようとしていることなのか。これを調査しなくてはならない。

聖書記者たちは多くの文書を残してくれたが、その中に「辞書」は一冊も存在しない！　そのため、私たちはその単語の意味を確定する努力を強いられる。そのような語彙研究の方法論は、すでにしっかりと確立されており、言語とその仕組みに関する共通認識に基づいて適切さが認められている。言葉とはそれが意味するはずのものを意味する。言葉が、どんな場面で使われ、何を伝えようとするかについては、社会的な約束事のようなものがある。小さな集団内で、自分たちが使うために、新しい意味を与えられることもあれば、社会的な必要に応じて新しい意味が生まれることもある。いずれの場合にも、その言葉の意味はそれが使われる文脈によって判断することができる。[2]

トーフーとボーフーの組み合わせはヘブル語聖書において、他に二回使われる（イザヤ書34・11、エレミヤ書4・23。ボーフーが単独で使われることはない）。[3]この二箇所で、ボーフーが「何もない」という意味を表すと決定づける根拠は見出されない。用例だけでは意味を確定させるのに不十分なのだ。そこで残念ながら、トーフーの意味について決められることに満足するしかない。二十回ある用例（そのうち半分はイザヤ書）の中で、荒野や荒れ地を描く際にたびたび用いられていることがわかる（具体例としては、申命記32・10、ヨブ6・18、12・24、詩篇107・40）。あるいは破壊の結果を描くこともある（エレミヤ書4・23）。または、目的や意味を持っていない物事を伝えるのに用いられる（具体例としては、イザヤ書41・29

での偶像やイザヤ書44・9で偶像を造る者たちについて使われる）。これらの用例はすべて、目的や価値がないものに関する概念に集約される。それらは秩序や機能を欠くものである。

これで創世記1章2節における初期状態、すなわち「存在しない」状態が明らかになった。創造前の状況は、物質を欠く状態ではない。むしろ、秩序や目的が欠落している状態なのだ。英語訳の「formless（形がない）」は訳語として良い選択ではない。この言葉では物質的な形に焦点がある印象を与えるが、そうではないからだ。ここから導かれる結論は、イスラエルにとって創造のみわざは、物質の不在ではなく秩序の不在を解決するものということだ。もしこの「創造前」の図式が「存在しない状態」を伝えているのであれば、イスラエルにとって「存在」とは物質的なカテゴリーではなく、何らかの秩序づけられた状況に関連する機能的なカテゴリーであると推察される。

この結論はエジプトの宇宙論によってさらに立証される。そこでは砂漠と宇宙的大水が「存在しない状態」として叙述される。明確な物質性にもかかわらず、秩序ある世界の中に組み込まれていないため「存在する」と考えられていない。シュメール語やバビロニア〔訳注＝アッカド語〕テキストでも同様のことは確認できる。そこでは初期状態が「消極的宇宙論」あるいは「存在の否定」として描かれる。創造の欠如は、主要な神々が活動していないので、日の光も月明かりもなく、植物の生長も、祭司による儀礼の執行も、あらゆる務めの遂行もない状態と特徴づけられている。それは時の流れの外側にある時である。同じ特徴はバビロニアの宇宙論の中で最も知られている、「エヌマ・エリシュ」の冒頭にも見られる。

高き所において、天に名が与えられていなかった時
地下に広がる陰府も、名によって呼ばれず……
神々が誰も生まれていなかった時、

何物も名によって呼ばれず、何物もその運命を定められていなかった。[4]

このようなテクストは、創造前の状況を神的行為者の欠如、つまり、神々がその務めを遂行していない時と表現している。[5] しかし、創世記では、神の霊は大水の上を舞いかけており［訳注＝ヘブル語の直訳的な翻訳］、神的行為者は活動に向けて備えている。

創世記における古代の起源に関する叙述の本質を明らかにするための次の手続きは、その叙述の中で用いられる重要な動詞を調べることだ。「創造された」と訳されるヘブル語バーラー（創世記1・1、21、2・3）と、「造られた」と訳されるアーサー（創世記1・7、15、25、26、2・2、3）である。前者はヘブル語聖書テクストで約五十回、後者は二千六百回以上出現する。詳細な研究は別のところですでに扱っているので、ここでは結論だけまとめておく。[6]

聖書全体を通して、動詞バーラーの直接目的語を見ていくならば、この動詞は本来的に物質的な存在に付随するものではないと結論づけられる。物質的な創造に言及し得ると言えるケースもあるが、多くはそう言えない。物質的な存在に言及している可能性があるものは、物質性がその言語活動の焦点だということを前提にする場合のみである。明らかに物質性に言及していないものは、秩序や、組織、役割や機能をもたらす活動を描くカテゴリーに当てはまる（例えばイザヤ書41・20の「裸の丘」に開かれる「川」や［訳注＝動詞バーラーが使われるのが20節で、その目的語は遡って特定される］、イザヤ書54・16に出てくる「武器を作り出す職人」といったもの）。創造「前」の図式が秩序の欠如を扱うので、バーラーが秩序をもたらすことに付随すると結論するのは容易いことだし、実際たいていの場合そのとおりなのだ。[7] 秩序の欠如は「存在がない状態」を描く。何かを「バーラーする」ことは秩序づけられた体系の中で、役割や機能を与えることにより、それを「存在させる」ことなのだ。これは、現代社会で期待されるような類の起源の叙述ではない。しかし、古代文献としてテクストを読むということに私たちは取り組んでいるのだから当然だ。この見方によれば、バーラーの結果は秩序である。分離し、名づけることで役割と機能は確立される（これは聖書だけでなく、古代中東においても同様である）。これらが創造行為なのだ。それらは本来的に物質的な事柄ではないので、科学的な探究によって確証されたり否定されたりするものではない。

第二の動詞はアーサーであり、より一層複雑である。ヘブル語を学び始めた学生が、この動詞を習うとき、その意味は「行うこと、造ること」だと教えられる。しかしこれは、この単語の幅広い使用法の全体を捉えたものではない。二千六百回以上の使用箇所において、何十通りにも訳し分けられている。そのため、この言葉は「字義どおりには『造る』を意味する」と言うことはできない。おそらく、この動詞が創世記1章で六回用いられていること以上に重要なのは、出エジプト記20章11節で「それは主が六日間で、天と地と海、またそれらの中のすべてのものを造り（アーサー）」と使われることだ。この箇所は創世記1章の六日間と、そこで何が起こったかを論じる際に重要な役割を担う。

出エジプト記20章8節から11節の文脈を注意して見ると、六日の間、人々はすべての仕事を「する」（アーサー）ことになっていて、七日目にはいかなる仕事も「する」（アーサー）ことを禁じられたことがわかる。それは、神が創世記1章の六日間でご自分のみわざを「なした」からだと考えるのが妥当だろう。天と地と海は神の作品なのである。実際、出エジプト記20章は創世記2章2～3節に遠回しに言及し、そこでは神が七日目に「わざ」（出エジプト記20章で「仕事」と訳されたのと同じヘブル語）を完成したことが述べられるが、それは彼が「なさっていた（アーサー）」ことである。ここで最も重要なのは、創世記2章3節の「わざ」と言われていること、すなわち創造（バーラー）のわざこそが、神が「なさっていた（アーサー）」ことだと語られていることだ。出エジプト記20章21節において、神はご自分のわざをしており、そのわざとは創世記2章3節で描かれる創造のことである。バーラーは神が「なさっている」ことなのだ。バーラーは秩序と機能に結び付いており、これが神の「行った」ことである。

創世記1章で「造られた」と翻訳されているすべての箇所を「do（なさる）」という動詞に入れ換えると、英語としてはあまり良い言い回しにならない（「神は二つの大きな光る物をなした」）。しかし、別の選択肢も容易に見つかる。NIVでは多くの箇所でアーサーを「provide（備える）」（十八回）や「prepare（準備する）」（四十六回）と訳している。「神は二つの光る物を準備された」とか「神は二つの光る物を備えられた」と読めば、創世記1章の印象はがらりと変わるだろう。このような訳出も十分「字義的」であり得る。アーサーの一般的な意味としては、何らかのレベルでの因果関係を表現するものと理解するとよいだろう（例えば創世記50・20とアモス書3・6を参照のこと）。[8] 換言すれば、何らかのレベルで因果関係がある場合、この動詞を用いて表現することができるのだ。

この動詞が興味深い形で使用される他の例として、以下のものが挙げられる。[9]

- 「アーサー・ネフェシュ」という言い回しで「人々をあなたのケアの下に連れて来ること」を意味できる（創世記12・5、伝道者2・8）。
- ファラオに従わなかった助産婦たちに、神は「家族を備えられた（アーサー・バティーム）」（出エジプト記1・21［訳注＝新改訳2017は「家を栄えさせた」］）。
- イスラエル人たちは代々にわたって安息日を「祝う（アーサー）」べきである（出エジプト記31・16、出エジプト記34・22参照、民数記9・4〜14等）。
- レビ人は「任務に当たる（アーサー）」（民数記8・26）。
- 祭司たちは「任命される（アーサー）」（I列王記12・31）。

- 「アーサー・シャーローム」という言い回しで「秩序を確立する」という意味になる（ヨブ記25・2、参照イザヤ書45・7［訳注＝新改訳２０１７は「平和をつくる」］）。

創世記1章26節で、神は人をご自分のかたちとして「造ろう（アーサー）」と決められる。これは重要な言明であるが、このことは最初の人間にだけ関連する特別なことであると捉えてはならない。聖書は数多くの箇所で、神が私たち一人ひとりを「造られる（アーサー）」ことを明らかにしている（ヨブ記10・8～9、31・15、詩篇119・73、139・15、イザヤ書27・11、43・7）。

最後に、アーサーと共に使われる直接目的語を調べてみるなら、物質ではない例が数多く見出される。

- 神はイスラエル（申命記32・6、15、詩篇149・2、ホセア8・14）と国々（詩篇86・9）を造られた。
- 神は月を季節のしるしのために造られ（アーサー）（詩篇104・19）[10]、治めるために光るものが造られた（詩篇136・7～9）。
- 神は星座を造られた（アーサー）（ヨブ記9・9、アモス5・8）。
- 風を定められた（アーサー）（ヨブ記28・25）。
- 神はそれぞれの日を造られた（アーサー）（詩篇118・24）。
- 神は雨に伴う稲光を造られた（アーサー）（詩篇135・7、エレミヤ書10・13）。

こういった例を見れば、ヘブル語の話者は、アーサーという動詞を使う際に物質的な創作活動を念頭に置く必要はなかったことがわかる。

ここまで創造のみわざに関して二つの主要な動詞だけを取り上げて見てきた。聖書全体に視野を広げ、創造に関する主張を見ていくならば、聖書記者たちは、私たちが物質的な創作活動について述べていると思いやすい言葉を使って、物質的なことではなく、とりわけ宇宙の秩序化について述べていることを発見するだろう。

- 夏と冬を形造られた（詩篇74・17）。
- 北と南を創造された（詩篇89・12）。
- 山々が生まれる、世界が生み出される（詩篇90・2　山々は物質的なものであるが、それらが生まれるというのはその起源に関する物質的な記述ではない）。
- レバノンの杉の木を植えられた（詩篇104・16　木々は物質的なものであるが、それらを植えるというのは、その起源に関する物質的な記述ではない）。
- 大空［訳注＝新改訳2017では「天」］の上にある水を創造された（詩篇148・4～5［物質的・科学的には］存在しないと私たちは知っているものに使われた用例である）。
- 知恵の家を建てること（箴言8・12、22～29）。
- 人間の霊を形造る（ゼカリヤ12・1）。

結論として、これらの動詞には本源的に物質的な創作活動を示すものはないと考えられる。直接目的語が物質でなかったり、動詞そのものも、科学的に可能だと私たちが考える事柄を少しも表現していなかったりするからである。

さらに、神がこれらの創造のみわざ（創造した、造った、もたらした）を成し遂げるときに、「分離」と「命名」という手段を用いる場合があることがわかる。あるものを別のものから分離して区別することは創造することであり、何かに命名することも創造することだ。例えば、ある部屋に名前をつけ、その部屋に独自の機能を与え、その部屋を他の部屋から区別（分離）するなら、その部屋を「創造」したことになる。我が家には、前の住人がダイニングルームとして使っていた部屋がある。私たちはその部屋をダイニングとして使いたいとは思わなかったので、そこを「den（奥まった小さな書斎の意味）」と呼び、書斎にふさわしい家具を置いて、そのようなものとして使うことにした。名前と機能を与えることでその部屋は他の部屋から区別され、そうやって「den」は創造されたのである。それは良かった（期待したとおりに機能した）。この例は、名前をつけ、分離し機能を決定することが、部屋を「造り」、その部屋として存在させる上での役割をうまく描いている。分離と命名は、古代中東の他の地域においても傑出した創造行為だと知ることは重要である。例えば、先に引用したバビロニアの有名な創造叙事詩「エヌマ・エリシュ」の最初の数行を銘記されたい。

この論考を先に進める前に、「無からの創造（ラテン語で**エクス・ニヒロ**）」という概念についてひとこと述べておきたい。創世記1章のテクストを、物質的な事物の創出ではなく、秩序と機能をもたらすものとして理解するという解釈では、天地創造の七日間に起こったことは「無からの創造」ではないとわかる。エクス・ニヒロは物質的なカテゴリーである。（もっともこの教義の焦点は、別のところにある場合が多い。[11]）もし創世記1章が物質的な起源の叙述でないなら、エクス・ニヒロは当てはまらない。しかし、どうか覚えておいていただきたい。神がこの物質宇宙を創造された際（そして、神こそがそれをなさった方である）、確かに無からの創造をされたのである。エクス・ニヒロはヨハネの福音書1章3節とコロサイ人への手紙1章16節から導き出されるのであり、創世記1章からではない。新約聖書にあるこの二つの箇所において強調されているのは神の御子の権威と立場であり、創造された対象物ではない。言葉を変えて言えば、エクス・ニヒロによる創造は神学的に健全（神が何物にも依存しないという点で、確かに本質的な事柄）であるが、それは字義的には、創世記1章の議論の下にはないものだ。物質的な起源を語る物語は、テクストがここで語ろうとしていることではない。聖書の著者たちは、聖霊の導きの下で彼らにとって最も意味深い話題（秩序づけられた、機能的な宇宙の起源）を取り上げたのであり、それは間違いなく神学的にも最も重要なことである。神はただ単に宇宙を生起させたのではなく、定められた目的のため、定められた方法でそれが動くようにし、刻一刻とその秩序を維持しておられるのである。

古代の人々は、物質的な宇宙を、諸機能が達成されるように秩序づけられたものとして認識していたが、彼らの宇宙論では、物質的な起源が関心事となることは滅多になかった。このことについて私は別のところで十分論述しているので、ここでその論拠を繰り返し提示することはやめておく。[12] ただ結論の前に、創世記に記された第七日目の叙述には、どこを見ても物質的な関心事が見当たらないということを銘記しておきたい。これが第三の論拠となる分野であり（ここまでで、創造の開始点について、また「存在しない状態」から「存在」へと移行する際に使われる動詞について論述した）、次の章で中心的に取り上げることである。

終わりに、創世記1章が秩序の確立に関連しているという概念から、二つの付随的な考えが導き出され、この後の章で検討することになることを述べておこう。第一は、聖書的観点では、秩序は聖なる空間と関連しているというものだ。秩序をもたらし、聖なる空間を確立するのは神の臨在である。聖なる空間こそ秩序の中心であり、それは神ご自身が秩序の源であるゆえである。そういうわけで、秩序の確立について話題にする際、事実上は聖なる空間の確立について話している。これについては第4章で詳しく論じる。

第二に、この議論はすべて、本書の真の焦点である人類の起源の問題を探究するためであることを忘れないようにしたい。創世記1章をこのように読むことで、宇宙の起源に関する叙述は、私たちがこれまで考えていたほど物質的なことではないとわかってきた。人類の起源についての議論も同様に、物質的な関心が低いとわかるだろう。

1　創世記1章1節で神が何かを造られたのであれば、それはトーフー（1章2節にある状況）を創造したという意味になるが、イザヤ書45章8節は明らかに、神はそれをトーフーとして創造しなかったと述べている。このことからも、これは論証できる。もっともＮＩＶはその箇所を「神はそれが空しいものとなるようには創造しなかった」としており、「となる（to be）」を補っており、これは遺憾である。それはヘブル語のテクストに表現されているものでも、ヘブル語テクストの統語論から示唆されるものでもない。

2　さらに詳細な情報は、John H. Walton, "Principles for Productive Word Study," in *New International Dictionary of Old Testament Theology and Exegesis*, ed. Willem A. Van Gemeren (Grand Rapids: Zondervan, 1997), 1:161-71. を参照のこと。

3　単語の組み合わせというのは重要である。というのは単語の組み合わせによって、一語一語の意味以上のものを伝えられることがあるからだ。例えば英語では、"assault and battery" とすると、脅迫と暴行という二つの行為の並列以上に、「傷害事件」という意味を持つようになる。

4　*The Context of Scripture*, ed. William W. Hallo and K. Lawson Younger Jr. (Leiden: Brill, 2003), 1:111.

5　これらは多くの例のうちのいくつかにすぎない。より包括的なリストと詳細な分析については、John H. Walton, *Genesis 1 as Ancient Cosmology* (Winona Lake, IN: Eisenbrauns, 2011), pp. 23-62 を参照。

6　前掲書 pp. 127-39; 同著者による *The Lost World of Genesis One: Ancient Cosmology and the Origins Debate* (Downers Grove, IL: Inter Varsity Press, 2009), pp. 36-43.［邦訳『創世記1章の再発見――古代の

世界観で聖書を読む』四二〜五一頁〕参照。

7 このことは、アウグスティヌスが『カトリックとマニ教』のイザヤ書45章7節の論考で指摘している。*The Catholic and Manichean Ways of Life*, Fathers of the Church Patristic Series 56, pp.（Washington, D.C.: Catholic University of America Press, 1966), pp.71-72. バーラーに関して彼は、「『創造する』ということは、秩序づけ、配置することを意味する」と述べている。

8 因果関係といっても、アリストテレスが生み出した専門的な哲学範疇での意味合いではない。

9 なお、教会での幼児教育においても、『神様が私たち一人ひとりを造ってくださった』と言うことに躊躇はいらないことは覚えておきたい。

10 ここで創世記1章16節に記される「治める」という機能に焦点が当てられていることに留意。イスラエル人は、たとい月を物体として見ていなかったとしても、アーサーを使うことができる。

11 アタナシウスなどの教父文献における話の流れは、存在論的であり、非偶発性を扱っていた。このことを指摘してくれたJonathan Walton に感謝する。

12 Walton, *Genesis 1 as Ancient Cosmology*.

## 提言3 創世記1章は機能的起源の叙述であり、物質的な起源ではない

前章では、聖書も含む古代世界において、「創造する」という活動は、秩序をもたらし、機能と役割を与えることだという観点から概ね捉えられていたということを示した。そこには命名と分離が含まれていた。この考え方は古代中東でも広く見られる。本章では、次のステップとして、七日間の叙述が、物質の創出ではなく、秩序と機能に焦点を置いたものであることを具体的に示そうと思う。

前章で、創世記1章が始まった時点では、秩序もなく機能もなかったことを確認した。古代世界では、それは「何も存在しない」ことを意味していた（なぜなら何らかの秩序づけられた体系に組み込まれて初めて「存在する」からだ）。それでは、天地創造の七日間は、物質的なものと秩序ある環境のどちらに力点があるのか、一日ずつ順を追って見ていこう。

### 第一日

一日目のみわざによって起こる最終的な結果は、昼と夜の命名である。ここで神は光を「光」と呼ばずに「昼」と呼び、闇を「夜」と名づけられたことに注意を払いたい。すなわち、光と闇ではなく昼と夜に関心が向けられているのである。「昼」は光の期間に対する名であり、「夜」は闇の期間の名である（創世記1・5）。この二つの期間は互いから分離させられることで「創造」された。これは物理学に関する議論ではない。イスラエル人の聴衆は、ここに物質的なものがあるとは一切感じなかっただろう。したがっ

て一日目から、テクストは物質的な何かが存在に至るという話をしていない。その代わり、交互に訪れる光（昼）と闇（夜）が時間の起源を構成する。時間は私たちの存在を秩序づける。これは機能であって、物質的なものではない。一日目に、神は、昼と夜——すなわち時間を創造する。起源の叙述がこのように始まるにあたり、イスラエルの聴衆が、物質的なものに焦点がある話だと思うことはないだろう。

　そのすべてが「……よ、あれ」という言葉によって導入されている。これは神の語られた言葉の力を表している。神の命令は光を存在へと呼び出す。しかしここでも、イスラエルの聴衆が「存在」をどのように捉えていたかを認識した上で、テクストを理解すべきである。

### 第二日

二日目はもう一つの分離のみわざによって始まる。すなわち天の上の水と下の水の分離である。古代世界の誰もが（天から時折降ってくるゆえに）天の上に水があり、（地面を掘れば、水を見つけることができ、水の湧き出す泉があるゆえに）地の下にも水があると信じていた。ここには何ら新しい科学的知見は提示されていない。テクストは当時の人々が世界全体について抱いていた考えを反映しており、特に天候に関して信じていた事柄に対して重要性を持つ。神はヘブル語で「ラーキーア」（翻訳は「天蓋」、「大空」、「天空」）という方法でこの分離を成し遂げられた。二千年紀の半ば［訳注＝十五〜十六世紀のこと］以前は、この単語は雨を留めておくための「固体の空」のことだと理解され、それ以外の理解はなかった。空が固体ではないと広く認識されるようになると、ある翻訳は、「天蓋」とか「大空」といった科学的ではない用語を用いて、大気の低い層（対流圏）に焦点を当てるようになっていく。

　古代世界では、その構成については様々な考えを抱いていたものの、誰もが固体の空を信じていた。「ラーキーア」がその固体の空を表す言葉かどうかは疑問の余地があるけれども、イスラエル人が固体の空を信じていたことについては疑う余地がない。私は長年、「ラーキーア」が固体の空を指すと考えてきたのだが[1]、より深い省察と最近の研究によって「固体の空」に言及すると思われる別のヘブル語が見出されたので、私の結論は異なるものへと導かれた[2]。それが正しければ、ラーキーアは固体の空によって、堰き止められた水が分離してできた空間を指す。この空間は、すべての被造物の生きる空間である。この空間は古代中東の宇宙論において重要視され、とりわけエジプトではシュ（Shu）という神に関連づけられている。太陽と月がこの空間に共存しているゆえに、古代の宇宙論がヘブル語聖書に反映されていることは明らかである。しかし、ここでの議論で最も重要なのは、この箇所は、何か物質的な素材の形成を私たちに伝えているわけではないということだ[3]。イスラエル人の感覚では、この空間は物質的なものではない。（ここに水素や酸素の分子化学を持ち込まないようにしよう。それはテクストに沿って考えていることにならない。）水の分離、固体の空の存在、あらゆる生き物のための空間の確立は、全般的な環境、とりわけ天候のシステム（上にある水の調節）に付随するものだ。

## 第三日

このテクストを注意深く調べるなら、そのみわざの中に物質世界の要素（大水、乾いた大地、植物）が含まれてはいるものの、そこで使われる動詞は神がそういった対象物を造ったことを描写していないことに気づく。海は集められ、乾いた大地は現れ、植物は芽吹く。これは組織化と秩序づけのみわざであり、生成のみわざではない。植物の生長の機能が創始された。この秩序づけは、食糧生産の基礎を備える。

第一日から第三日における議論の中心は、世界の秩序化、とりわけ人間が存在するための主要な機能（時間、天候、食糧）と説明され得るものだとわかる。この三つは、人間の生存に欠かせない枠組みを提供するものだとすべての人類に認識されてきたものだから、いかなる風土、文化であっても認識されるだろう。科学的知識や教養と関係なく、これらは世界全体についての最も重要な理解を伝えている。創世記のテクストがこの三つを意識していることは、大洪水によって秩序が崩された後、神によって再び回復させられたものであることからもわかる。創世記8章22節で、神はこのように約束された。

この地が続くかぎり、
種蒔きと刈り入れ（食糧）、寒さと暑さ、
夏と冬（天候）、昼と夜（時間）がやむことはない。

そういうわけで、一日目から三日目までは、物質的な素材の形成は扱われておらず、秩序化と機能の確立が行われている。

**第四日**

最初の三日間が、宇宙の秩序における主要な機能（Function）を扱っていたように、第四日から第六日は、その機能を担うためにあてがわれた担い手（Functionary）についての話題となる。[4] これが物質的な叙述でないなら、物質的な出来事の順序が詳述されているはずだと想定することはない。つまり、一日目に光について言及されたにもかかわらず、ここまで太陽や月、星について触れられないことに問題はない。一日目の関心は光そのものではなく時間にあり、機能と機能の担い手は別に扱われているだけである。

機能の担い手に関するこの議論の中で、物質的な起源に関する要素も含まれているのかどうかは、注意深く調査し続ける必要がある。第一に考慮すべき重要事項は、古代世界において、太陽、月、星は物質的なものと認識されてはいなかったことだ。イスラエルにおいては、それらはまさにテクストがそう呼んでいるように「明るいもの」〔訳註＝英語は lights である。新改訳2017では「光る物」と訳されている〕だと思われていて、光を生み出したり、反射したりする物体ではなかった。他の古代世界では、それらは神々だと考えられていた。太陽が燃えるガスの球体であるとか、月が太陽の光を反射する軌道上の岩であるということは誰も知らなかった。人々はこれら二つの明るいものが、大変近いところ（固体の空の内側、創世記1・17）にあると信じていた。ここで述べられているのは、その物体が存在するとか、存在するようになったということではなく、人間のために秩序づけられた宇宙においてデザインされた機能を持つように至ったということである。その機能とは以下のとおり。

- 昼と夜を分けること
- 定められた時々（宗教的な季節であり、四季の変化ではない）のため、日と年のためのしるしとなること
- 昼と夜を治めること

星については、古代世界では固体の空の裏側に刻まれたものだと考えられていて、遥か彼方にある恒星（太陽と同じ種類のもの）とは思われていなかった。イスラエル人も同じように考えていたかどうかははっきりしない。[5] いずれにせよ、第四日のことを、イスラエル人は物体の起源に関するものだとは考えていなかっただろう。なぜなら、彼らはそれらが物質的なものだと思っていなかったからだ。むしろ、この叙述は、神がこれらの機能の担い手に与えた役割に注意を向けている〔訳註＝「治める」や「分ける」といった動詞が使われることによって、あたかも太陽や月が動作主であるかのような叙述になっているということに注

意。現代人はこれを比喩的に捉えるかもしれないが、古代人の感覚ではそうではない」。

## 第五日

この日の叙述の始まりの部分で私たちが気づくのは、神は「生き物を造られた」と言わずに「水には生き物が群がれ」と言っていることだ。第四日から第六日にかけて、世界を満たすことに焦点があるという洞察をする人たちは的を射ている。ただ、部屋に家具を収め、装飾することでその部屋に機能が付与されるように、機能の担い手の任命がされているということまで言及してほしいところだ。ここで、鳥たちは二日目に用意された空間を彩り、海の生き物は下の水に美を添えている（ここで取り上げられる生き物は、人間が観察できる領域に限定されている。人間は、上の水を見ることはできない）。

創世記1章21節で、テクストは再びバーラーという動詞を使う（「神は海の巨獣を創造された」）。これが創世記1章1節で使われて以来、最初の用例となる。前の章で、バーラーはこの叙述の中心的な活動を表すものであることを確認した。なぜなら創世記2章3節は、アーサーすることでバーラーが達成されると示唆しているからである。歴史を通じて解釈者たちは、この二つの動詞の違いにどういう意味があるのかと考えてきた。もし「バーラーは秩序づけられた世界における役割と機能を付与する行為である」という本書の考えが正しいものならば、この節は大変際立った主張をしていることになる。古代中東において、海の生き物というのは境界領域（リミナルゾーン）に存在するものだった。つまり、海というのは非秩序（ノンオーダー）がまさしく具現化された場だったのだ。それゆえ海の生き物の機能については（そもそも機能があるのかも含めて）疑問が生じるだろう。境界領域の生き物（海あるいは砂漠に棲息するもの）は非秩序を代表するものと考えられることがあった（それらは時には、混沌（カオス）の生き物（クリーチャー）と言及され、ギリシア世界ではダイモンと呼ばれ、その多くは後に魔物として分類された）。ここで言及されるタンニーン［訳注＝新改訳2017では「海の巨獣」」は、旧約聖書では混沌の生き物の一つとして数えられている（ヨブ記7・12、詩篇74・13、イザヤ書27・1、51・9、エゼキエル書32・2。ウガリトの混沌の生き物「トゥンナヌ」も参照）。創世記1章で、これらの生き物も秩序づけられた世界の中に含まれていることは、注目に値する。そしてそれが動詞バーラーの使用によって明示される。この日の創造の出来事もまた、秩序に焦点が置かれており、物質的な対象物の生成ではない。

「種類ごとに」というフレーズは、生き物の繁殖方法に秩序があることを物語っている。サメはカニではなく、サメを産む。エンゼルフィッシュは赤エイではなくエンゼルフィッシュを産む。これは第三日に神が植物に対して「種類ごとに」実をつけるようにと命じられたのと同じことである。

秩序がどのように観察されるかを論じた後、テクストは繁殖の祝福によって表現される機能に関心を移す。ここでの祝福に見られるように、古代中東の宇宙論における動物の創造は、動物の繁殖に言及する。[6] 海の生き物の機能は、神の像（かたち）としての人間のために備えられたこの世界を満たし装うことにある。すべての機能とその担い手は、人間に仕えるという目的に照らして論じられる。神は秩序づけられた宇宙をご自分に仕えさせるためではなく、人間のために整えている。これは古代世界の他の文献とは際立って異なる部分である。他の文献では、神々が宇宙を自分たちに都合よく機能させたものとして描かれ、人間は後から思いついた実用的なものと見なされているのだ。

## 第六日

注目すべきことに、第六日の描写は、神が地に対して、生き物を生み出すように命じるところから始まる。これがこの日の導入なので、これは神が、様々な種類の動物を造る（アーサー、創世記1・25）際に用いた媒介的なメカニズムの記述ではないかと推論するのが妥当だろう。このつながりは、現代科学の知見を反映するものではなく、それを期待すべきでもない。しかしこれは、古代の世界観と一致している。[7] 動物の多くは遮蔽された場所（ほら穴、巣穴等）で生まれるので、古代人はそれを観察して、地が動物を生み出していると考えた（幼体はしばしば地面から出てくる）。これは動物の初期段階だけに言及しているわけではない。[8] ここに重要なポイントがある。この一連の叙述は、いつでも起こっていることに焦点を当てているのであり、原初に一度起こった出来事だけではないのだ。昼と夜は絶え間なく繰り返され、植物は繰り返し芽生え、太陽はいつも照り輝き、動物はいつも繁殖している。このことがわかると、この叙述に「神と世界の秩序」[9]というタイトルをつけたくなるかもしれない。そのように名づければ、このテクストを新しく位置づけ、それが描くものを異なった観点から見るようになるだろう。

第五日のように、動物たちは「種類ごとに」繁殖するように命じられる。しかし、興味深いことにその機能は、海や空の生き物、そして人間のように、子孫繁殖の祝福によって表現されてはいない。つまり、テクストは「生めよ。増えよ」という祝福を地の生き物に対しては語っていないのだ。そのため、それらの機能は「増え広がって地を満たすことだ」とは言えない。実際、創世記1章24〜25節は、陸の生き物の機能を示していないし、その物質的な起源の過程を示すものでもない。神はこれらを備えられた（アーサー）……が、それは何のためだったのか。

陸上の動物たちはそれぞれ別個の機能を持っており、神は人間に、これらの機能を識別し、割り当てる務めを与えようとしていた。創世記2章19節にその一つの側面が見受けられる。神が人のところに動物たちを連れて来て「人がそれを何と呼ぶかをご覧になるためであった。人がそれを呼ぶと、何であれ、それがその生き物の名となった」とある。名をつけるとは、創造活動の一つであり、機能に関連することを思い出してほしい。しかし、創世記1章の第六日の叙述からは、別の側面も識別される。ご存じのように、第六日の記述は、動物で終わってはいない。そこで、第六日の機能的秩序は、創世記1章24〜25節ではまだ現れていない可能性がある。秩序体系における動物の機能と役割は、創世記1章26節の終わりに提示されていると見ることはできないだろうか。人間が従えたり、支配したりするときに、動物たちの機能が特定され、それらが果たすべき役割が確定されるということではないだろうか。これは、人間の役割の一部なのではないか。すなわち神の代官職として、秩序をもたらすプロセスを継続するのである。

　第六日は、人間のために秩序づけられた世界で、人間が果たすべき役割にも言及している。ここで再び、アーサー（創世記1・26）とバーラー（創世記1・27に三回）の両方が使われる。同時に、明らかに機能に焦点が置かれ、その中でも特に重要なのが、神の像（かたち）という機能である［訳注＝新改訳2017では平仮名で「かたち」と訳されている。英語ではimageであり、像の意味を持つ。ヘブル語でも像の意味があるため、本書では像と訳して必要に応じて「かたち」とルビを振っている］。

「神の像」に関連づけられることの多い人間に特有の能力（例えば、自己認識や、神への意識など）は、私たちが神の像としての役割を十分に果たすために与えられている。しかし、こういった能力そのものが神の像を定義するわけではない。そういった能力は私たちが物質的に成長する中で、神経学的な進歩につれて発達することが可能だろう。しかし神の像とは、神の賜物であり、神経学的あるいは物質的に定義されるものではない。旧約聖書における神の像の概念は、四つのカテゴリーで理解される。[10] 一つは、神が人類に与えた**役割と機能**に付随するものである（例えば、創世記1・28で「支配する」「従える」という言葉に見出される）。[11] それから、神が私たちに伝えられた**アイデンティティ**（すなわち、自明のことであるが、人間としての私たちのあり方）に付随する。さらに私たちが、この世界で神の臨在を体現することにより、神の**代理**として仕える方法に付随する。アッシリアの王たちが、自分たちの像を造り、征服した都市や重要な境界線に置いたのは、そうすることで、事実上、自分がその場所に絶えず現臨していることを表現したのである。最後に、神の像が示唆するのは神が私たちと取り結ぼうとしている**関係**である。

神の像に関するこれら四つの側面は、個々人だけでなく、おそらくより重要なことに、人類という種族全体に付随するものである。これらのことは第9章と21章でさらに詳しく論じる。この段階で非常に重要なのは、すべての人間は、年齢や身体能力、障碍、道徳性、民族性やジェンダーに関係なく、神の像として存在しているということをはっきり言明しておくことである。像(かたち)というものは、ある人には他の人より、より強く現れるものではなく、特別に賜物を与えられた神の被造物としての尊厳を、私たちすべてに与えるものだ。神の賜物の管理人として、私たちにはこの世界で、神の働きを行う務めがある。神が始められた秩序化のプロセスにおいて、神のアシスタントとなるのだ[12]。

この六日間の概説はこれで完了するが、ほとんどの日で物質的なものは何ら生み出されていないことがわかる。物質性に関心があるかのように思わせるのは、動詞アーサーの使用に由来する。しかし、現代の読者がそのような用法を想定するような箇所であっても、古代イスラエル人には物質的なことなど思いもよらない。さらに私は、ヘブル語の動詞そのものを、本質的に物質的なものと前提して分析したり、直接的に物質的な因果関係がある場合に限って分析したりすると、特定化されすぎてしまうことを述べた。

同時に、秩序と機能に対する関心がテクスト全体に行き渡っていることを確認してきた。これは、創世記のテクストにおいて明らかなだけでなく、古代世界の宇宙論が起源について語る際にも主要なやり方である。古代世界において、人々が存在や起源について考える場合には、これが主流の方法なのだ。また、それは神学的な主張としてはより重要であり、科学的な洗練度に関係なく、あらゆる人が理解できるものであることは間違いない。ここで私たちは、物質的なことと、機能的なことの両者が扱われていると言えないのかと問うかもしれない。その答えははっきりしている。可能ではあるが物質的なことを既定の解釈と見なすことはできない。それは証明されなければならないのだ。このテクストにおいて連日伝えられることが、神による物質的な創造について物語っていないのなら、起源に関する叙述は本質的に物質的なものだという文化的に定まった前提をいとわずに脇に置かなくてはならない。

創世記1章を物質的な起源の叙述であると考える人の中にも、語られたことばの力によって事が起こることが繰り返されることに注目してきたのは興味深い。ある研究者たちは、他の古代宇宙論まで調査をして、エジプト出土の一つのテクスト（メンファイト神学［訳注＝紀元前八世紀後半、エジプトのメンフィスにあるプタハ大神殿に建てられたシャバカストーンと呼ばれる記念碑に刻まれた、創造神話テクスト］）を除いて、創造が神的存在の語られたことばによって成し遂げられたことはないという結論を出すまでに至った。残念ながら、この提案はあまりにも視野が狭い。古代中東全域に行き渡っていることは、神々が創造においてあらゆる物事の運命を決定する勅令を出すという考えだからだ（それが原初においてか、年毎に繰り返されるかは別として）[13]。

多くの古代中東のテクストが、創造を機能的な性質を持つものとして語っているが[14]、その一例として、「メリカラー王への教訓（Instruction of Merikare）」を概観しておくことは、読者の助けになるだろう。

しっかりと世話されたのは人間――神の家畜
神は空と大地を、彼らのために造り
神は海の怪物を従わせ、
神は彼らの鼻のために息を造って、生かした。
彼らは神の像であり、神の躰から生まれ、
神は空で彼らのために輝く。
神は彼らのために植物と家畜を造り、
鳥と魚を造って、彼らを養った……

神は彼らのために昼の光を造り、
神は彼らをご覧になるために、海を渡る。
彼は、ご自分の神殿を彼らの周りに建て、
彼らが嘆くとき、神は聞かれる。[15]

このテクストは明らかに、神の像に造られた人間のために、宇宙が機能するよう神が命じるという考えを伝えている。

終わりに、一つの比喩をもって説明したいと思う。というのは、創世記1章が物質的な対象物ではなくて、機能や役割や秩序に関する叙述であるという概念全体を理解するのに人々がとても苦労するということを、この発表を何年にもわたってする中で経験してきたからだ。機能とか物質ということは、結局のところ抽象的な話になってしまい、その概念に現代的なカテゴリーが再び持ち込まれてしまうことも起こり得る。

アメリカ人が新しい町に引っ越すとき、新しい住まいを探す。ある家族は、あちらこちら場所を探して周り、家の物質的構造を調べる。屋根、基礎、電気、配管、暖炉といった一般的条件は非常に重要なものだ。それと同時に、その家が、自分たちの家庭のために使い勝手がよいかということを調べる家族もいるだろう。家庭内動線や開放感といったことを手始めにして、どの部屋をどのように使うか、家具はうまく配置できるかといったことを考えるわけである。子どもたちは二階に駆け上がり自分たちの部屋になる場所を見つけるだろう。このように、家のことを家屋(house)として考える人もいるし、家庭(home)として考える人もいる。[16]

同じような発想で、私たちは家屋の始まり(起源)についても、家庭の始まり(起源)についても語ることが可能である。学生たちが、我が家の夕食にやって来ると、たいてい私たちが住んでいる場所について質問する。彼らは配管がどうなっているかとか、屋根の状態がどうかということを知りたいわけではない。いつどうやって、この家が建てられたのかに気を留めることはほとんどない。それよりも、いつどうやって、そこが私たちの家庭になったのかということが聞きたいのだ。[17]

私が主張しているのは、古代世界の人々は、家屋としての世界の起源ではなく、家庭としての世界の起源に並々ならぬ関心を持っていたということだ。どちらの話を語るのかという問題である。彼らは家屋（ハウス）を構成する物質的な対象物がいかにして存在に至ったのかということには興味がなかった。ただ神がそれをなさったということだけで十分だったのだ。それ以上に興味を持っていたのは、いかにしてこの家（宇宙）が人間のための家庭（ホーム）になったのかということであり、より重要なことは、いかに神がそれをご自分の家庭（御住まい）にされたのかということだ。創世記における天地創造の七日間の叙述は「家庭の物語（ホーム・ストーリー）」であって、「家屋の物語（ハウス・ストーリー）」ではない。それは私たちの生きる現代世界が期待するような性質の起源論とは異なっている。しかし、その重要性を理解することは、そう難しいことではない。

ヨハネの福音書14章2～3節でイエスがこう言っている。

> わたしの父の家には住む所がたくさんあります。そうでなかったら、あなたがたのために場所を用意しに行く、と言ったでしょうか。わたしが行って、あなたがたに場所を用意したら、また来て、あなたがたをわたしのもとに迎えます。わたしがいるところに、あなたがたもいるようにするためです。

イエスは、未来のことを語っているが、同時に神が過去になされたことにも言及している。宇宙は私たちのために、非常に具体的な目的を念頭に用意されたものなのだ。すなわち神がおられるところに私たちもいるようになることである。これが神が最初から計画していたことである。宇宙における神の臨在こそが注目に値する。ご自身の臨在によって、神は宇宙を聖なる空間に変えられた。この概念については、次の章で展開しようと思う。

1 この術語についての論述はJohn H. Walton, *The Lost World of Genesis One: Ancient Cosmology and the Origins Debate* (Downers Grove, IL: Inter-Varsity Press, 2009), pp. 55-57［邦訳『創世記1章の再発見――古代の世界観で聖書を読む』聖契神学校、六八～七〇頁］；同著者による*Ancient Near Eastern Thought and the Old Testament: Introducing the Conceptual World of the Hebrew Bible* (Grand Rapids: Baker Academic, 2006), pp. 168-70を参照。

2 そのヘブル語というのは、シェハーキームであり、とりわけヨブ記37・18、21で使われていることに留意。詳細な議論は、John H. Walton, *Genesis 1 as Ancient Cosmology* (Winona Lake, IN: Eisenbrauns, 2011), pp. 155-61（未邦訳）あるいは同著者による*Job*, NIV Application Commentary (Grand Rapids: Zondervan, 2012), pp. 371-73（未邦訳）に掲載されている。

3 もし、ラーキーアが固い空を指すという見解にこだわるなら、創世記1章を物質的な起源に関する記述と見ることにはなお問題が残る。イスラエル人は固い空を物質的に考えていたのかもしれないが、私たちは物質的な固い空が実際に存在するとは考えていないので、神が実際には存在しないものを創造したと主張することになってしまう。

4「枠組み仮説」に基づく創世記1章の読解では、一日目から三日目までが四日目から六日目までと並行していることが指摘される（一日目と四日目、二日目と五日目、三日目と六日目）。このような文学的構造が意図的なものであることに私も同意するが「枠組み仮説」を採用する人の多くは、それ以上のことを言わない。その立場の人たちは七日間の構造は文学的なものにすぎないと主張し、先に進んでしまう。私としては、文学的構造に加えて、宇宙を秩序づけるという要素がこの物語の意図を完全に把握するために欠かせないと考える。

5 ヨブ記9・7と詩篇8・3、147・7からも同様の見解が推測される。詳しい論考はJohn H. Walton, Victor H. Matthews and Mark W. Chavalas, *IVP Bible Background Commentary: Old Testament* (Downers Grove, IL: InterVarsity Press, 2000), の該当箇所を参照。

6 Walton, *Genesis 1 as Ancient Cosmology*, pp. 173-74 の論考を参照。

7『ニヌルタ（Ninurta）の活躍』として知られている作品には「汝のために、山々に四足獣の繁殖力を高めさせよ」と書かれている。

8 遊牧民であった当時の人々は羊や牛の出産過程を実際に見ていたのだから、それが人間の出産と類似していることも認識していたのは確かである。しかし、彼らの視点は科学の論理ではないことを忘れてはならない。これは創世記が実際の物質的誕生プロセスを論じていないことを示すもう一つの証拠である。

9「エンキと世界秩序」と呼ばれる古代中近東の作品がある。シュメール神話の神エンキが宇宙に秩序をもたらしたとする作品である。http://etcsl.orinst.ox.ac.uk/cgi-bin/etcsl.cgi?text=t.1.1.3# ただし、両者が細部にわたって類似している（わけではない）とか、聖書がこのシュメール神話から借用したと言っているものでもない。どちらの話も最終的には、該当する神の命令による秩序の確立に関係していることを示唆しているのである。

10 他のものは、正典全体を視野に入れるときに明確にされるものだ。

11 私たちは神の代理人として管理人であり、搾取することを許されているのではない。「従わせる」と訳されたヘブル語の動詞カバシュは、人や何かを支配下に置くことを意味する。「支配する」と訳されたヘブル語の単語ラダッハは創世記1・16〜18で使われたものとは異なる。この単語は、基本的に、与えられた、あるいは認められた権威を行使することを意味する。より詳しい説明は、John H. Walton, *Genesis*, NIV Application Commentary (Grand Rapids: Zondervan, 2001), p. 132 にヘブル語の解説が、pp. 139-45 に実用的な考察がある。

12 神の像(かたち)が堕落によって損なわれ、キリストにあって回復されるということは、神の計画において私たちが代官職となるための能力は、自分勝手な道を行くときに妨げられるという事実を強調する。それは私たちのアイデンティティを変えるものではない。神の像については、21章でさらに詳しく論じることにする。

13 Walton, *Genesis 1 as Ancient Cosmology*, pp. 46-68. に引用されているテクストも含めた議論全体を参照のこと。

14 Walton, *Genesis 1 as Ancient Cosmology*. を参照

15 Miriam Lichtheim, *Ancient Egyptian Literature* (Berkeley: University of California Press, 1973), 1:106.

16 この類比を最初に提案してくれたのは Leith Anderson である。

17 この種の区別については、ここでは詳しく説明できないが、他にも多くの例を挙げてきた。組織の成り立ち(家庭)とそれを収容する建物の成り立ち(家屋)、地域教会の成り立ち(家庭)と彼らが集う建物の成り立ち(家屋)、国の成り立ち(家庭)と彼らが住む地勢や地形の成り立ち(家屋)、大学の成り立ち(家庭)とその使命、教授陣、カリキュラム、学生の成り立ち(家庭)とキャンパスの建物の成り立ち(家屋)などである。また、ある地域が、建物や通り(家屋)によって、あるいは

そこに住む人々（家庭）によって、どのように表現されるかを考えることもできる。少し違った切り口で、ノートパソコンの物質的な特徴（ポリマー、マザーボードのはんだ付け）――物質的な議論――について話すこともできるし、ソフトウェアやアプリケーション――秩序や機能――について話すこともできる。

## 提言4 創世記1章において、神は「宇宙（コスモス）」を聖なる空間として整えた

創世記1章1節～2章3節に示される天地創造の叙述は、六日間ではなく、七日間の創造物語である。それにもかかわらず「六日間の創造」というような言及が頻繁にされる。それは、少なくとも部分的には七日目の取り扱いをどうしたらいいのかわからないゆえである。神の安息は、創造とどういう関係があるのか。なぜ神は休む必要があるのか。神が休むとはどういう意味なのか。おそらく、これが私たちにとって難問となるのは、この叙述を物質的なものだと思い込んできた上に、七日目に物質的な出来事が何も起こらないことが主な理由である。これに対して私は、六日間のクライマックスが人間の創造だとしても、七日目こそが、この起源の叙述のクライマックスだと考える。実のところ、これこそが、この創造物語の狙いであり、第七日なしに、他の六日間の出来事はその意味を完遂することがない。安息こそが、創造の目標なのである。

前章の最後で、家屋と家庭を比較したイメージを提示したが、この比喩を次のレベルに進めることで、ここで言わんとすることをよりよく理解することができる。ある家族がようやく一つの家屋を自宅（家庭）にするために選んだとする。彼らは自分たちの荷物を全部まとめて、その新しい場所に引っ越す。その初日というのはどちらかというと憂鬱で、その家は、開封されていない段ボール箱でいっぱいであり、家具も適当に置かれたままである。そこには秩序がない。家屋としては十分な機能（配管、電気、屋根、基礎）を有しているのだが、家庭としては機能していない。そこで家族は、来る日も来る日も家具を並

べ、箱を開け、自分たちの家を整える［＝秩序づける］ことに時間を費やす。彼らは、そこを快適で機能的な家にするために、その家屋に備え付けられているものを把握していく。

なぜ彼らは自分の家を整えるのか。その目指すところは何か。そんな問いは滑稽であろう。開梱作業を終えたら、そこで生活するつもりなのだ。終わったら昼寝をするつもりでその作業をしているわけではない。あるいは、すべてのことが準備できたなら、そこを離れて別のところに行くつもりでもない。このすべての作業は、そこで住まうことを念頭に置いている。一切の整理整頓を終えたとき、彼らはリラックスすることによってではなく、その整えられた空間が機能し始めることによって休むのである。この整理する活動［＝秩序づける働き］をやめて（これがヘブル語の語根シャバスによって意味すること）も、秩序がもたらした落ち着きを楽しむことが始まる（これがヘブル語のヌワッハという単語によって表現されることで、例えば出エジプト記20・11で「休む」と訳される）。シャバス（やめる）は移行であり、ヌワッハ（休む・安息）は目的である。この概念は、聖書における安息の神学の分析と、古代世界における神的な安息の分析の双方から理解できる。

## 聖書における安息の神学

神がイスラエルに、ご自身が彼らの敵から「守って（ヌワッハ）」安息を与えようと言われた（申命記12・10、ヨシュア記1・13、Ⅱサムエル記7・1、Ⅰ列王記5・4）際、安眠、リラクゼーション、レジャーのことを話されたわけではない。神がご自分の民に与える安息は、人々が平和に暮らし、侵略と紛争によって中断されることなく日常生活を営むことのできる自由を指している。それは社会に秩序がもたらされることを指す。このような安息は、その土地でイスラエルが自分たちの安全を確保するために行う、秩序をもたらすあらゆる活動のゴールなのである。

イエスが人々に「すべて疲れた人、重荷を負っている人はわたしのもとに来なさい。わたしがあなたがたを休ませてあげます」（マタイ11・28）と招く際、昼寝やレジャーの時間を与えようとしているのではない。彼は秩序ある神の王国に参与するよう人々を招いている。そこではくびきを負っていても、安息を見出す。さらに言えば、ヘブル人への手紙の著者は神の民のために残された安息に言及する際（ヘブル4・10～11）、リラクゼーションではなく、神の国における安全と秩序に言及している。

この用法に照らせば、安息とは、秩序ある世界体系の均衡が保たれた状態に見出される安全性と安定性に付随するものだと識別できる。神が七日目に安息されたとき、神はこれに先立つ六日間で成し遂げられたばかりの秩序ある世界体系にご自分の御住まいを定めておられる。それは七日目だけのことではない。その日から毎日なさっていることなのである。さらに言えば、神の安息は御住まいの場を持つということだけにとどまらず、この秩序立った世界に対して支配権を行使している。そこは人間のために機能するように整えられた世界であり、そこで神はご自身が置いた人間と関係を持つことを意図している。そこは神ご自身の御住まいであり、関係を持つための場であり、それ以上に、神が治める場でもあるのだ。詩篇132篇7節～8節を参照してほしいのだが、そこでは神殿が神の御住まいであると同時に、安息の場であると捉えられている。詩篇132篇14節では、この安息の場は、神が「王位に着くために」[1]（ＮＩＶ）座す場でもある。エゼキエル書40章～48章にある神殿の叙述も、この要素を明らかに示している。「人の子よ。ここはわたしの玉座のある場所、わたしの足の踏む場所、わたしが永遠にイスラエルの子らの中で住む場所である。」（エゼキエル書43・7）

イエスが安息日について話された際、リラクゼーションの観点から考えるならば、マタイ12章8節にある「安息日の主」といった言動は安息と関係がないように思われるだろう。しかし安息日を（私たちが自分たちの秩序を形作ろうと活動を促進することより）神の秩序あるシステムに参与することに関連するものだと理解するなら、イエスが安息日の主であると理解する道が開かれる。パリサイ人との論争を通じて、安息日に神のわざを行うことは、決してその違反にはならないとイエスは主張した。確かにイエスは、神が絶えず働いておられると指摘した（ヨハネ５・17）。神のわざに参与するとき、安息日は真に尊ばれる（イザヤ書58・13～14を参照）。私たちがやめるべきわざは、私たちの生活に秩序をもたらそうとする私たち自身の試みを象徴するものだ。[2] それは、私たちの私利私欲や自給自足感、自立感に抵抗することなのである。

## 神の安息についての古代中東の考え方

古代中東に生きていた人が、この七日間の叙述を一瞥したなら、これが神殿の物語であるという結論を引き出すことに何の困難も覚えなかったことだろう。[3] なぜなら古代世界の神殿について、彼らは私たちの知らないことを知っていたからだ。古代の神殿における神の安息は、単なる居住の問題ではない。詩篇132篇で確認したように、神殿は神の支配の中心である。古代世界においては、神殿は「宇宙（コスモス）」の指令センターであり、神が秩序を司り、宣告を下し、主権を行使するコントロール・ルームだった。神殿建設の叙述は宇宙論を伴うことがほとんどだが、それは神が秩序を確立した後（これが古代世界における宇宙論の焦点）、その整えられた秩序体系の指揮を執ったからである。哀しいかな、創世記の叙述を読む私たちは、この要素を見落としてしまう。神はご自分の御住まいをそこに置くために、またそこを支配するために、宇宙の秩序を整えたのである。一日目から六日目までの事は七日目のためだった。七日目において、神の目的は成就する。

古代世界では、神殿に神の居場所が設けられたのは、その神の必要を（祭儀的に）人々が満たすことによって、神との関係を持てるようにするためだった。これはイスラエルの場合は当てはまらない。神には何の必要もないからだ。神はまったく異なる形で、ご自分の民と関係を持ちたいと願われる。この違いを別として、その他のことでは、他の古代世界と同様の関係の関心が神殿に向けられている。神が神殿に入られるとき、神はそこを聖なる空間にされる。聖なる空間は、神の臨在の結果であり、宇宙の秩序の中核また源として機能する。この「家庭（ホーム）の物語（ストーリー）」において、神は人間のためだけに家を作ろうとしているのではない。神ご自身としては、家を必要とするというわけではないのだが、それでも、ご自身のための家でもある。もし神が、この整えられた空間に安息されないなら、あの六日間は目的を欠いたものとなる。宇宙は単なる家屋（ハウス）ではなく家庭（ホーム）なのだ。

　こうした考え方は、聖書神学、語彙的研究、古代中東との比較研究によって支持されるだけではなく、「七日」という期間との結び付きによって支持される。この宇宙の起源の物語が、聖なる空間としての宇宙開闢（かいびゃく）と関係があるとすれば、聖なる空間が開闢される典型的な方法について、聖書や古代世界において神殿が関わる場合に関し、調べるべきだろう。

　ソロモンは、エルサレムにおいて神の神殿として用いられるべき家を七年かけて建てた。その建設が完了したとき、それは構造物としては存在していたけれども、まだ神殿ではなかった。それは神殿になるべく備えられていたが、まだ神殿の機能を持ってはいなかった。すなわち、神がそこに住んでおられなかった。そのため、構造物はあっても神殿は存在していなかった。神殿になるべく備えられた構造物から、実際にその機能を果たす神殿へと移行するのに、何を必要としたのか。どうしたら、家屋は家庭になるのか。これは重要な問いかけである。というのは、もし創世記1章が実際に神殿テクストであるならば、そこには比較すべき点があるからだ。

　聖書と古代中東の両方において、物質的な構造物が、機能する神殿へ、すなわち家屋から家庭へと移行する転換点となるのは、正式で儀式的な落成式であることがわかる。この落成式において、神殿の機能が宣言され、その機能の担い手が任命され、神の教えによって準備された場に、神が住むために降りて来られるのに合わせて、祭儀が始められる。したがって、機能の宣言と、機能の担い手の任命が創世記1章に見出されることは驚くべきことではない。より重要なことは、聖書と古代世界の双方において、聖なる空間の開闢にあたって七という数字が重要な役割を果たしていることである。[4]

したがって、この叙述における七日という期間の意味を問うなら、聖書と古代中東の文化的背景が、それを解く鍵となる。神は六日間で、家屋を造り、神学的な主張のために安息日の追加を決めたのではない。この叙述の聴衆はアダムとエバではなく、イスラエルであるということを思い出そう。モーセが荒野でイスラエルに語りかける場面を想像してみるとよい（ひとまずの仮定として。本書がそのような主張を企てているわけではないことはおわかりだろう）。この視点の転換は、きわめて重要である。この想定を展開させるなら、単なる状況（モーセがイスラエルに語りかける）以上に、出来事を想像することができる。一つの思考実験として、シナイ山のふもとで、幕屋奉献の前夜に民の長老たちと一緒に座っているモーセのことを考えてみよう。

モーセはイスラエル人たちに、これからまさに起ころうとしている事の重大性を理解させようとしている。彼らはエデン以降初めて、神の臨在が住まわれることによって定められる聖なる空間をいよいよ立ち上げようとしているのでだ。そしてモーセは彼らに説明する。神はご自分の民のただ中に住むことで、宇宙が聖なる空間となるように計画されたこと、神は宇宙とその秩序をまさしくその目的のために始められたこと、神は彼らのために場所を備えて（ヨハネ14・3参照）おられたこと。哀しいかな人間は、自分勝手な道を選び、聖なる空間は失われてしまったこと。そして今、ついに、彼らは自分たちのただ中に、神の臨在を再び迎え入れようとしている。同じようにして、神は聖なる空間として宇宙を建て上げ、その聖なる空間に人間を置き、神が人間と交わりを持てる場とした。だから、これから七日間にわたって行われる幕屋の落成は、同じことを達成する。これは聖なる空間が打ち立てられ、失われ、また回復されるという物語なのだ。このように考えると、創世記1章から2章の叙述は、物質的な宇宙の起源にまつわる物語ではなく、聖なる空間の起源の叙述になる。そして創世記1章から3章は、出エジプト記の最後の数章とインクルージオ［訳注＝類似する出来事による文学的サンドイッチ］を形成する。

もし、七日という期間が、宇宙を聖なる空間として落成することに関係しているのならば、長い年月にわたって準備されてきた物質的な宇宙を、神がご自分の民と交わりを持つ場へと移行する期間を表すことになる。[5] 空間が場に変わったのである。あの七日間は、家屋の物語ではなく、家庭の物語であり、物質的な素材の生成ではなく、秩序を与え、機能を確立することに関わるものなのだ。

この創世記1章を、家屋の物語だと捉えて読んだために、多年にわたり多くの人が、この七日間が地球の年齢に関係していると信じてきた。地球の年齢は、物質的なことに付随するものだ。もし、これが家庭の物語であるならば、物質的な宇宙の年齢とは何の関係もない。七日という期間は、家を建てるのにかかった時間に関するのではなく、家屋を自宅に変えるプロセスに関係している。この解釈は、聖書テクストと古代中東の文化的背景の双方から支持されることがわかる。これを受け入れるなら、聖書は地球の年齢に関して何の主張をもしていないことになる。

この「聖なる空間」という考え方は、創世記2章にも引き継がれている。創世記1章には、神が人間のために機能する聖なる空間をどのように創造されたかの叙述がある。そこでは、聖なる空間の中心がどこにあるかは述べられていない。ただ神が、究極的にはご自分の場であるにもかかわらず、人間にとって家庭と呼べる場を整えられたことが示されている。創世記2章では、聖なる空間の中心が特定される。そして、人間が聖なる空間のために、どのような役割を持つのかについての説明が与えられ、神がその聖なる空間で人々と交流する様子が描かれている。[6]

この創世記の始まりを家庭の物語として読むならば、家屋の物語として読んでいては不明瞭だった、豊かな神学が浮かび上がってくる。神は私たちのために備えてくださったのだが、それは私たちのものではないことを学ぶ。宇宙は私たちが好き勝手にできるものではなく、神の場であって、私たちはそこで神の共同統治者として仕えるのだ。地を従え、支配する私たちの務めは、私たちが管理者であることをしっかりとわきまえることによって達成される。人類が行うすべての営みは、非秩序（ノンオーダー）から秩序（オーダー）をもたらすことに向けられるべきだ。環境を用いる際には、無秩序（ディスオーダー）を引き起こすべきではない。この世界は単なる人類の住処ではなく、私たちに与えられた聖なる家なのであり、私たちはその使い方とそこでの働きに責任があるのだ。

1　ヘブル語ではヤーシャブという動詞が使われているが、これは単に「座る」「住む」という意味であることが多いのは事実である。それにもかかわらず、ここでの文脈や他の多くの文脈は、人が支配する権力と権威の座であることを明確に示している。例えば民数記21章34節、サムエル記上4章4節、Ⅱサムエル記6章2節、Ⅰ列王記1章～2章全体、15章18節、22章10節、詩篇7篇7節、9篇7節、22篇3節、29篇10節、55篇19節、68篇16節等、他にも用例がある。

2　だからといって、この六日間の仕事が利己的なものでしかないという意味ではない。

3　古代近東との関連（宇宙論と神殿、安息と神殿など）を示す広範な証拠は、John H. Walton, *Genesis 1 as Ancient Cosmology* (Winona Lake, IN: Eisenbrauns, 2011), pp. 100-119, 178-92.

4　Ⅰ列王記上8・65では七日間が二セットになっており、Ⅱ歴代誌7章9節では、祭壇の奉献（ハヌッカ）の七日間が祝われている（アーサー）。出エジプト記29章35～37節にある祭壇の七日間の聖別にも注目してほしい。徹底的な考察は、ヴィクター・ヒュロウィッツ、Victor Hurowitz, *I Have*

*Built You an Exalted House: Temple Building in the Bible in Light of the Bible in Mesopotamian and Northwest Semitic Writings*, Journal for the Study of the Old Testament Supplement 115 (Sheffield: Sheffield Academic Press, 1992), pp. 260-61, 266-84, 特に pp. 275-76. このような開闢は、過越の祭りや種を入れないパンの祭り、仮庵の祭り、ハヌカなど、七日間にわたる祭りとさまざまに関連している。

5 出エジプト記では、多くの章が物質的な建設について語られ、その後、七日間の儀式によって聖なる空間として完成される。

6 ここで、さらなるニュアンスを確かめることができる。第7章（提言7）では、七日間の記述とエデンの園の記述の間に期間があった可能性について考察している。もしこの見解が受け入れられるなら、聖なる空間には二段階の過程があることになる。創世記1章で、神は宇宙を聖なる空間とするよう整え、その働きを止めて休息する（シャバス）。その後、神の臨在は宇宙にあり、おそらくは神の像である人々と何らかの方法で関係を持ったことだろう。園の物語はその次の段階であり、神の臨在が実際に聖なる空間の中心であるエデンに居住（ヌワッハ）するようになる。これは、定められた祭司職が確立された段階である。神の臨在が段階的に確立されるという理解は、一般的には、天地創造からバベル、契約、神殿、受肉、聖霊降臨、新創造に至る長い過程によって裏付けられる（詳しい考察は第18章〈提言18〉「イエスは要石」を参照）。この理解は、契約（アブラムは創世記12章で祭壇を築くことによって聖なる空間を落成した）や、燃える柴から十の災い、雲の柱、シナイ山での神の顕現を経て、最終的に幕屋（出エジプト記40章）でクライマックスを迎え、神が聖なる空間の中心に住まわれることによって、神の臨在が段階的に実現されたことをより具体的に描いている。幕屋／神殿は、聖なる空間に関する長いプロセスの頂点として、一か所に焦点化したものである。神の臨在と聖なる空間に関する一般的な神学的連続性と一貫性を確かめられるものの、そのイメージには流動性も見られる。

## 提言5　神が機能的秩序を確立したとき、それを「良し」とされた

「良い」と訳されるヘブル語の単語（トーブ）は、どの英訳聖書においても、何十通りにも表現されている。創世記で用いられるこの単語の意味は、長年にわたり多くの解釈がなされており、解釈に伴って神学的な意義が提案されたり、期待されたりすることもしばしばである。つまり、この単語が堕落前の創造された状態を描くものであるならば、創造の理想が何であったか、堕落前の世界がどのようなものだったかの手がかりともなろう。この世界が「良し」と見られたのならば、そこには痛みも苦しみも死も捕食関係もなく、すべてが無垢で完璧だったに違いないと考える解釈者は多い。この見解では、黙示録21章にある新しい創造は、この状況に戻ることだと見なされることがある。そしてアダムとエバは、ただキリストだけがこれを超越するような義と知恵の状態にあったと見なす。この考え方によれば、「良し」の意味は堕落後の罪の状態との対比によって引き出される。その結論は、私たちが現在経験する否定的なものは、原初的な世界には存在しなかったというものだ。この考え方は人気があるのだが、実のところ、この言葉に「原初の無垢の完璧な状態」という意味はない。[1]

この見解を再検討するために、語彙研究と文脈の探求に取り組む必要がある。語彙研究においては、旧約聖書全体でこの単語がどう用いられているかを調べる。「主がいつくしみ深い（良い）方である」という断言を多く見出すことができる（Ⅰ歴代16・34、Ⅱ歴代7・3、詩篇25・8をはじめ数多くの箇所が挙げられる）が、これらの文脈は、先の段落で見たような比較対照（「悪い」の反対としての「良い」）を支持す

るものではない。その箇所が示すのは、神がご自身の属性である善性に基づいて良い方法で行動されるということだ。したがって、この単語は、神がどのようにご自分のみわざをこの世界で成し遂げられるのかを表現しているのであり、完璧さという抽象的な特質ではなく、機能に関係している。神は完全であり、いつくしみ深い（良い）方である。しかし、その文脈を徹底的に検討すると、この単語が、神以外の何かを表現するときには、そのような特別な意味を伝えるものではないことがわかる。

また、善（良い）が悪と対比されている箇所もある（例えば、ヨブ記30・26節、詩篇４・６、52・３等）が、これらの文脈で「良い」は原初の完璧な状態を表すものではない。というのは、その文脈において、人は今日でも「良い」者である（例えば伝道者の書９・２等）からだ。しばしばこの単語は相対的に（「～より良い」）用いられ、最も一般的には、人が自分にとって良いと感じたり、経験したりする状況や対象に言及する場合に使われる。

この単語に関する第三の主な意味は、何かが意図されたとおりに機能していること、すなわち秩序のあるシステムの中で役割を果たしていることを示す場合である。（出エジプト記18・17「良くない」〈＝最も望ましい役割ではない〉。Ⅱ歴代６・27「整えられた」［訳注＝ＮＩＶはright way、新改訳２０１７は「良い道」となっている］、詩篇133・１「よく整えられた」［訳注＝新改訳２０１７は「幸せ」となっている］、箴言24・23「良くない」〈＝望ましい機能ではない〉。イザヤ書41・７「良い」〈＝望ましく機能するという意味〉。その他多くの箇所を挙げることができる。）

一つの単語の意味に、多くの可能性がある場合、可能性の一覧表を眺めながら、好きなものを読み手が選ぶというやり方は適切ではない。そうではなくて、伝え手が何を念頭に置いていたのか、文脈からニュアンスを判別する努力をしなくてはならない。そうするとき語彙研究から文脈の探求へと導かれる。ある特定の評価（ここでは「良い」）が意味することは何かを理解するための最良の方法は、その評価表現を否定するとどうなるかを問うことだ。上述した「神の良さ」を例に言うならば、神が良くないとはどういうことかを問うことになる。同じように、創世記の文脈において、「良くない」とはどういう状態かを発見できるならば、大いに助けになるだろう。私たちは、堕落がもたらした状況（つまり、私たちが日々に経験するこの世界）を「良くない」と考えるだろうが、テクストは決してそのように結び付けない。しかし、その代わりに「良くない」ことについて、確かに語っている。それが「人がひとりでいるのは良くない」（創世記2・18）ということだ。このテクストによって、「良い」という言葉が意図する意味を汲むために、文脈的に決定される方向性が得られる。

この用法からは、人がひとりでいることは、整えられた体系の担い手として、未完成だという意味で考えることができる。この言明に関して、創世記1章31節では、すべてのものが非常に良かったと言われていることとの整合性がとれないと感じる人もいる。しかし、この後の章で提言するように、創世記2章は、異なったレベルでの機能性を扱っている。

可能性のある意味の範疇（くり返しになるが、そこには「完全な」とか「無垢の」といった意味はない）と、文脈が示唆するところ（特に、その否定形）を合わせて考えると、ここでの「良い」とは、あるものが、整えられた体系において、構想されたとおりに最適に働き、機能している状態、すなわち神が意図したとおりに機能している状態を指すと私は結論する。この提言に込めた私のニュアンスをより明確にするために、現代的なたとえが役に立つだろう。飛行機の離陸を前に、パイロットが準備している状況を思い浮かべてほしい。彼らはチェックリストを用いて、すべてのことが正常に作動する準備ができているかを確認する。すべての機械的な指示系統をチェックし、そのフライトに欠かせない搭載物（機内食、荷物、搭乗者）が載っているかチェックされる。リストをチェックしながら「良し、良し、良し」と言っている様子が想像できる。このようにしてパイロットは、そのフライトについて、離陸準備が整ったこと、機内の搭乗者に必要なものが提供される用意がすべて整ったことを確認する。創世記1章で神がなさっていた「良し」とする行為は、これと同様のことではないかと私は提言する。すべてのシステムが動き、すべてのことがあるべきところに置かれていることを確認しているのだ。

結論に移る前に、いくつかの専門的なことに触れておかなくてはならない。創世記1章において、二日目には「良し」と評されていないことに多くの人が気づいている。それに比べれば少数だが、**マソラ学者**のアクセント符号による特別な用法に従えば、五日目における海の巨獣（タンニーン）は「良しとみられた」という言明から除外されていることに気づいている人がいる。こういった例外的事項の意味を判読することは容易ではない。「良し」の意味についての私の解釈によれば、上と下の水は、非秩序（ノンオーダー）領域の要素を残しており、それゆえ（構想されたように作用するという意味での）「良し」と言われていないと考えることは可能だろう。神が二日目に定められたのは、非秩序世界を統御すること、すなわち居住空間と「固体の空」が、上の水を制御することだったのだ。

五日目が、二日目と並行関係にあることを思い起こすならば、タンニーンも同様に非秩序が継続する領域に追いやられているのは驚くにあたらない。タンニーンが混沌（カオス）の生き物（クリーチャー）であるならば、整えられた世界との境界におり、人間のために機能してはいない。したがって、それらは秩序立てられた体系において構想されたとおりに機能してはいない――つまり、秩序づけられた世界の中にいるが、そこに属してはいないのだ。パイロットのチェックリストのたとえに戻るなら、飛行機の中でギャーギャーわめく子どもたちのような存在であろう。子どもたちはそのシステムの中にいるが、チェックリストには載っていない。

これらの説明は、テクストにある二つの仔細な点を除けば、とても説得力がある。第一に、創世記1章31節によると、神が造られたものはすべて「非常に良かった」と見られている事実を説明しなくてはならない。二日目に、神は「ラーキーア」すなわち「天蓋」を造られた。それは二日目において「良し」と評されるにふさわしいものだっただろう。第一の点は、テクストが、五日目に神がタンニーンを創造した（バーラー）と明確に述べていることだ。それゆえ、バーラーが、整えられた世界の中で役割や機能をあてがうことを意味する以上、タンニーンは良いものだと結論づけなくてはならないと思うかもしれない。その一方で、それらが整えられた世界にあるということだけを理由に、良いとする必要はないかもしれない[2]。この論点は、さらにきめ細かい検討が求められる。

［「良い」に関する］この解釈が正しければ、第一に、私が提示した創世記1章の全体的な解釈、すなわち、それは機能的で秩序あるシステムの設定に関することであり、「家屋の物語（ハウスストーリー）」ではなく、「家庭の物語（ホームストーリー）」だという解釈を裏付けることになる。第二に、堕落以前のすべてが完璧だったということを示唆するものではない。神は私たちが生き延び、またご自分の計画を展開していくのに見合う、ある程度の秩序を確立した。究極の秩序である新しい創造が達成されるにはまだ長い道のりがある。人間は、秩序を整える過程に神の代官職として参与することになっている。いくらかの非秩序（ノンオーダー）は残っているが、最終的には解決されるだろう。しかし打ち立てられた秩序は、機能的（「良い」）であり、機能不全（無秩序（ディスオーダー））になっているわけではない（「非秩序」と「無秩序」の区別については、16章を参照）。この結論は、「非常によかった」（トーブ・メオード）という言い方が他にも何度か登場することから、さらに確認できる。例えば、同じ表現が約束の地に対して使われる（民数記14・7）が、そこには捕食者である野生動物はもちろん、敵や邪悪な住民がたくさんいるのだ[3]。

したがって、この「非常に良かった」という言葉だけに基づいて、堕落前の世界には、痛みや苦しみや捕食関係や死は含まれていなかったと推論することはできない。もちろん、そのような結論を、他の聖書箇所に基づいて引き出すことは可能である（いずれ、それらの探求をするつもりである）のだが、トーブという単語の使用だけでこういった結論の根拠とすることはできない。そうしなければ、テクストの字義どおりの解釈にならないからだ。それは、著者が使用した言葉で表現されていないものをテクストに読み込むことになる。テクストが伝えようとしているものを無視して、私たちが思う意味を押し付けることになってしまう。この「良い」状態は、罪はまだ登場していないけれども、私たちが悪いと感じる経験や状況がないとは限らない。

同様に、アダムとエバをあらゆる点で完璧な人類の見本だったと推論することもできない。ユダヤ教のラビも教会教父たちの著作も共に、堕落前の二人が人間の最高の知恵と義で満ちていたと説明するものが多い。しかし、この状態はテクストにほのめかされているのでも、裏付けられているものでもない。そしてこれに代わる意見もまた、解釈の歴史の中に行き渡っている。

1 I・プロヴァンによる同様の結論も参照のこと。I. Provan, *Seriously Dangerous Religion* (Waco: Baylor University Press, 2014), p. 283.

2 これらの除外について私たちが提示できる唯一の説明は、二日目にこのフレーズがないのは、テクストが伝達される過程のどこかで、写字生のミスによるものかもしれないということと、五日目にタンニーンが他と切り離されているのは、ヘブル語テクストの事実というよりも、マソラ学者の解釈によるものかもしれないということである。とはいえ、これらはあくまでも最後の手段であるべきで、私はこの方向には消極的である。

3 Observed by Ronald E. Osborn, *Death Before the Fall: Biblical Literalism and the Problem of Animal Suffering* (Downers Grove, IL: InterVarsity Press, 2014), p. 29.

## 提言6　創世記1章から5章において、ヘブル語「アダム」の用法には意味の幅がある

ヘブル語の「アダム」〔訳注＝ヘブル語の発音をカタカナに音写することは難しい作業であり、この単語は専門的にはアーダームと記すほうが適切だと考えられるが、一般的ではないので、本書ではアダムと表記する〕という単語の多様な用法を理解すること、これは創世記の初めの数章を整理するために不可欠である。しかしその問題に至る前に、注目すべき二つの重要な所見がある。第一に、「アダム」とは、ヘブル語で「人間」を意味する単語である。この所見に関して、それがヘブル語であるという事実が示唆するのは、このカテゴリー名称（「人間」）は、ヘブル語話者によって後付けされたものだということだ。つまり、アダムとエバは、お互いをその名前で呼び合っていたわけではない。というのは、彼らが話していた言葉は不明だけれども、ヘブル語ではなかったことは確かだからだ。ヘブル語という言語は、紀元前二千年紀の中葉までは存在しなかった。すなわち、創世記の初めに出てくる二人の名前は、単に歴史的な事実を伝えているのではない。アダムとエバという名前は、ビルとメアリーといった、どこかの誰かの名前と同じように、何気なくつけられたものではないのだ。私はアダムとエバが、歴史的な個人――現実の過去に実際に存在した人間――であると信じている。けれども「アダム」「エバ」という名前は、歴史上の名前とはなり得ない。その名前はヘブル語であり、アダムとエバが生きていた時点では、ヘブル語は存在しなかったのだ。

「アダム」「エバ」が歴史上の名前ではないのなら、ヘブル語の語り手が、特定の意味を伝えようとしてあてがった名前に違いない。このような推論は、第二の所見につながる。英語において［訳注＝日本語の場合も同じ］、「人間」と名づけられた男性と、「命」と名づけられた彼のパートナーについての話を読めば、私たちはすぐさま、このような存在を通して著者が伝えようしていることに思いを向けることだろう（例えば「天路歴程」という物語において、登場人物が「クリスチャン」とか「信仰」とか「希望」と名づけられていることを考えてほしい）。これらの登場人物は、彼らにあてがわれた名前のおかげで、歴史上の人物より大きな存在となる。彼らは、彼ら自身を越えた何かを代表している。したがって、この箇所の解釈は、初めから一筋縄ではいかないことがわかる。そこには、歴史上の二人の人物についての伝記的情報を提供する以上の何かがある。

創世記1章から5章における、これらの言葉の多様な用法の面からは、次のことがわかる。ある場合には、「アダム」は人類という種族を指し、また別の場合には、人類の中でも男性について言及する。またある場合には、個人名として特定の個人を指す。[1] 言語形態論（すなわち、文法形態による識別）的には、定冠詞（英語で言えばthe）の有無による区別があるのみだ。もし定冠詞があれば、それは個人名として理解することはできない。（ヘブル語では、個人名に定冠詞を用いることはない。）統語論（すなわち、文における役割による識別）的には、それが集合的な複数か、単数の存在として扱われているかによって区別できる。創世記全体で「アダム」という言葉がどのように使われているかをまとめると、次のようになる。

- 定冠詞を伴う用法が二十二回ある。創世記1章27節、2章7（二回）、8、15、16、18、19（二回）、20、21、22（二回）、23、25節、3章8、9、12、20、22、24節、4章1節

• 前置詞を伴う用法は三回ある。創世記2章20節、3章17、21節
• 前置詞も定冠詞もない用法は九回ある。創世記1章26節、2章5節、4章25節、5章1（二回）、2、3、4、5節

このデータの大部分の解釈は、複雑ではない。しかし、多少の難点もある。不規則な使われ方をするものは、概ね次に挙げるものだ。

創世記1章26節で、定冠詞のない形が使われ、次の27節では定冠詞が使われる。これは妙に思える。さらに複雑なことに、この節の後半では、初めに単数形が用いられ［訳注＝新改訳2017で「神は……人を創造し」と訳されているが、ヘブル語は単数形代名詞で「彼を創造した」となっている］、続いて複数形（「男と女に彼らを創造された」）で言及されている。ここを創世記2章5節［訳注＝ここも無冠詞］を手がかりにして考えると、その文脈は総称としての人間を示すから、創世記1章26節も総称として「神は仰せられた。『さあ、人類（人という種）を、われわれのかたちとして造ろう。』」という意味に理解できる。これは先行する生き物の創造のみわざと一致することに注意してほしい。神は動物、鳥や魚を集団的かつ一斉に創造された。人間に関しては、これは特に意味が通る。というのは、続く節において複数形で［訳注＝「支配せよ」と訳されているヘブル語の主語は複数形］人間について語っており、集団に関心を向けていることが示されているからだ。創世記1章27節では、前節で主語である「アダム」がすでに導入されているために定冠詞が使われている。単数形の使用（「彼を創造した」）は集合概念を反映し（ヘブル語では、集合概念は頻繁に単数形で表現される）、複数形（「男と女に彼らを創造された」）に戻ることで、創造されたのは、男性と女性の両方を兼ね備えた個人（すなわち両性具有者）ではないことを明らかにしている。

●創世記4章25節は、とても似通った表現である4章1節に定冠詞があるので、ここでもそれを予想するだろうが、ここには定冠詞が使われていない。文脈からすると、この「アダム」が総称である可能性はほとんどない。取り得る選択肢は、個人名としてのアダムであり、それは（創世記４・１のゆえに）矛盾するようだが、不可能なものではない。ヘブル語聖書の本文批評をする現代の編集者たちは、あるべき冠詞が、写本されるときに不注意にも書き落とされてしまったと主張している。ただし、ヘブル語写本にそのような形跡は認められていない。

●創世記5章1節には、定冠詞のない形で二度出現する。最初のものは、タイトル部分に使われ、創世記全体で同じようなタイトルが出現することとの一貫性を考えると、個人名であると判断できる。しかしながら、二つ目のものは変則的なように見える。それにもかかわらず、この箇所が創世記1章26節を参照していることがわかれば、この「アダム」は、人の総称としての用法だと解釈するのが妥当だろう。

●前置詞に付随して用いられる「アダム」は三度出現するが、これはマソラ学者により不定冠詞だと指摘されている。これらの箇所は不定冠詞では意味が通らないし、子音字の形態は、定冠詞にも、不定冠詞にもなり得る。ヘブル語聖書の本文批評家たちが昨今主張しているように、私も定冠詞がある方を支持する[2]［訳注＝新改訳２０１７では、17節は定冠詞があると読み、21節は無冠詞でアダムと固有名を訳出している。2章20節の後半も（前半は定冠詞があるので「人」であるが）無冠詞のままアダムと固有名詞で訳出している］。

表１（次頁）で示した分析によれば、創世記4章1節と25節だけが、変則的である。創世記1章26節〜27節、2章5節、5章1節、2節は総称としての用例であり、創世記2〜3章にある定冠詞を伴う用法は

原型的あるいは代表的な意味である。個人名として使われているのは、創世記5章3〜5節にある系図の部分とそのタイトル部（創世記5章1節）だけになる。

表1　創世記におけるヘブル語「アダム」の使用箇所

| 用法 | 箇所 |
|---|---|
| 総称（定冠詞が伴う場合と、そうでない場合がある） | 創世記1・26〜27、2・5、3・22、5・1、2 |
| 原型的（定冠詞） | 創世記2・7、18、21、22、23 |
| 代表的（定冠詞） | 創世記2・8、15、16、19、25、3・8、9、12、20、24 |
| 個人名（定冠詞がない） | 創世記5・1、3〜5 |
| 変則的なもの | 創世記4・1、25 |
| 前置詞に付随する形 | 創世記2・20、3・17、21 |

したがって「アダムの人物像(プロフィール)」は一筋縄ではいかず、複雑なものだとわかる。この数章は、アダムと名づけられた一人の男の伝記的な情報を提供しているだけではない。もっと大きなことが述べられているのだ。総称として使われる場合、テクストは種としてのヒトについて語っている。定冠詞が用いられる場合、それは人間の代表として機能している個人を指す。そのような表現は「**原型**（すべての者がひとりのなかに実体化され、その人の行為に与(くみ)していると見なされる存在）」でも「**連帯的代表**（ひとりがその属する集団の他の構成員のために選ばれて代表として働くこと）」でもあり得る。[3] どちらの場合も、代表としての役割が、個人よりも重要である。「アダム」という単語が不定形で、文脈からも個人名の代わりとして使われている場合のみ、その人が、個人として歴史上の人物であるという意味を付与するのだろう。

こういったことを判断するのに必要なことは、テクストそのものが与えてくれる。定冠詞の使用は「アダム」が個人を越えた何かを指すために使われることを示す。さらに原型と連帯的代表との区別は、文脈の状況に基づいてなされる。もし「ハ・アダム」（定冠詞のある形）について言われていることが、この個人だけでなくすべての人間について当てはまるならば、その人は原型として役割を担っていると結論できる。もし、これとは対照的に、定冠詞が使われ、「ハ・アダム」が他者のために個人として活動しているのなら、その人は連帯的代表としての役割を担っていると結論できる。

１この章の中で用いられるデータのほとんどは、リチャード・Ｓ・ヘスによる以下の研究に拠っている。Richard S. Hess, "Splitting the Adam: The Usage of *adam* in Genesis i-v," in *Studies in the Pentateuch*, ed. J. A. Emerton, Supplement to Vetus Testamentum 41 (Leiden: Brill, 1990), pp. 1-15.

２ヘブル語では、前置詞と定冠詞が結合して用いられる場合、文字の綴りには定冠詞の存在は示されず、母音記号にだけ変化が反映される。しかしマソラ学者が母音記号を振る以前は、ヘブル語聖書には子音を示すアルファベットだけが記され、発音の仕方は口伝で伝承されていた。

３原型は、原始型とは異なる。後者は単に一連の流れの中で最初に登場するというだけで、代表の意味をもっていない。それはただのモデルである。

## 提言7　第二の創造記事（創世記2章4節〜24節）は第一の創造（創世記1章1節〜2章3節）の後に続くもので、六日目を別の観点から語り直したものではない

創世記1章から2章へと読み進めていくとき、2章7節から記されるのは、創世記1章の六日目に起こったことに関する、具体的な叙述だと思う人が多い。つまり、より詳細な情報を提供するために六日目を語り直している（recapitulation）と考える。このような結論が導き出されるのは、第六日に人間の創造が報告されているゆえであり、創世記2章を神が最初の人間をどのように造られたのかを記述したものと見なしているからだ。この見方は、創世記2章は創世記1章の一部分（第六日）を詳しく説明するために過去に遡っていると理解する。このような結論が、唯一の可能性なのか、検証する必要がある。

このような結論が導き出されたプロセスは容易に理解できるものの、テクストを深く読むまでもなく、この読み方には問題が伴うことがすぐにわかる。まず第一に、このテクストを歴史的、物質的順序を表していると解釈しようとする人々にとって、提示された順序にはいくつかの問題があるように思われる。もし創世記2章を反復的な語り直し（recapitulation）として読むなら、創世記2章5〜6節は混乱を招く。そこでは神が人間を創造されたとき、植物が生えていなかったとあるが、創世記1章によれば植物は第三日に、人間は第六日に造られている。順序に関するもう一つの問題点は、神は第六日に動物を先に創造し、それから人間を創造したことだ。創世記2章では、アダムは動物に先立って造られている。[1] 創世記1

章の「日」を二十四時間だと考える人々には、第二の問題が出てくる。創世記2章の出来事（その中には、すべての動物に名前をつけることも含まれる。助け手が見つからなかったのだから、これが完了していることは明らかである）がすべて二十四時間のうちに起こったというのは、信憑性を疑わざるを得ない。

こういった問題を見るにつけ、創世記2章が第六日の詳細を述べているのか、それともその後に起こった出来事なのかについて、立ち戻って問い直すことは価値のあることだ。それで、テクストにはどんな証拠が見出せるのか、そしてこの二つの叙述を時系列に続くもの（sequels）と読むことができるのかを考えなくてはならない。もしこれらが順を追ったもの（sequels）なら、創世記2章が第六日に収まるかどうかを気にすることはない。しかし、もしこれらが時系列に続いているもの（sequels）なら、創世記1章に出てくる人間は、アダムとエバではないかもしれない。少なくとも、アダムとエバだけではないかもしれない。そうなると、創世記1章で記されている人間の創造の後に、創世記2章のような人間の形成に関する叙述があるのは何のためかが問題となる。

さらに、もし創世記2章が順を追ったものなら、創世記2章から4章には、アダムとエバとその家族以外にも（神の像（かたち）としての）人間がいることになる。これには創世記4章を読む際、いくつかの利点がある。創世記4章では、カインには妻がいる（創世記4・17）。彼が妹と結婚したというのは、気持ちの良いものではないが、唯一可能な選択肢として多くの人々に受け入れられてきた。またカインが主の御前から追い出されるときに、「私を見つけた人は、だれでも私を殺すでしょう」（創世記4・14）と恐れたことが記されている。彼はいったい誰を恐れたのだろうか。彼が主の御前から追い出されるとは、同時に彼の家族からも引き離されるということだ。これはすなわち、その土地に彼の家族以外の別の人々がいたことを示唆する。最後に、カインは町を建てていたこと（創世記4・17）にも注意を向けよう。「町」という用語は、多くの人間のための、それなりに規模の大きな居住地でないと使えない。ということは、テクストは実際、他の人間の存在をほのめかしていると結論できる。[2]ということは、創世記2章についてのこのような読み方が、どんな意味を持つのかを探究しなくてはならない。[3]

創世記2章4節「これは、天と地が創造されたときの経緯（トーレドース）である。神である主が、地と天を造られたときのこと」は、第二の創造物語を導入する働きをしている。「これは〜の経緯である」という文学的な定型句は創世記全体でこの箇所と他に十か所で使われる［訳注＝邦訳聖書だとトーレドースを、文脈によって経緯、系図、歴史と訳し分けている］。これは創世記の形式面での特徴の一つだ。創世記における他の用例では、〜の部分には人物名が入っている。この形式で導入されるのは、その人物の息子たちの物語（ナラティブ）か、その人物の子孫の系図である。つまり、それは、その人物の後に来たもの（その人物の生涯と重なり合う場合もあるが）や、その人物から発展した物事について述べるものなのだ。創世記2章4節は、そこが人の名前ではない。同じロジックを使えば、この部分は、七日間の叙述によって伝えられた天と地の創造の後に何が起きたか、そこから何が発展したかを語るための導入だと結論することができる。つまり、この導入句の性質からいって、創世記2章は、1章の続き（sequel）だと考えられる。

ここで、この導入句の前後にあるテクストに、通常どんな関係があるのかという疑問が生じる。表2（次頁）からわかるように、この導入部はほとんどの場合、時系列的な（sequel）叙述へと移行するために用いられている。ただし、二、三の例外もある。

表2　創世記における導入定型句の使用

| 参照箇所 | 接続関係 | 結び付き |
| --- | --- | --- |
| 創世記5章1節 | 平行／時系列 | カイン↓セツ |
| 創世記6章9節 | 時系列 | 洪水前の状況↓ノア |
| 創世記10章1節 | 時系列 | ノアと息子たち↓民族一覧 |
| 創世記11章10節 | 再帰的 | 民族一覧↓セムの子孫 |
| 創世記11章27節 | 時系列 | セムの子孫↓テラ／アブラハム |
| 創世記25章12節 | 時系列 | アブラハム↓イシュマエル |
| 創世記25章19節 | 再帰的 | イシュマエル↓イサク／ヤコブ |
| 創世記36章1節 | 時系列 | イサク／ヤコブ↓エサウの家族 |
| 創世記36章9節 | 時系列 | エサウの家族↓エサウの系列 |
| 創世記37章2節 | 再帰的 | エサウの系列↓ヤコブの家族 |

例外の一つは創世記5章1節である。ここでは、先行する部分と並行する系図が、この導入となる定型句によって結ばれている。しかし、創世記4章25～26節の時点で、話はアダムに戻ってきていることからすると、この導入部は厳密にはアダムからその子孫へと移行させている。つまり時系列（sequel）の関係にある。他の三つの例外（創世記11・10、25・19、37・2）は、再帰的なものだと言える。どの場合も、移行する前のセクションは、歴史のずっと後までその家系を追っている。この導入定型句は、その一族の別の息子（より重要な息子）へと、読者を引き戻し、彼の話を展開する。これらのケースでは、カインとセツの家系のように並行する系図を描いていない。また、先行する物語の途中に読者を引き戻し、より詳しく説明することもない。そこには時間的なオーバーラップはあるとしても、より詳しい説明はないのだ。

これ以外の六つの用例は、続き（sequel）の叙述を導入している。

創世記1章と2章の関係に話を戻すと、創世記2章4節にある導入の定型句が、先行する叙述の途中に読者を引き戻し、先に語られた物語の一部をより詳しく説明していると結論づけられる前例はないことがわかる。そのような導入は、創世記の残りの部分で一度も登場しないし、トーレドース（記録・歴史・系図）という単語も、そのような理解に対して異を唱える。さらに、創世記2章は恵みから外れた家系の系図が、恵みを受け継ぐ家系の物語へと戻るという再帰的な例のパターンとも一致しない。そこでこれは、創世記2章が創世記1章の六日目に起こったことをより詳しく説明するものではない、という見方を強力に支持する証拠となる。したがって、アダムとエバは創世記1章で創造された人間のうちに含まれるとしても、彼らがその時代に存在した唯一の人間で、最初の夫婦であると考えることは、文脈から支持される唯一の選択肢ではないということを意味する。[4]

創世記2章5～6節の役割に関して言えば、創世記2章5節で言及される「植物」は修飾されたものと同じであるが、これに「野」という修飾語がついている。「草」を意味するヘブル語は1章（三日目）で使われた〔訳注＝新改訳2017では「野の草」と訳されている〕であることに注目する。これにより、創世記2章5節の「野の草」は、1章で述べられた採集可能な植物一般のことではなく、栽培作物を指すことになる。結局のところ、その土地は全般的に潤っているわけだから、まったく植物がないわけではないだろう。創世記1章2節（トーフー・ワ・ボーフー）の議論では、始まったばかりの宇宙という概念を検討した。ここでは、始まったばかりの地上の有り様に注目する。これは古代中東の宇宙論ではよく知られたものだ。[5]

ニップールで見つかった紀元前二千年紀初頭のテクストには、以下のようなフレーズによって、この状況が描かれている。

- 「淵から水は汲み上げられず、何も生み出されなかった」
- 「エンリル［訳注＝神の名］の大祭司イシブはまだ存在せず、聖なるきよめの儀式はまだ行われていなかった」
- 「天の軍勢は、まだ飾られていなかった」
- 「昼間の光は、まだ輝かず、夜が広がっていたが、天はその天にある住まいを照らしていた。」
- 「大地は自ら、植物を生やすことができなかった」
- 「天の神々と地の神々は、彼らの務めを（まだ）果たしていなかった」[6]

ウルから出土した紀元前一六〇〇年頃のシュメール文献には、もう少し人間に焦点を当てた記述が見られる。

- 高地の平原は耕されていなかった。
- 運河、排水溝、堤防は造られていなかった。
- 鋤起こしは行われていなかった。
- 人間は衣服を着ていなかった。[7]

最も特筆に値するのはラガシュ王朝の年代記に見られる、洪水後の再創造に関する記述である。

洪水が地のすべてを一掃し、地を破壊してしまった後、人間の永続性は保証され、その子孫たちは保護された。黒い頭の人々が、再び粘土から起こされ、人類に名前が与えられ、統治組織が設立された。そのとき、アン［訳注＝神の名］とエンリルはまだ王権を、町々の冠を、天から降ろしていなかった。（そして）ニンギルス［訳注＝ラガシュの都市神の名。エンリルの洪水とも称される戦闘の神］によって（?）、彼らはまだ踏み鋤、鍬、籠、鋤といった土を掘り起こすものを整えておらず、無数の無言の群衆のため、当時、人類は百年の間、気ままな揺籃期を過ごしていた。（しかし）必要な仕事を成し遂げるだけの能力がなく、その数は減少し、大きく減った。羊小屋の中では、羊やヤギは死に絶えた。そのとき、ラガシュは水が不足し、ギルスでは飢饉があった。運河は掘られていなかったし、灌漑溝は浚渫されていなかった。広大な土地は、シャドゥーフ［訳注＝エジプトおよび近隣諸国で用いられる撥ね釣瓶のこと。長いつり棒の一方の端には桶が、もう一方には錘がついている。灌漑用の道具］によって灌漑されることはなく、豊富な水は牧草地や畑地を潤すために使われてはいなかった。（なぜなら）人間は雨水を当てにしていた（から）。アシュナン［訳注＝穀物の神の名］はまだ大麦を結実させていなかった。畝は耕されず、収穫もなかった。土地は耕されず、実りもなかった！……広大な土地を耕すために鋤を使う者はいなかった。[8]

こういったテクストは、比較研究に大いに役立つ情報であるが、残念なことに、ここでは詳細な研究をするスペースがない。[9] いつものことだが、こういった研究は類似点と相違点の両方に注意を払うべきだとだけ言っておく。ここでの目的に照らせば、創世記2章5～6節に見られるような記述は、古代世界の宇宙論的文献で、秩序づけられる前の地上の状況が描かれる際によく見られる記述と同種のものだということを心に留めておくのがよい。創世記は、視座こそ異なることが多いものの、当時の世界で馴染みの議論を扱っているのだ。

これらのテクストの中で地上の初期状況と宇宙の初期状況が一緒に論述されているものが時折見つかる。しかし、他のテクストでは、この二つは一緒に扱われない。創世記1章2節では、始まったばかりの宇宙が描かれ、創世記2章5～6節で、始まったばかりの地上の有り様が描かれる。これは創世記2章が、第六日の中に含まれるのではなく、七日間の後に時系列的に配置されているという主張のもう一つの根拠である。

この解釈を創世記1～2章に適用すると、いくつもの結論を導き出せるだろう。

- 創世記1章は、神が人間のために聖なる空間を機能させるように命じたという考えを示しながら、すべての人類が神の像(かたち)として創造されたことを語っている。
- 創世記1章は、人類全般に関連している。それは無冠詞の用語が使われることによって示される。このことは古代世界において人類の創造を伝える一般的な方法と合致している。したがって、人類全般を指していることは、何ら驚くことではない。
- 創世記1章には、創造のみわざにおいて用いられたメカニズムやプロセスは報告されておらず、それが神による行為であることだけが示されている。
- 創世記1章が、大きな宇宙の非秩序状態から記述を始めたように、創世記2章も、地上領域の非秩序状態から始まっている。
- 創世記2章は、人間が聖なる空間で、聖なる空間のために、どのような役割を持っているのかを説明している（これは創世記1章と対照的。そこでは聖なる空間が人間のためにどのように機能するのかに関心があった）。
- 創世記2章は、聖なる空間の中心（園）に視点を定めた叙述であり、宇宙が全体として聖なる空間として用意されたことを語る創世記1章と対照的である。

もし、創世記1章が人類の創造について語り切っているのなら、創世記2章にはどんな意義があるのかという問題が残る。もし、創世記2章がいくらか後のことを扱っているか、あるいは何か異なるプロセスについて（例えば、個人的関心と集団的関心の比較）の表現だとしても、最初の人間の唯一無二の形成についての記述であるかのように見える叙述が二つもあるのはなぜか。これらは、これ以降の章で取り上げていく問いである。

1　英語のいくつかの翻訳は創世記2章19節を「そこで、神である主は野のあらゆる獣をその土地の土から造り上げたのだった」と完了形で訳す（NIVからの邦訳・傍点は著者が付加）。しかし、この節で使われるヘブル語の構文は、通常の過去完了を表すような形のどれにも当てはまらない。

2　このような考え方は十七世紀には知られており、アイザック・ラ・ペレーレ（Isaac La Peyrere）の著作によって広く流布していた。詳細はウィリアム・J・ファン・アッセル『後から来たアダムとエバ――アイザック・ラ・ペレーレによる前アダム人の構想』（*Adam and Eve as Latecomers: The Pre-Adamite Speculations of Isaac La Peyrere* (1596-1676), *Out of Paradise: Eve and Adam and Their Interpreters* 所収 Bob Becking and Susan Hennecke 編（Sheffield:sheffield Phonix, 2010, pp. 90-107）の中で論述されている。ラ・ペレーレはこの論拠を創世記4章だけではなく、ローマ人への手紙5章14節にある「アダムの違反と同じようには罪を犯さなかった人々」というパウロの言い方にも見出している。

3　創世記1章と2章が起源についての異なる見解の競合状態を反映しており、本質的に相容れない矛盾したものだという前提が現代の学説になっているが、私はこれを説得力のあるものだとは考えない。これらが順を追った（sequel）叙述であれば、意味は通ると考えている。

4　これもラ・ペレーレによって提案されていた。アッセルの前掲書九六頁参照。ラ・ペレーレはアダムを最初のユダヤ人だと捉えたが、これには同意しかねる。

5 これに関する議論と実例はバーナード・F・バット（Bernard F. Batto）パラダイスの再検証（Paradaise Reexamined）*In the Beginning: Essays on Creation Motifs in the Ancient Near East and the Bible*, バーナード・F・バット編所収（Winona Lake, IN: Eisenbrauns,2013）pp. 33-66. 初出は *The Biblical Canon in Comparative Perspective*, K.Lawson Younger Jr, William W. Hallo and Bernard F. Batto 編 , Scripture in Context 4（Lewiston, NY:Mellen, 1991）, pp. 33-66. また、Gonzalo Rubio, Time before Time: Primeval narratives in Early Mesopotamian Literature, *Time and History in the Ancient Near East: Proceedings of the 56th Rencontre Assyriologique Internationale at Barcelona 26-30 July 2010* 所収。Lluis Feliu, G. del Olmo Lete, J. Llop and A. Millet Alba 編（Winona Lake, IN: Eisenbrauns, 2013）, pp. 3-17.

6 ルビオ（前掲書）七頁からの翻訳

7 バット（前掲書）七〇頁参照。バットはソルキルド・ヤコブセン（Thorkild Jacobsen）のエリドゥの創世記（The Eridu Genesis）Journal of Biblical Literature 100（1981）513-29 に互いに影響を受けている。翻訳は五一六頁N７に基づく。

8 Jean-Jacques Glassner, *Mesopotamian Chronicles,* Society of Biblical Writings from the Ancient World 19（Altana: Society of Biblical Literature, 2004）, p. 147.

9 このモチーフについての議論は、F・A・M・ウィッガーマンの「文明化としての農業 ― 賢人、農夫、未開人」に見られる。Agriculture as Civilization: Sages, Farmers, and Barbarians, in *The Oxford Handbook of Cuneiform Culture*, ed. Karen Radner and Eleanor Robson（Oxford: Oxford University Press, 2011）, pp. 663-89. また、Daniel DWitt Lowery. *Toward a Poetics of Genesis1-11: Reading Genesis 4:17-22 in Its Near Eastern Context*（Winona Lake, IN: Eisenbrauns, 2013）, pp. 140-52 も参照。

## 提言8　「大地のちりで形造った」「あばら骨を女に造り上げた」とは物質的起源ではなく、原型的主張である

創世記1章に関する私の考え、すなわち物質的なものではなく、秩序に関連した起源の叙述であるということ（先の数章でまとめたもの）を初めて知るようになった人が、遠からず尋ねるようになることがある。それは「でも、創世記2章はどうなのか」という問いである。彼らは続けて、「形造る」とは、明らかに物質的な事柄を表し、「大地のちり」が物質的な材料だと言う。それはどう見ても明らかだと言わんばかりである。そのような読み手は、創世記1章が秩序に焦点があるとしても、少なくともこの創世記2章においては物質的な人間の起源が説明されていると結論づけやすい。

確かに、もし聖書がここで、物質的な人間の起源に関するメカニズムやプロセスについて主張しているのならば、私たちはそれを真剣に受け止めなければならない。もし、創世記2章を、神が、素早くかつ完全なプロセスによって、何らかの先行種から物質的に発展させることによらずに、人間を創り出した叙述として読むならば、人間の**デノボ・クリエイション**〔訳注＝デノボとは「最初から」「改めて」を意味するラテン語。生物学的な先行種を認めず、最初から創造されること。巻末の用語解説も参照〕を肯定するだろう。デノボ（これ以降、本書ではこの専門用語を使う）[1]に代わるものは、種の間の物質的な連続性を持つ創造である。[2]

本書では、起こった事の科学的な説明を提案しようとしているのではない。本書で注意を向けているの

は、聖書が何を主張し、何を主張していないのかということである。もし聖書が人間に関するデノボ・クリエイションを主張していないことがわかったとしても、それで科学的な問いが解決するわけではない。科学が提示する選択肢や説明を探求し、その利点に基づいて考察していかなくてはいけない。しかし、もし聖書が明確にデノボの主張をせず、物質的な連続性も否定しないのであれば、物質的連続性に基づいた科学的なモデルと聖書は本質的に矛盾することはない。つまり、相容れない主張を含んだ競合理論により、聖書が物質的な連続性という考えを除外していると言うことでは、物質的連続性を拒絶することはできないのだ。

## 形造ること

初めに取り上げるのは、「形造る」と訳された単語（ヘブル語ヤーツァール）が、物質的な行為を必ず意味するという前提である。使用例を見ればわかるように、実際にはそうではない。最も明白な例の一つは、ゼカリヤ書12章1節「天を張り、地の基を定め、人の霊をそのうちに造られた（ヤーツァール）方、主の告げられたことば」に見出される。ここで、動詞の直接目的語は人間の霊であり、それは明らかに物質的なものではない。この実例でわかるように、「形造る」という言葉は本質的にも必然的にも物質的な行為ではない。これは唯一の事例ではない。ヘブル語聖書でこの動詞は四十二回登場する中で、[3] 非物質的な用例はいくつもある。

- 神が今起こっている出来事を、大昔に形造られたこと［訳注＝新改訳2017では「計画したこと」］として語っている（Ⅱ列王19・25、イザヤ書37・26：参考・イザヤ書22・11、46・11、エレミヤ書18・11）。[4]
- 神が心（ハート）を形造られるとき、その表現は血液を送る器官ではなく、考えや傾向を指している

（詩篇33・15）。

- 神は夏と冬を形造られた［訳注＝新改訳２０１７は「造られた」］（詩篇74・17）。
- 破滅をもたらす法廷［訳注＝腐敗した政権のこと］が、おきてに従いながら［訳注＝政権が発する命令により］、人に邪悪なこと［訳注＝不幸］を形造る［訳注＝新改訳２０１７は「謀る」］（詩篇94・20）。
- 私たちの人生の日々は神によって形造られて［訳注＝新改訳２０１７は「作られて」］いる（詩篇139・16）。
- イスラエルは神によって、一つの民として形造られた（イザヤ書43・1、21、44・2、21、24、45・11、エレミヤ書10・16、51・19）。したがって、これは物質的な行為ではない。
- 神は光を形造り、暗やみを創造する［訳注＝新改訳２０１７は「つくり」］（イザヤ書45・7）。
- しもべ（キュロスと特定されている）は、通常の人間の出産プロセスを通って生まれてきたが、胎内で神によって形造られた（イザヤ書49・5、参照エレミヤ書１・５）。
- 神はいなごの大群を形造られた［訳注＝新改訳２０１７は「備えられた」］（アモス７・１）。

使用箇所の半数以上が、その文脈から物質的なものとは無関係だとわかる。右に挙げた用例の多くは、神がどのように現象、出来事、運命、役割を定めたり、命じたりするかを伝える。ここに挙げなかった用例の多くは、「形造る」の代わりに「備える」「定める」「命じる」といった翻訳が可能である。この理解は、創世記1章で提示した機能的起源の観点にぴたりと合致する。それゆえ「形造る」という動詞を物質的な行為として理解しようとする傾向は、ヘブル語の原語よりも英語［訳注＝日本語も同様］の翻訳と大きく関係しているとわかる。字義的解釈にこだわる人であっても、字義的な読み方のためには、英語［訳注＝日本語も同様］ではなくヘブル語に基づくべきことを忘れてはいけない。

## 大地のちり

創世記2章7節が、物質的な観点で語られていると考えてしまいやすいもう一つの要因は、「大地のちり」についての言及である。多くの人が、これは物質的な素材のことだと想定する。しかしここまで学んできたことを踏まえると、結論に一足飛びに行く前に考える必要があることに気づく。

大地のちりについての最も基本的な考え方は、人間の身体の化学的組成の一部として捉えるものだろう。このアプローチは、すぐにいくつかの欠点にぶち当たる。第一に、イスラエル人は化学的性質の見地から考えることはないだろう。彼らはそのようにする手段を持ち合わせておらず、それゆえこの問題を検討する際、別のことを念頭に置いていたはずだ。第二に、私たちが今日知っていることに鑑みれば、大地のちりが人間の肉体の主成分とは考えにくく、化学的に欠陥があると考えなければならない。

化学的見地に代わる考え方としてよく知られているのは、このテクストは神の匠の技について物語っているという理解である。つまり、ここで用いられているイメージは、神が「実際に手をかけて」ご自分の被造物を心こめて塑造し、いのちの息を彼に与えたというものだ。この考え方の大きな問題は、匠の技を中心的な概念にした場合、選ばれた素材が意味を成さないことだ。粘土で造形することはあっても、大地のちりでは不可能である。その性質上、大地のちりは塑造するのに適さない。[6]

それゆえ私たちは、さらに別の選択肢を探さなくてはならないが、テクストそのものを見るのが一番だ。決定的な手がかりは、創世記3章19節に見出される。「あなたは土のちりだから、土のちりに帰るのだ。」ここに見出されるのは、大地のちりが、死の必然性に関連していることだ。この結び付きは、イスラエルの読者であれば意味をなす。というのも、イスラエル人は、一族の墓の中に遺体を安置しておくと、一年以内にただの骨と干からびた肉の粉（ちり）の山になるということをよく知っていた。

それにもかかわらず、ある人たちは他の聖書箇所とこの考え方が矛盾すると感じるため、これを採用しようとしたがらない。具体的には、パウロが「罪によって死が入り、こうして、すべての人が罪を犯したので、死がすべての人に広がった」（ローマ5・12）と述べているゆえに、多くの人たちが人間は不死性をまとって創造されたと結論してきた。これがパウロの言わんとしていることなのかを、私たちは注意深く検討しなくてはならない。創世記3章19節が、人間が死すべき存在として創造されたと示唆している可能性に加え、創世記の別の箇所が、より強力な証拠となる。それは、かの園［訳注＝エデンの園］に、神が備えられた「いのちの木」である。いのちの木は、不死身の人間には必要ない。いのちの木が備えられていたのなら、人が死すべき存在であったことを示唆するのではないか。[7]

ここで、パウロの発言が創世記と食い違っていると思われないように、パウロが肯定していることをもっと注意深く見る必要があるだろう。創世記では、人間は罪を犯した結果、神の臨在から切り離され、ケルブ［訳注＝ヘブル語原文および新改訳２０１７では複数形ケルビム］が園の入口に配置されて、いのちの木に近づけなくなった（創世記3・24）とある。もし人間が死すべき存在として創造されたのであれば、いのちの木は救済措置、すなわち死の必然性への解決策として備えられていたことになる。彼らが罪を犯したとき、その解決策を手に入れることができなくなったので、もはや打つ手なく、死すべき運命となったのだ（すなわち、生来の死に従うほかなくなった）。この場合、パウロが言っているのは、私たちはみな、罪のために死に服従させられているということだけだ。罪と引き換えに私たちが失ったのは死の必然性への解決策であり、私たちは自分自身が持つ死すべき運命に閉じ込められているのだ。したがって、パウロは人間が不死身な状態で創造されたと肯定しているわけではないし、創世記から引き出された情報と正確に一致している。

あるいはまた、人が死すべきものとして創造され、ここかしこに死があったということになれば、神はこの被造世界を「良い」と言うことはできないはずだと反論する人がいる。すでに（本書「提言5」）提示しているように、「良い」と言われる創造をそのような意味で理解する明快な根拠は何もない。そこで創世記２章７節の「大地のちり」は、人間が死すべき存在として創造されたことを示す意味があるという提言に戻ってくる。[8] この解釈は、テクストを字義どおりに受け取るためには『大地のちりで……形造った』を、科学的な含みを持つものだと信じなくてはいけないという、あまりにも安直な今日の前提とは対照的である。それなのに、創世記２章19節で動物が「その土地の土で……形造って」と言われていることに対しては、同じ解釈者が、同じ解釈を適用しないのは奇妙ではないか。さらに重要なことに、創世記１章24節の「地は生き物を……生じよ」という言葉から、科学的な意味合いを読み取ることは滅多にないのだ。

## アダムとその他の人間

次に考慮すべき問題はアダムについてのこの言及が、アダム個人にだけ当てはまるのか、私たちすべてに関係するのかということだ。アダムとエバを形造ることに関する叙述は、この二人の個人がいかにして独自に形造られたかについての叙述ではなく、原型的に理解されるべきだというのが本書の主張の核心である。ここで言う「**原型**（archetype）」とは、文学の世界で使われる意味用法（archetypes）ではなく、特定のグループにおいて他のすべてを体現する存在というシンプルな概念を指す。聖書における原型は、個人でもあり得るし、大抵そうである。私はアダムが一個人であり、現実の歴史の過去に確かに存在した人物であると肯定するつもりである。しかしそうであっても、すでに見てきたようにヘブル語の「アダム」が定冠詞を伴う場合には、アダムをある種の代表として理解する傾向があり、原型は代表を表す形態の一つなのだ。

すべての人に罪が入った（ローマ５・12）とパウロが言うとき、彼はアダムを原型として扱っている。

このようにして、すべての人が一人に体現され、その一人の行為にすべての人が参与したと見なされる。テクスト中のアダムの扱いが、おもに原型としてのアダムに焦点があるのか、個人的なものかを判別するには、一つの簡単な問いかけをすればよい。それは、テクストがアダム特有の真理を述べているのか、それとも私たち全員に当てはまる真理を述べているのか、という問いだ。もしアダムだけが「大地のちり」から造られたのなら、テクストは彼を個別で固有の個人として扱っていることになる。もし神がいのちの息をアダムにだけ吹き込んだのなら、そのことによってアダムは他の人間とは区別された存在ということになる。もしエバが形造られた記事が、彼女だけに当てはまる真理を伝えているなら、それは一個人の歴史である。しかし、部分的に、あるいはすべてが、私たち全員にも当てはまる真理であるなら、それはもはや特有の個人的な出来事への言及ではなくなり、そこに意図されている意味を捉えるためにより広く解釈されなければならないだろう。

このような問いを念頭に置いて、その手がかりを検証し始めると、その発見に驚くかもしれない。第一に、私たちはみな、いのちの息を持っており、それは神から来ていることがわかる（ヨブ記27・3、32・8、33・4、34・14〜15、イザヤ書42・5）。さらに、すべての生き物がいのちの息を持っていることがわかり、それはおそらく神から与えられたものだろう（創世記7・22）。しかしこれは、驚くべきことでも、論争になることでもなく、人類の起源の問題にはほとんど関係がない。

より重要なのは、聖書の手がかりを検証していくなら、私たちはみな、大地のちり〔訳注＝新改訳2017では文脈によって「土のちり」と訳される場合もある。本書もそれぞれの文脈に合わせるため訳語がばらつくが、意味は同じである〕から造られたと結論せざるを得ないことだ。詩篇103篇14節には次のようにある。

主は　私たちの成り立ち（formed）を知り

私たちが土のちり（dust）にすぎないことを
心に留めてくださる。

ここでの言葉遣い（「成り立ち」「土のちり」）は、創世記2章7節と同じである。[9] パウロは「大地のちり」から出た最初の人と、天から出た第二の人を比較する際、この普遍性をほのめかしている。これによって、この地上にいる私たちはみな、「土〔訳注＝新改訳２０１７が「土」と訳す言葉はＮＩＶでは dust of the earth となっている。ギリシア語はＮＩＶに近く、新改訳は二単語を一つの意味に訳出している〕」というアイデンティティを共有していることを示唆している。

第一の人は地から出て、土で造られた人ですが、第二の人は天から出た方です。土で造られた者たちはみな、この土で造られた人に似ており、天に属する者たちはみな、この天に属する方に似ています。（Ｉコリント15・47〜48）

したがって、聖書にある証拠に基づくと、すべての人は「土のちり」から造られていると結論せざるを得ない（伝道者の書3・20も参照）。これは、創世記3章19節の「土のちり」とは死すべき運命の表現であり、「我々は土のちりだから、土のちりに帰る」ことだと学ぶなら、はっきりする。私たちはみな、死すべき運命を共有しているのだ。このように、アダムが大地のちりから造られたということは、アダム個人に特有の事柄ではなく、人類すべてに関するものだとわかる。ヨブ記10章9節によって、この主張はさらに裏付けられる。

思い出してください。
あなたは私を粘土のようにして造られました。
私を土のちりに戻そうとなさるのですか。

ここでヨブは自分自身のことを神によって形造られたと見ているが、自分は他の人たちのように女性から生まれたのではないという主張ではない。テクストがアダムは大地のちりから造られたと告げる場合、アダムが他の人類とどう異なるかを表現しようとしているのではない。むしろ、アダムも私たちと同じ存在だと伝えようとしている。「大地のちり」から造られたことは、私たちの本質とアイデンティティに関する主張であり、人類の物質的組成のことではない。ここでは、アダムは原型（archetype）であって、単なる原始型（prototype）ではないのだ。

私たちがみな、土のちりから造られ、それにもかかわらず同時に、通常の出生プロセスを通って母親から生まれるということなら、土のちりから造られるということは、すべての人にとって真理である一方で、私たちの物質的な起源に関する言及ではないことがわかる。人は女性から生まれるが、それにもかかわらず土のちりから造られたものである。私たち全員がそうなのだ。すなわちアダムが「大地のちり」から造られたと言われても、それにもかかわらず彼が女性から生まれた可能性がある。[10]「大地のちりで形造る」とは、私たちの物質的な起源を述べているのではないし、アダムの物質的な起源に関する言及と考えるべき根拠はない。アダムにとっても、私たちすべてにとっても、土のちりから造られるということは、死すべき存在としての私たちのアイデンティティについての言及になる。それは私たち全員が共有している以上、原型的だ。

アダムが形造られることに特別な注意を払うことは、彼の役割と最も強く結び付いている。エジプトの図像には、ファラオの戴冠式の一環として、クナム神が轆轤(ろくろ)でファラオを形造っているレリーフが見られる。神々がファラオを王とすべく形造ったのだ。エレミヤ書1章5節には、預言者が特別な役割、すなわち「国々への預言者と定め」られるために母の胎で形造られたと記されている。こういった言及はいずれも、人の物質的な起源ではなく、人の運命やアイデンティティに関わるものだ。すべての証拠は、創世記2章7節も同じように理解すべきだと指し示す。アダムの重要性は、園における彼の役割とそこで起こったことに付随する。この推論を踏まえると、創世記が物質的起源の叙述だとする以外の選択肢があり、それらの選択肢では人類の起源に関する科学的叙述と競合する主張は提起されないだろう。それは、科学が正しいという意味ではなく、単に聖書は科学に対して競合する主張をしていないということだ。聖書の主張は、何が起こったとしても、それが神のみわざだということである。メカニズムや時代に関係なく、私たちの存在とアイデンティティに責任を負っているのは、唯一この方である。聖書は神がどのようにそれを成し遂げたのかを明確に語ってはいない。したがって、聖書は人類の起源に関して、神が究極的な原因であるという主張はしているが、必ずしもデノボを主張しているわけではない。

### 「あばら骨」

初めに問うべきことは、アダムは、エバが自分のあばら骨から造られたと考えていたと、テクストが示唆しているかということだ。このことにテクストは否と答える。アダムの口から出てきた最初の言葉は「これこそ、ついに私の骨からの骨、私の肉からの肉」（創世記2・23）だ。彼女は「骨からの骨」だけでなく「肉からの肉」なのだから、一本のあばら骨以上のものがここで示唆されていると言える。

このことから、創世記2章21節「主は彼のあばら骨の一つを取り、そのところを肉でふさがれた」の意味を問い直すことになる。アダムの発言から考えるに、「あばら骨」というのは、ヘブル語「ツェーラー」の訳語として適切なのだろうか。この単語は、ヘブル語聖書で約四十回使われるが、この箇所だけが解剖学的な用語で訳されていて、他の箇所はそうではない。創世記2章以外では、第二サムエル記16章23節（そこでは、丘の「反対側」に言及している）を除くと、他はすべて幕屋／神殿の建築に関して使われている（出エジプト記25章～38章、I列王記6～7章、エゼキエル書41章）。これらの箇所では、板壁や梁といったものを指すためにも使われるが、こちら側とあちら側というように、典型的には二つの「側」がある場合に使われる（契約の箱の両側につけられた環、神殿の脇部屋、北と南の両側等）。アダムの発言と、この用例のデータを併せて考えるなら、神はアダムの片側を取り出したと結論せざるを得ないだろう。言ってみれば、神はアダムを半分に切断して、その片方の「側」から女を造り上げたということだ。

このヘブル語の単語とその用いられ方の歴史的変遷について調べると、この読み方を裏付ける十分な証拠を得ることができる。アッカド語（アッシリア語やバビロニア語）でツェールーという、ツェーラーの姉妹語の使われ方からしても、この単語にはある種の曖昧さが含まれていることがわかる。それが一本のあばら骨を指すことは滅多になく、多くの場合は全体の半分か、胸郭全体を指す。これは英語で言う「side of beef」に相当する［訳注＝side of beefは、毛や臓物を抜いた牛の胴体の半分または牛のあばら骨の周りの肉を指す］。

ヘブル語聖書の初期の翻訳に注意を向けるならば、**タルグム**というアラム語訳聖書において、この言葉はアラム語のイルと翻訳され、あばら骨とも側面とも取れる。このことはギリシア語聖書である七十人訳（セプチュアギンタ）においても同様で、プレウラという、あばら骨とも側面とも訳し得る単語が選ばれている。ウルガタ（ラテン語訳聖書）において、ヒエロニムスはコスティスという単語を用いたが、これも同様である。ラビ文献の最初期の論考の一つが、ラビ・サミュエル・ベン・ナフマン[11]による「ミドラシュ・ラッバー」の中に注釈として収録されているが、そこですでに「あばら骨」ではなく「側面」として理解することが論じられている。

英訳聖書の時代に入る頃には、「あばら骨」という解釈が定着していた（ウィクリフ聖書、ジュネーブ聖書、大聖書、ジェームズ王訳（欽定訳））。しかしこれは、前述の語彙研究に基づけば、ヘブル語、アラム語、ギリシア語、ラテン語において「側面」も「あばら骨」も意味し得る単語から選ばれた一つの解釈だとわかる。アダム自身の発言とこの単語の優勢な使用法の双方が、「側面」の意味で理解するほうが良いことを示唆する。

この結論は私たちに難問を突きつける。神がアダムを半分に切断したとしたら、あまりにも過激な外科手術ではないだろうか。もちろん、神は望まれることを何でもおできになるが、イスラエル人はこの箇所を、外科手術の話を前提に考えたのだろうか。神が深い眠りをアダムに下されたのは、麻酔で身体の感覚を失わせたのだと考えたのだろうか。イスラエル人は、麻酔の使用について何も知らなかったし、もし神がそのような深遠な奇跡を行うつもりなら、単にアダムを痛みに影響されないようにすればよかっただけのことだ。実際、堕落の前には痛みはなかったと主張する者たちが多くいるのだから、その説に立てば麻酔など要らないのである。

しかし、テクストは異なる方向に私たちを導く。ここで私たちは「深い眠り（rdm の派生語タルデーマー）」という単語を検証する必要がある。この名詞は七回使用され、その語根である動詞も七回見出される。[12] それをまとめると、この眠りは、三つの異なる状況で用いられることがわかる。

（１）人間の領域にある何かによって誘発された人間の領域での状況に、人が反応しない場合（士師記４・19、21では、シセラの疲労と温かいミルク。詩篇76・６では、馬と戦車が倒れ伏す［訳注＝死の眠り］。箴言19・15では、怠惰が人を深い眠りに陥らせる。箴言10・５も参照）。

（2）人間の領域の状況に反応せず、神に対しても反応しない場合（Ｉサムエル記26・12におけるサウル、イザヤ書29・10における不信仰のイスラエル、ヨナ書1・5〜6におけるヨナ）。

（3）神的な領域からのメッセージを受け取るために、人間の領域に対して無反応になった場合（創世記15・12におけるアブラハム、ヨブ記4・13におけるエリファズ、ダニエル書8・18、10・9におけるダニエル。ヨブ記33・15も参照）。

マイケル・フォックスは、この言葉が「夜の通常の睡眠ではなく、時期を逸した睡眠や昏睡状態[13]」に関係するという洞察を加えている。この眠りに陥ると、三つの場合のいずれにおいても、人間の領域におけるすべての知覚が阻害される。[14] これらの節のそれぞれにおいて、人間の領域で眠っている者が危険に気づいていないか、幻の領域で得られる洞察があるかのいずれかである。後者の可能性に関連して、セプチュアギンタ〔訳注＝ギリシア語七十人訳聖書〕の翻訳者たちが創世記2章21節において、エクスタシスというギリシア語を用いたことは興味深い。この単語は、創世記15章12節でも同じように使われ、幻、夢心地、恍惚状態に関連した理解が提示される（参考までに、このギリシア語は使徒の働き10・10、11・5、22・17で使われている。〔新改訳2017の訳語は「夢心地」〕）。この解釈は、教会教父たちの文献にも見られる（シリアのエフレムやテルトゥリアヌス）[15]。ウルガタを見ると、ヒエロニムスはラテン語のソポールという訳語を当てている。これは、異常な睡眠であればどんなことも指すことができ、恍惚状態になることも含んでいる。

これらのデータからアダムの眠りは、幻視体験に備えるためのものであり、外科手術に関するものではないと容易に結論づけられる。自分が半分に切断され、女がその半分から造られるという記述（創世記2・21〜22）は、アダムが物質的に経験したものではなく、幻で見たことなのだろう。したがって、これは物質的な出来事の記述ではなく、重要な現実を彼に理解させるものであり、それを彼は創世記２章23節で雄弁に語っている。そこでテクストはエバの物質的起源を記述していないと結論づけることができる。この幻は、男性と存在論的に関係している彼女のアイデンティティに関するものなのだろう。それゆえ、このテクストは、女性の物質的な起源について何の主張もしていないことになる。

さらに、ジェンダー・アイデンティティが論じられていることがわかると、このテクストはエバだけにあてはまる真理を表現しているのではなく、すべての女性に関する真理が述べられていると結論づけられる。この解釈は、創世記２章24節で確認される。そのテクストはすべての男性とすべての女性に当てはまる洞察が提示される。ここでも原型的要素があるのは明らかだ。というのはこの出来事は、アダムとエバに限ったことではなく、すべての人に関係するものだからである。すべての女性は、すべての男性「の片側から」の存在である。結婚は、再び結ばれて、人間本来の姿を取り戻そうとすることだ。このことは結婚していない人が、人間としての全体性を欠いているとか、特定の配偶者が片方の半分として定まっていると誤解してはならない。このテクストは存在論的に性差を持つ人類を一般的に指している。

創世記２章24節は、なぜ人は、最も近い生物学的関係（親子関係）を離れて、生物学的他者と関係を取り結ぼうとするのかという問いに応答している。そこで示される答えは、結婚は生物学を越えて、本来の状態を取り戻すことであり、人類は存在論的に性別によって規定されているというものだ。存在論は、生物学に勝る。この幻によりアダムは、女性が単なる生殖交配のための交尾相手ではないことを示された。彼女のアイデンティティは、彼の同盟者であり、彼のもう片方なのだ。

このように見てくると、創世記２章24節は、私たちが思い描いていたことより多くの主張をしていることがわかる。「一体になる」ことは単に性行為のことを指しているだけではない。性行為は二人を再結合させる一つの方法ではあるだろうが、焦点が向けられているのは、再結合そのものである。男と女が一体になるとき、二人は本来の状態を取り戻すことになるのだ。[16]

本章においてすでに、「大地のちりから造られた」という表現は原型的な記述であり、アダムに関してだけ述べられたものではないと結論する根拠を見出した。さらにここで「あばら骨」が「片側」の意味で理解されるべきだということを受け入れる根拠についても確認した。さらに、アダムがエバの形成を幻の内に見たことも示唆したが、その幻が伝えるのは、原型の機能をもったエバに関する存在論的な真理である。いずれの場合でも、原型的解釈は、読者に男性と女性のアイデンティティについての重要な神学理論を提供する。けれども、アダムやエバの物質的な起源についての決定的な主張はされていない。創世記2章が人間の物質的な起源について明言しないのであれば、私たちがみな神の被造物であるということ以上に詳細な主張は、聖書の中に見出されないことになる。科学的な証拠に基づいて、誰かが神は人間の起源に関与していないと結論づけるならば（もちろん、この主張は、科学の見解では判断できないものだから、規則違反なのだが）聖書的また神学的な根拠によって、これに不同意を唱えるだろう。しかし科学的証拠によって、人間はデノボ・クリエイションではないことが示されたとしても、聖書がその証拠に異議を唱えると反論する必要はない。だからといって今日の科学的説明を必ずしも受け入れるわけではない。聖書の主張に基づいて科学を却下するのではなく、科学理論自体の善し悪しに基づいて判断すべきだということだけを意味している。

1 デノボは、エクス・ニヒロと同じではないことに留意。前者は材料を使うことができるが、私たちが「自然」と見なす、いかなるプロセスも使うことはできない。人間でないものから人間が始まったことを意味する。エクス・ニヒロは材料を使わない。聖書では人間の起源に関してこのような主張はされていない。

2 進化理論は、物質的連続性を考えるための説明モデルを提示しているが、物質的連続性を受け入れることは、説明モデルとして進化理論を受け入れることと必ずしも同じではないだろう。

3 創世記２章に二回、物語文には一回（Ⅱ列王記19・25）、詩篇に七回、預言書に残りの三十一回、そのうち十六回はイザヤ書43～46章にある。

4 もし「神は土のちりから人間を計画された」と読んだら、創世記２章の理解にどのような影響があるか考えてみよ。

5 イスラエル人は光を物質的なものとは考えていなかったから、物質的な意味で使われることはない。

6 Bob Becking, "Once in a Garden: Some Remarks on the Construction of the Identity of Woman and Man in Genesis 2–3（創世記２～３章における女と男のアイデンティティの構築に関する若干の考察）", *Out of Paradise: Eve and Adam and Their Interpreters*, p.7にも留意, Bob Becking and Susan Hennecke編（Sheffield: Sheffield Phoenix, 2010）, pp. 1-13 所収。古代中東文献からの例は9章に掲載して、論じる。

7 Mark E. Biddle, *Missing the Mark: Sin and Its Consequences in Biblical Theology*（Nashville: Abingdon, 2005）, p. 11; Terence E. Fretheim, *God and the World in the Old Testament*（Nashville: Abingdon, 2005）, p. 77; および、I. Provan, *Seriously Dangerous Religion*（Waco: Baylor University Press, 2014）, pp. 280-81. Terje Stordalen, *Echoes of Eden: Genesis 2–3 and Symbolism of the Eden Garden in Biblical Hebrew Literature*（Leuven: Peeters, 2000）, p. 291も参照。 ストルダーレンはまた、いのちの木への接近が許されてるだけでなく、アダムとエバはそこから食べていたと主張する。彼は創世記３章22節に基づいて、これに反対する論証に効果的に反論している（Echoes of Eden, pp. 230-32）。Peter C. Bouteneff, *Beginnings: Ancient Christian Readings of the Biblical Creation Narratives*（Grand Rapids: Baker, 2008）, p. 6も参照。

8 この結論は、実は教会史の早い時期に示されている。四世紀のアンテオケ学派は、アダムの堕落前の状態を「懲罰的」ではなく「自然的」に死すべき存在とし、死について二つの考え方をすでに提唱していた。この議論についてはGeorge Kalantzis, "*Creatio ex Terrae*: Immortality and the Fall in Theodore, Chrysostom, and Theodoret," *Studia Patristica* 67 (2013): 403-13を参照。

9 無用の区別は、創世記2章7節ではヤーツァール が動詞の形であるのに対し、ここでは語根が名詞の形で使われていることである。同じ語根からの名詞と動詞は自動的にあるいは常に同じ意味的展開をするわけではないが、この場合の用法は、それらが同じであることを示している。

10 ヨブ記15章7節に、最初の人間が生まれたと早くから理解されていた証拠を見る人もいるだろうが、私はこの節をこのような意味で読む気にはなれない。

11 アモライム［訳注＝口伝律法を「語り継いだ」人々］の一人。ラビ的解釈者の第二黄金世代と考えられている。紀元三〜四世紀の人物。

12 名詞とそれに関連する動詞の形は、意味の方向性が異なる場合があるため、一緒に検討することは必ずしも正当ではないが、この場合、両者は同じ意味範囲にとどまり、一つのグループとして評価可能である。

13 Michael V. Fox, *Proverbs 10–31*, Anchor Bible (New Haven, CT: Yale University Press, 2009), p. 513.

14 M. Oeming, "*tardēmâ*," *Theological Dictionary of the Old Testament*, ed. G. Johannes Botterweck, Helmer Ringgren and Heinz-Josef Fabry, trans. David E. Green and Douglas W. Stott (Grand Rapids: Eerdmans, 2004), 13:338.

15 Andrew Louth, with Marco Conti, eds., *Genesis 1–11*, Ancient Christian Commentary on Scripture, Old Testament 1 (Downers Grove, IL: Inter-Varsity Press, 2001), pp. 66-67.

16 これはまた、マタイ19章5〜6節（マルコ10章7〜8節）や第一コリント6章16〜17節、特にエペソ５章31節でパウロが一つのからだの一員であることについて語っている部分をよりよく理解するものとなる。存在論がセックスよりもこの議論の中心要素である。それゆえ創世記２章24節は、結婚制度や結婚の本質について一般に考えられているほど多くを語っていないかもしれない。

提言9

# 古代中東文献における人間の形成は原型的だから、イスラエル人が同じように考えても不思議ではない

ここまでの章で、創世記2章におけるアダムとエバの形成に関する叙述は、個人である二人に特有の物質的な起源を示す叙述ではなく、人類の**原型**に関するものだという解釈を支持する根拠を示してきた。この根拠は、テクストそのものから出てきたものであり、あらかじめ決められた科学的結論によるものではない。さらに、この根拠は古代中東の概念を聖書テクストに押し付けたものでもない。しかしながら、この段階で、人間の起源についての原型的な見方が古代中東における他の人々の考え方と響き合うものなのか、あるいは聖書テクストに固有のものなのかを問うことは道理に適う。つまり、古代世界において、人間の起源について原型的な角度から考える傾向があったのか。この問いに短く答えるなら然りとなるが、そのデータを本章で提示しよう。[1]

シュメール、アッカド、エジプトと広範囲にわたるテクストの中で、十一の文学作品が人間の起源に言及している。多くのものは短いが、そのうち二つ（エンキ神とニンマー神、アトラハシス叙事詩）は、数十行にわたる長いものだ。

## シュメール文献

● 鍬（くわ）の歌[2]　鍬とレンガ枠を使ったエンリル神の働きにより、大地から人間が生まれる。人間のひな型が

造られると、人々は大量に生み出され、働き始める。「〔エンリル〕は〔鍬に〕人間の最初のひな型をレンガ枠に入れさせた。そして（このひな型に従って）人類は、土を突き破ってエンリルに向かって出てきた。」[3] この最初のひな型については、それがどこから来たのかも含め、何も語られていない。造るのに使った材料についても言及されないが、レンガ枠が道具として用いられていることから粘土が原料だと推測できる。この叙述は、人間が何をするかというより、鍬が何をするかということに関心を向けている。この文献では原型的な存在のことは特定されていないが、粘土がすべてのものの原料であると考えられている。

- **エングラ神殿（E-engura）への賛歌**[4]　この神殿賛歌は、「鍬の歌」を彷彿とさせる短い一フレーズで、人間が「植物のように地表を突き破った」とだけ述べている。
- **エンキ神とニンマー神**[5]　神々が自分たちの過酷な生活に対して不平をならし、これに応えるため最終的にエンキ神が奮起する。ナンム神の発案により、ニンマー神を筆頭に、多くの出産の女神に助けられ、原型的な素材である粘土を用いて人間が創造される。この創造にはいくつかの段階がある。ナンム神は、エンキ神の領域であるアブズ（地下にある宇宙的な大水の家）の上で、粘土にエンキ神の血[6]を混ぜることを思いつく。それから出産の女神たちは粘土のかけらをちぎって人間を形造り、神々の仕事を宿命として与える。この叙述は、エンキ神とニンマー神が酩酊状態で、欠陥のある人間の原型を創造し、そこに機能を持たせられるかどうかを競うという話で終わる。
- **KAR4**[7]　シュメール語とアッカド語の両方で書かれたこの叙述は、他の文献には見られない詳細を提供してくれる。ここでは、人間は虐殺された神々（この物語では、神々は反逆者ではない）の血から、神々の仕事を行うために創造される。この仕事は、灌漑事業（神々に代わって行う仕事）だけでなく、神殿を建て、これを維持し、儀式を執行する（神々に仕えるための仕事）ことも含まれる。他のシュメール語の叙述と同様に、人間は原始型がデザインされたならば、地中から湧き出てくるように描かれている。この作品が、初期の個々人への言及がある唯一の例である可能性はあるが、議論の余地がある。[8] ここでも、挙げられている構成成分は、原型的なもの（最初の個人だけに当てはまるのではなく、全員に関係している）だ。

**●エリドゥの建立**[9]　このテクストは二言語（シュメール語とアッカド語）を用いて書かれているが、人間の創造については、たった二行しか語っていない。マルドゥク神が「人間の種」をアルル神の助けを借りて創造する。構成成分についての記述はない。このテクストはその後、動物の創造、ティグリスとユーフラテスの創造、命名行為へと話を進めていく。

## アッカド文献

**●アトラハシス**[10]　アトラハシス叙事詩には、古代文献の中で最も詳細な人間の創造についての叙述が含まれている。粘土板1の中程からその内容が始まり、部分的に破損している箇所があるものの、百五十行以上にわたって取り上げられる。母神マミ（ベレット・イリやニントゥという別名でも知られる）という登場人物を通して語られ、他の叙述からも知られる要素（例えば、人間は神々の雑務を担うなど）が多く含まれている。この叙事詩の創造に関する部分で、最も重要で特有な特徴は、反逆の首謀者であった神の血と神々が唾を吐いた粘土を混ぜ合わせて人間が創造されることにある。[11] 母神マミは、エンキ神の助けを借りて、七組の人間を創造する（残念なことに、テクストに破損部分があるため詳細は不明）。彼らは成熟すると、子どもを産み始める。[12]

**●エヌマ・エリシュ**[13]　第四石板で、マルドゥクが血と骨で構成された人間を構想し、それに名を与え、神々の負担を軽くする任務を与える。エア神は、キングー神の血を用いてマルドゥクの構想を実行に移した。しかし粘土は言及されていない。全体で三十五行強の記述である。

**・新バビロニア・創造叙事詩**[14]　このテクストでは、戦闘が勃発したために、女性の創造神ベレット・イリ（「神々の愛人」）が粘土をちぎり、神々の仕事を押し付けられる泥人形を形造る。それが創造（バヌ）の行為だと考えられている。このテクストの当該部分はひどく破損しているため、現時点では詳細の多くが復元できていない。女神は、神々の承認を求めて神々の前にその泥人形を持って行っているようだ。それは原型的なひな型だと考えられる。なぜなら、すべての神々のためのあらゆる仕事が一人の人間に押し付けられるとは考えにくいからだ。その一人の人間は、人間全体を意味するルルー、つまり一般庶民と呼ばれる。続いて女神は、原型的な王を創造する。

ベレット・イリよ、あなたは偉大な神々の愛人。あなたはルルー（庶民）を創造した。
今、王を造れ。よく考え、決定を行う人を！
卓越した力で彼の全身を覆い、調和のとれた顔かたちを造り、
身体全体を美しくせよ！
するとベレット・イリはおもだった神々による特別な性質の提供のもと、
委ねられた仕事を果たした。
偉大な神々は王に戦いを授けた。
アヌ神は彼に冠を与え、エリル神は〔王座を与〕え、〔訳注＝〔　〕内は原資料に欠損〕
ネルガル神は彼に武器を与え、ニヌルタ神は〔輝く威光を与〕え、
ベレット・イリは〔彼に美しい容〕姿を与えた。
ヌスク神は、指示を与え、助言を与え、〔職務において彼の傍らに〕立った。

この記述では、王の原型的な特徴のすべてが、一人の個人に組み込まれるように語られていることがわかる。ちょうど創世記2章におけるアダムと同様に、こういった特徴は、その階級に属するすべての人に当てはまり一個人に限られないから、原型的な記述だと判断できる。

**エジプト文献**

**•コフィン・テクスト**[15]（呪文80、CTⅡ：43）この呪文には、他のすべての生き物と同じように、人間の喉に吹き入れられる息に言及するのみである。[16]

**•コフィン・テクスト**（呪文1130）この呪文には社会におけるいくつかの機能への言及が含まれるが、人間の起源に関しては「人間の起源は、創造主なる神の目の涙にある」という語源学的な、言葉遊びが提示されているだけである。[17]

**•メリカラー王への教訓** この知恵文学には、人間の起源と役割について、最も重要かつ広範囲にわたる内容が記されている。[18]

神の家畜である人間を養え、なぜなら神が天と地を人の好みに合わせて造ったからだ。彼は大水の強欲を退けた。彼は人の鼻が呼吸するために、風を造った。人間は彼の肉から出た彼の似姿だ〔からである〕。彼は人の好むように空を輝かせた。彼は彼らを養うために植物、小さな家畜、魚を造った。彼は自分の敵を殺し、彼自身の子どもたちを滅ぼした。なぜなら彼らが謀反を企てたからである。彼は日光を彼らの好むように造り、彼らを眺めるためにあたりを航海する。彼は人々の背後に神殿を建て、彼らが泣くときそれを聞く。神は彼らを卵の段階から支配者とし、弱い男の背中から〔重荷を〕取り去る者とした。神は起こり得ることに対抗するための武器として、彼らのために魔術を与えた。[19]

●ここでは、宇宙における人間の立ち位置と神々との関係が取り上げられている。宇宙の他の要素（空と大地、太陽、日光など――創世記1章にも見たとおり）が、人間のために機能するものとされている。人間には、神によって食物や指導者の地位、魔術（最初の二つは創世記2章でも取り上げられている）が与えられる。神は反乱を戒め、裏切り者から人々を守る。このテクストでは、神が人の嘆きを聞くために住まう神殿を用意したことにも言及されている。

●様々なテクストがクヌム神が轆轤（ろくろ）を使って人間を造ったことを暗示している。早いものではピラミッド・テクストにそのような暗示を確認した学者もいるが、「コフィン・テクスト」や壁画表現には、よりはっきりと表現されている。[20]ここで轆轤の上に乗っている図像は王であり、その形成は人間としての存在よりも、王としての役割に関心が向けられていることを認識することが重要だ。言い換えるなら、これは王の物質的起源ではなく、その機能についてのことなのだ。

アッカド語の叙述とは違って、エジプト文献もシュメール文献も神々の闘争という文脈の中に人間の起源を設定しない。もっともシュメール文献のうち二つ（エンキ神とニンマー神、ＫＡＲ４）には、人間が神々の仕事を請け負うと明記されている。[21]その叙述には、一般的に創造のプロセス、用いられた材料、人類に割り当てられた役割や機能への言及が含まれる。エジプト文献では、神々の労役を人間が引き継ぐという記述は見当たらない。人間は、世話されるべき家畜であり、駆り出される奴隷ではない。またエジプト文献には、人間が造られることになった経緯や状況に関する手がかりは見出されない。

先述の例からわかるように、エジプトの人類起源神話とメソポタミアの人類起源神話の間には、原料としての粘土が両文化の特定のテクストで言及されている以外には、共通点がほとんど存在しない。人類創造の際に使用された素材の多様性は、それぞれの叙述が強調したい原型的要素の違いを反映していて、それに関する説明がなされている。認知環境として共通していることは、人間は、与えられた原型的役割を説明する要素（粘土、血、唾、涙）から創造されるものとして描かれるのが慣例になっていることである。

## ［古代中東文献における］人間の機能

ここでは、この宇宙において人間が果たすことのできる役割を網羅的に扱うことはしない。その代わり、人間が創造された時点で与えられた役割や、その創造の目的として言及されている機能に焦点を絞りたい。その役割は通常、一人の人間、一組の夫婦や集団に対してあてがわれることはない。人間の創造の叙述は、すべての人間が持っている機能に焦点を当てている。テクストから確認される人間の役割や機能には、おもに三つの側面が存在する。人間は、以下の目的のために創造される。

- 神々のしていた骨の折れる仕事を引き受けること
- 儀式の執行や神殿において神々に供え物をすることによって、神々に仕えること
- 神の像（かたち）としてあること

ここに挙げた三つの役割のうち、最初のものはすでに取り扱ったもので、シュメール文献とアッカド文献資料においてのみ確認されている。二番目の役割は、メソポタミア文献[22]における運命の宣告の文脈の中で示され、エジプト文献でも広く見られる。[23]この二つの役割を合わせたものとして、私は「**大いなる共生**（The Great Symbiosis）」と呼びたい。メソポタミアにおける宗教の基本は、人間は神々に仕えるために造られたというものである。神々が宇宙を司る仕事をするために、食物（いけにえ）と住まい（神殿）と装いをもって神々の必要を満たすとともに、多くの場合、崇敬と私的領域を供与することによって、神々に

仕える。この共生のもう一方の側面は、神々が礼拝者たちを保護し、人々の必要を満たすことにより、自分たちへの献身と服従を守ることである。このように人間は、神々が宇宙を司るのを（儀式を通じて）助けることにより、この共生関係において受け持つ役割の中に、尊厳を見出す。

## 補説――神の像（かたち）

神の像（かたち）は、創世記2～3章では言及されていないので、アダムとエバに直接適用されるものではない。しかし、私が提唱した考え方によれば、創世記1章と2章は連続したものであり、創世記1章ですべての人に適用されるものは、創世記2章に出てくるアダムとエバにも適用される。ここでは十分な検討をする余地はないが、いくつか短く解説しておいたほうがいいだろう。

1　古代中東の他の地域とは違い、聖書における神の像（かたち）は、王だけでなく全人類に適用されている（唯一の例外は、「メリカラー王への教訓」「エニーへの教訓」というエジプトの知恵文学にある短い論評である）。

2　メソポタミア文献においては、王の像（かたち）は、表象によって代理の役割を果たす。

3　メソポタミアの場合と同様に、聖書においても、王は神の像（かたち）として、神の子であると考えられ、神の代理者としての機能を持っている。

4　エジプト文献では、神々の像（かたち）は神々の魂（ba）を含み、その神の臨在を現すものとだと考えられた。

このことから、神の像もまた、（最初の集団や男女だけではなく）すべての人に関係する、（物質的ではなく）機能的な要素であることは明らかである。このように、テクストは機能に関心を向けていることが引き続き確認される。

## 人類の役割に関する結論の要約

人類の役割という論題は、独立したものではない。すなわち、古代中東の認知環境では、神の役割との関係においてのみ理解される。宇宙における人類の役割に関する観念は、人間が造られた状況を取り上げる場合も、人間が造られた素材（すなわちその構成要素）を取り上げる場合も、人間の機能やその繁殖を取り上げる場合も、すべて神と結び付いている。

人類の概念は二つの役割に焦点を当てる。

1　宇宙における位置づけや立場（地位）に関する人類の役割
2　宇宙における機能に関する人類の役割

第一の役割として人間にあてがわれた位置づけや立場は、多くの場合、創造に際して使われた物質的な材料成分を介して語られる。すなわち、宇宙における原型的な人間の立ち位置づけは、物質的な用語（神の涙、神の血、粘土や大地のちり）で表現される。「メリカラー王への教訓」も、より広い観点からだが、人間の位置づけにも言及している。人間の創造に関するエジプト文献のテクストのほとんどは、この最初の役割、つまり宇宙における人間の位置づけに焦点を当てている。

第二の役割である、人間の宇宙における機能は、メソポタミアの叙述に明らかに見ることができる。そこでは、人間は神々のために機能を成し遂げるよう創造され、その過程で人間が神々に代わって、それまで神々が自分で行っていた身の回りの世話という単調で退屈な仕事を行うと説明される。後に、選ばれた人物が神々の機能（この場合はおもに統治に関わる機能）を果たすことは、古代中東全域において王家のイデオロギーの一部となった。様々なテクストにおいて、多様な機能が見られ、それは以下のように分類できる。

- 神々の身代わり機能（単調で退屈な仕事――メソポタミア文献のみ）
- 神々に仕える機能（儀式の執行、神殿への供与――メソポタミア、エジプト文献と創世記2・15）
- 神々に代わる機能（人間以外の被造物や、他の人間の統治。メソポタミアにおける像（かたち）としての役割。エジプト文献や創世記1章）

したがって、古代中東の一般的な認知環境においては、現在入手できる叙述のすべての関心は、右に挙げたいくつかのパラダイムに分類される原型的な描写をもって、人間の役割を解明することだと結論できる。一般的な視点から最も過激な逸脱として注目すべきは、「メリカラー王への教訓」における「創造が人間のためになされた」という主張である。[25] このテクストは、他の記述と同様に人間の地位について扱っているが、それにもかかわらず、人間の地位についてユニークな視点を提供している。この例外的なケースにもかかわらず、人類に対する最も共通した関心事は、宇宙（生物界でも無生物界でも）における役割や機能に関することであり、単なる生物学的存在ではない。[26]

- 人間の起源の叙述は、立場という観点であれ、機能という観点であれ、宇宙における役割に焦点を当てている。

●人間の創造において言及される素材には、物質的な意義ではなく、原型的な意義があり、それは人間すべてを特徴づける。
●同様に、神の像（かたち）は役割に関連していて、ほとんどが政治的／官僚的な体制における王家のイデオロギーのうちに見出され、王が神的な機能を持つことを立証するものである。
●人間と神々は宇宙の秩序を維持し、円滑に司るために共に働く（**大いなる共生**）。

こういった知見は、聖書がその他の古代中東文献とは異なる特徴を持ちながら、同時に認知環境としては同じところに根差していることを理解するのに役立つ。

1 この章は、John H. Walton, *Genesis 1 as Ancient Cosmology*（Winona Lake, IN: Eisenbrauns, 2011）に掲載された内容を引用している。

2 *The Context of Scripture*, ed. William W. Hallo and K. Lawson Younger Jr.（Leiden: Brill, 2003）, 1:157. このテクストは鶴嘴（つるはし）讃歌とも呼ばれる。*Praise of the Pickax*; Richard J. Clifford, Creation Accounts in the Ancient Near East and in the Bible, Catholic Biblical Quarterly Monograph Series (Washington, D.C.: Catholic Biblical Association, 1994), p. 31. を参照。

3 Hallo and Younger, *Context of Scripture*, 1:511.

4 Clifford, *Creation Accounts*, pp. 29-30.

5 W. G. Lambert, *Babylonian Creation Myths*（Winona Lake, IN: Eisenbrauns, 2013）, pp. 330-45; Hallo and Younger, Context of Scripture, 1:159.

6 Lambert, *Babylonian Creation Myths*, p. 505 が提唱する読み方。これは依然として論争の的となってい

7 Lambert, *Babylonian Creation Myths*, pp. 350-60; Clifford, *Creation Accounts*, pp. 50-51. Benjamin R. Foster, *Before the Muses: An Anthology of Akkadian Literature*, 3rd ed. (Bethesda, MD: CDL Press, 2005), pp. 491-93, merges the Sumerian and Akkadian versions into a single translation.

8 Lambert, *Babylonian Creation Myths*, p. 511. における議論を見よ。

9 前掲書 pp. 366-75.

10 この翻訳と注釈については Foster, Before the Muses, pp. 236-37.

11 Hallo and Younger, *Context of Scripture*, 1:130. 詳細については、Tzvi Abusch, "Ghost and God: Some Observations on a Babylonian Understanding of Human Nature," in *Self, Soul, and Body in Religious Experience*, ed. Albert I. Baumgarten, Jan Assmann and Guy G. Stroumsa (Leiden: Brill, 1998), pp. 363-83; and Bernard F. Batto, "Creation Theology in Genesis," in *Creation in the Biblical Traditions*, ed. Richard J. Clifford and John J. Collins, Catholic Biblical Quarterly Monograph Series (Washington, D.C.: Catholic Biblical Association, 1992) を参照。アトラハシスでは、肉と血の両方が使われているが、エヌマ・エリシュとＫＡＲ４では血だけが言及されている。アトラハシスにおいてのみ、一般的なものと神的な素材が明確に用いられている。ＫＡＲ４には、殺された二神が反逆者であることを示すものはない。エンキ神とニンマー神の対訳版は、そこでも何らかの混合が起こっている可能性を示す。W. G. Lambert, "The Relationship of Sumerian and Babylonian Myth as Seen in Accounts of Creation," in *La Circulation des biens, des personnes et des idées dans le Proche-Orient ancien: Actes de la XXXVIIe Rencontre assyriologique internationale, Paris, 8-10 juillet 1991*, ed. Dominique Charpin and Francis Joannès (Paris: Editions Recherche sur la civilisations, 1992), pp. 129-35. 参照

12 アッシリア語版では、その人数について明示されている。

13 Lambert, *Babylonian Creation Myths*; Hallo and Younger, Context of Scripture, 1:111.

14 Clifford, *Creation Accounts,* pp. 69-71.

15 James P. Allen, *Genesis in Egypt: The Philosophy of Ancient Egyptian Creation Accounts,* Yale Egyptological Studies (New Haven, CT: Yale University Press, 1988); Ewa Wasilewska, *Creation Stories of the Middle East* (London: Jessica Kingsley, 2000); and James K. Hoffmeier, "Some Thoughts on Genesis 1 and 2 and Egyptian Cosmology," *Journal of the Ancient Near Eastern Society* 15 (1983): 29-39.

16 Hallo and Younger, *Context of Scripture*, 1:8.

17 前掲書 1:17; 1:9 も参照。この人間の命の源については、呪文80でも少し触れている。

18 前掲書 1:35.

19 英語への翻訳は Leonard H. Lesko, "Ancient Egyptian Cosmogonies and Cosmology," in *Religion in Ancient Egypt: God, Myths, and Personal Practice*, ed. Byron E. Shafer (Ithaca, NY: Cornell University Press, 1991), p. 103. からの引用。

20 Hoffmeier, "Some Thoughts on Genesis 1 and 2," p. 37; P. O'Rourke, "Khnum,"in *Oxford Encyclopedia of Ancient Egypt*, ed. Donald B. Redford (Oxford University Press, 2001), 2:231; Siegfried Morenz, *Egyptian Religion*, trans. Ann E. Keep (Ithaca, NY: Cornell University Press, 1973), pp. 183-84; and Ronald Simkins, *Creator and Creation: Nature in the Worldview of Ancient Israel* (Peabody, MA: Hendrickson, 1994), p. 70. 材料（粘土と藁）に関する言及が Amenemope 25:13-14 にもあるので参照のこと。翻訳は Lichtheim, *Ancient Egyptian Literature* (Berkeley: University of Califormia Press, 1976), 2:160 に所収。

21 アトラハシス 1.64-66 には、後進の神々が道具を燃やすとある。COS 1.130 (p.450).

22 例えばKAR4にある。

23 Jan Assmann, *The Search for God in Ancient Egypt*, trans. David Lorton (Ithaca, NY: Cornell University Press, 2001), pp. 3-6を参照。アスマンは、王が人類を裁くことによって神々を代表し、神々を満足させることによって人間を代表するものとして描かれた神レー〔訳注＝太陽神ラーの別称〕への讃歌を引用している。アスマンがp.174～177で言及している追加テクストを参照。(*Coffin Texts spell 1130*).

24 最も包括的な分析を行ったのはエドワード・メイソン・カーティス "Man as the Image of God in Genesis in Light of Ancient Near Eastern Parallels" (PhD diss. [supervised by Jeffrey H. Tigay], University of Pennsylvania, 1984), ProQuest AAI8422896である。その他の重要な研究としては W. Randall Garr, In His Own Image and Likeness, Culture and History of the Ancient Near East 15 (Leiden: Brill, 2003); and Zainab Bahrani, The Graven Image: Representation in Babylonia and Assyria (Philadelphia: University of Pennsylvania Press, 2003). See also Walton, Genesis 1 as Ancient Cosmology, pp. 78-85も参照。

25 Assmann, *Search for God*, p. 173.

26 Karel van der Toorn, *Family Religion in Babylonia, Syria and Israel: Continuity and Changes in the Forms of Religious Life* (Leiden: Brill, 1996), p. 96; cf. Clifford, *Creation Accounts*, pp. 8-9.

# 提言10 新約聖書はアダムとエバに生物学的先祖ではなく原型として関心を持っている

新約聖書の様々な箇所が、本書の残りの章において、いくつかの部分に分けて扱われる。**原型**、史的アダム、堕落の教理、アダムとイエスの比較、そしてこれらに関わる聖書解釈の問題である。この章では、最初の一つだけを扱う。

これまでの章で、創世記2章における形成の叙述は、アダムとエバについて個人としてよりも原型として関心を寄せているという考えを提示し、支持してきた。というのは、形成の叙述の詳細はアダムとエバだけにではなく、私たちすべてに適用されるものだからだ。さらに古代中東では、人間の起源は通常、原型を用いて語られていることも論証した。そこで今度は、新約聖書がそれを裏付けるのかどうかを確認していこう。創世記と同様に、新約聖書がアダムとエバについて語っていることは彼らだけに当てはまるのか、それともすべての人に当てはまるのかに基づいて、新約聖書がアダムとエバを原型的に用いているかどうかを判断する。

新約聖書で、アダムとエバの名が具体的に取り上げられるのは五か所である（暗示されている箇所は他にもあるが）。最初はルカの福音書3章にあるイエスの系図で、アダムが個人として取り上げられているが、アダムがこの特別な家系の始まりであるということ以外は、何も言われていない。この箇所は、アダムの歴史性についての議論において検討することになるが、物質的な人類の起源や堕落についての情報は提供していない。

これ以外の箇所はすべて、パウロ文書に出てくる。パウロはローマ人への手紙5章で、一人の人によって罪と死が世界に入った（ローマ5・12）と述べ、それによって個人としてのアダムの役割について語っている（ローマ5・16〜17参照。一つの違反、一人の違反）。次に彼は「すべての人が罪を犯したので、死がすべての人に広がった」と述べる。ここでパウロは、原型的な着眼――アダムが罪を犯したとき、皆が罪を犯した――に切り替える。これはアダムだけに当てはまる真実ではないので、パウロはアダムを個人以上の存在として扱っている。一方で、死は、アダムの時代からモーセの時代に支配していたという主張になると、再び個人について語っている。ローマ5章14節の終わりで、パウロは第三の視座としてアダムが「ひな型」だということを加える。つまりローマ5章でパウロはアダムを複数のレベルで用いていることがわかる。そのうちの一つが原型としてのアダムである。しかしここでの原型は、アダムの形成ではなく堕落に関連している。

第一コリント15章は、パウロがアダムについて、最も包括的に取り扱っているもう一つの箇所だ。第一コリント15章21節では、パウロは死が一人の人を通して来たと見ている。その際、アダムは行為者である個人として言及されている。しかし第一コリント15章22節では、その見方を原型的なレベルに拡張して「アダムにあってすべての人が死んでいるように、キリストにあってすべての人が生かされるのです」と述べる。「アダムにあって」という人類の状態は、アダムを歴史的な存在としつつも、原型的に扱っている。私たちはみな「アダムにある」者である。私たちはみなが「キリストにある」わけではないが、キリストにある者は、そのアイデンティティのうちに、いのちをも経験する。

パウロは第一コリント15章45〜49節で、アダムに関する議論に戻るが、そこで「最初の人」（「地から出た人」とも呼ばれる）アダムと「最後のアダム」（「第二の人」「天から出た方」とも呼ばれる）という比較対照をしている。使用されている様々な表現から、「第二」は「最後」と同じであり、したがって実際の順列に焦点が置かれているわけではないとわかる。つまり、イエスは、時系列あるいは歴史において二番目の人間でもなければ、最後の人間でもなかった。パウロは第一コリント15章48〜49節で、「アダムもイエスも私たちがそこに自分自身を見出すことのできる原型である」という、彼がずっと主張してきた論点を集約する。この箇所は、歴史性や人間の起源に関しても論じられなくてはならないが、それらは別の章で検討する。いずれにせよ、第一コリント15章において、パウロがアダムを死すべき人類を代表する原型として扱っていることがわかる。この用法は、創世記2章に関して提案されたものと似ている。というのは、土のちりは、人間の死すべき運命と原理的に結び付いていたからだ。パウロはここで創世記の導きに則っていた。

パウロがコリント人に宛てた第二の手紙では、「蛇が悪巧みによってエバを欺いたように、あなたがたの思いが汚されて……しまう」（Ⅱコリント11・3）と、アダムではなくエバに言及している。パウロはここで、すべてのコリント人が、エバによって原型的に代表されると言っているのではない。むしろ、パウロがコリントで起こってほしくないと願っていることを例示するために用いられている。彼女は原型でもひな型でもない。さらに、パウロはエバが存在論的に騙されやすい者だと示唆しているのでもない。単に彼女は一つの実例として、コリント人たち、ひいては私たちすべてに対する警告として用いられているにすぎない。

テモテに送られたパウロの手紙には、アダムとエバに関する最も複雑な記述の一つがある。第一テモテ2章13〜15節で、パウロは創造の順序と騙された順序が逆で、アダムが初めに造られ、エバは初めに騙されたことに言及する。ここでの私たちの関心はアダムとエバに与えられた役割のみである。第二コリントでは、エバが騙されたということが、すべての人に対する例示として用いられたが、ここではそれとは異なり、エバの状況はエペソの女性たちに適用されている。同様にアダムは、エペソの男性たちの役割について意見を述べるために用いられている。

アダムとエバを引き合いに出してパウロがエペソについて語ったとき、その用法を理解するための選択肢はおもに（1）原型的、（2）存在論的、（3）例証的という三つがある。もしパウロの発言が、原型的なものなら、アダムが最初に造られたようにすべての男性が最初に造られ、すべての女性はエバが騙されたようにエバにあって騙されると言っていることになる。パウロの思想にも、論理的な推論によっても、この箇所にこれが真実だと示すものは何もない。存在論的見方というのは、原型的なものの延長であると理解できる。もしそれがパウロの意図することならば、男性はその創造の本性的に第一のものであり、女性は創造の本性的に騙されやすいということを示唆していることになる。したがって男性は第一であるべきだというだけでなく、それが彼らの本質だということになる。女性は、生得的に騙されやすいから注意されなければならないということになる。これは極端な立場であるが、解釈の歴史においてこれを支持する者がいなかったわけではない。この理解に対しておびただしい反論ができるし、されるべきだが、特に言えることは、アダムもまた騙されたこと（創世記ではそのことが明らか）をパウロは否定しなかっただろうということだ。パウロはただ、どちらが最初に騙されたのかを強調している。私たちはみな、騙される可能性があり、その弱みは一つの性別にだけ存在論的に固有ということではない。そこで第三の選択肢、パウロがアダムとエバをエペソの人々に対する例示として用いているという用法が、文脈にうまくかみ合い、パウロの意図を表すものだと言える。

新約聖書でのアダムとエバの用法をまとめると、様々なことを主張するために二人が用いられていることがわかる。この時点での最も重要な見解は、原型的な理解がそこでの選択肢の中に確かに入っている（ローマ5章と第一コリント15章）ということだ。すなわち、創世記においてアダムとエバを原型として取り扱うことは、より大きな聖書の正典的、神学的、文学的な用法に反するものではないことがわかる。原型的な用法は、創世記の文脈、古代中東の文化的文脈、そして聖書の正典的な文脈からも支持される。同時に、新約聖書において原型的に取り扱われているのは、アダムとエバの形成ではなく、堕落に関する叙述である。唯一の例外は、第一コリント15章47〜48節である。パウロはそこで、創世記3章と詩篇103篇で指摘されているのと同じように、アダムが土のちりから造られたように、私たちもみな土のちりから造られたと主張している。しかしながら、全体的に見れば、新約聖書は、人類の起源という問題にほとんど関心を示していないことにも注目すべきである。このことについては、本書18章と19章で再び論じる。

## 提言11 聖書の関心が原型についてでも、アダムとエバは現実の過去に実在した人物である

新約聖書において、アダムとエバが様々な形で扱われていることは、前の章ですでに確認してきた。それは、原型的、例証的、歴史的な形である。したがって、アダムに関する扱い（創世記であろうと、他の箇所であろうと）には原型的なものがあると主張することは、彼が歴史的人物でないと示唆するものではない。イエスもまた、パウロによって原型的に取り上げられているが、もちろん彼は歴史的存在である。ここでアダムとエバについての研究を進める前に、メルキゼデクの例を考察することが有益だろう。そうすることで、ある人物を多様な視点から理解するとはどういうことなのかを学ぶことができると思う。歴史的、文学的、伝承的、そして原型的要素の組み合わせにより、ある人物を多様な側面が織り込まれた者として語ることができる。

### 解釈学的複雑さ

聖書においてメルキゼデクが登場するのは、創世記14章、詩篇110篇、ヘブル人への手紙5章6節〜7章28節だけである。ここでまず、それぞれの箇所を個別に検証して、そののち、総合的に考えることにする。もし、創世記14章だけであれば、メルキゼデクとは、カナンの地の一介の王（カナン人か、アモリ人か、エブス人のいずれか）にすぎないと単純に結論されよう。この地域の有力者として、彼は戦地から勝

利を携えて帰ってきたアブラムを出迎え、軽食を提供して祝辞を述べ、アブラムに対する宗主権がメルキゼデクにあることの確認の意味で［財産の］十分の一を受け取る。古代世界の多くの王がそうであるように、メルキゼデクも祭司であった。具体的には「エル・エルヨン（いと高き神）」の祭司だった。この名は、私たちの知る限り、神を表す一般的な名称である。ヤハウェをエル・エルヨンとしたのはアブラムの考えで、メルキゼデクは、そのような主張はしていない。

詩篇110篇では、祭司と王の組み合わせ（古代世界における王たちのほとんどが該当する）とメルキゼデクがエルサレムにいたことが非常に短い引用で示され、最終的にメシア待望神学へと発展する理想的なダビデ王における祭司と王の組み合わせの先例を示している。ジョン・ヒルバーが論証したように、詩篇110篇は、アッシリアの預言と多くの類似点を持つ預言的託宣である。[1] よく知られているように、イスラエルにおける祭司職は、レビ族に結び付けられており、ユダ族のものではない。しかしながらここでは、王に対する祭司的特権が、モーセ五書に示されたトーラー（律法）の構造からではなく、エルサレムにおける歴史的先例から導き出されている。おそらくこれは、レビ的特権を奪う権利を王に与えるものではなく、何らかの付加的な（不特定の）祭司的特権を与えるものなのだろう。[2]

ヘブル人への手紙5章から7章にかけてのメルキゼデクの扱いは、**間テクスト性**が複雑に働いていることを探る上での格好の例である。この箇所をざっと読んだ場合でも、ヘブル人への手紙においてメルキゼデクに帰せられている特徴が、明らかに創世記や詩篇から引き出されたものではないことに気づくだろう。ヘブル人への手紙の著者が、どんな先行文献からこれらのことを引き出したのかを調べるにあたって、中間時代における第二神殿期ユダヤ教の文献に注目することになる。

**ハスモン朝**は、自分たちの支配にメシア的意義をもたせようとして、メルキゼデクを引き合いに出すことによって、自分たち祭司的王家の持つ特権を正当化した。この慣例は、サドカイ人に引き継がれた。[3] 死海文書の中にある、11Qメルキゼデク・テキストと4Qアムランの幻はともに、メルキゼデクが推論的な解釈の対象として大きく取り上げられていたことを示している。前者は天において、さばきを行う役割をメルキゼデクにあてがい、詩篇7篇8〜9節、82篇1節と関連づけている。4Qアムラムの幻の方は、メルキゼデクをミカエルと同定し、光の君と呼んでいる。彼は天的な贖い主の姿で描かれていて、光の勢力の司令官であって、囚われ人を解放し、メシア時代を治める者とされる。彼は天における大祭司で、大天使たちは彼に対し義人が知らずに犯した罪を償う。[4] タルムード（ネダリーム32b）と**タルグム・ネオフィティ**では、メルキゼデクはセムと同定される。前者は、彼に不遜な態度を取り、その祭司職をアブラハムに移す。さらに後代の、殉教者ユスティノスの弁明的著作（トリュフォンとの対話19と33）では、メルキゼデクは異邦人の代表として描かれ、ユダヤ人の代表であるアブラハムに優る存在として見られている。アレキサンドリアのフィロン（比喩的解釈についてⅢ79〜82）は、彼を永遠のロゴスだと考えている。[5]

ヘブル人への手紙7章に至るまでに、こういったユダヤ人の伝承がメルキゼデクについての考え方に混ざっている。ヘブル人への手紙の著者は、メルキゼデクについての情報を旧約聖書だけから導き出しているのではなく、手紙の受け取り手に知られていた伝承も織り交ぜている。［レビの祭司職との］比較には、正典的な人物像（プロフィール）だけでなく、ユダヤ的人物像も反映されている。この著者はこれまでずっと、手紙の受け取り手の理解力に応じ、彼らの信念に沿って語り掛けてきた。著者が、受け取り手の信念を受け入れる必要はないが、彼はキリストの立場が、他の何ものにも優るということを論証しようとしている。それゆえ彼は、歴史上のメルキゼデクだけでなく、ユダヤ人の想像上のメルキゼデクにも関連づける。これはある意味、仏教徒にキリストが仏陀より優れていることを話すようなものだ。その場合、歴史上の仏陀と、仏教の伝承の中で中心的な関心を集めるに至った仏陀の両者が含まれるだろう。ヘブル人への手紙の著者にとっての論点は、手紙の受け取り手の抱いている信念について、その妥当性を何らかの形で論じることではない。そうではなくて、彼らの信念を用いて、キリストと対比することである。イエスは、メルキゼデクに映し出されたイメージよりも優れていると証明しようという試みはなされていない。ただ、メルキゼデクの先行例（詩篇110篇）に基づいてイエスが代表する祭司職が、レビ的祭司職に優るということだ。[6]

その結果、メルキゼデクが創世記14章に描かれるカナン人の王以上の何者かであると信じなくてはいけないと示唆するものは、ヘブル人への手紙にも、他の箇所にも存在しない。ヘブル人への手紙にある人物像は、創世記14章にある歴史上のメルキゼデクについての聖書的情報と、メルキゼデクを先例とするエルサレムを拠点とする王的祭司職の神学的・政治的な原始型、そしてユダヤ人の思索的神学に見られるメルキゼデクについての文学的伝承の見解を結び付けたものだ。この三つの要素は、手紙の受け取り手がそれらを見分けるための手がかりが示されることなく、密接に絡み合っている。この三つは、同じ性質のものではないが、霊感されたヘブル人への手紙の著者が用いる上で正当なものである。

ヘブル人への手紙の著者がこのような要素を、洗練され、かつ複雑な仕方で用いることができるのならば、パウロがアダムとエバについて同じことができたかを問わねばなるまい。予想がつくと思うが、このような分析には、誰かが予め定めた結果に偶然一致するような十把一絡げな適用ではなく、大変繊細な解釈技術が要求される。ヘブル人への手紙の著者は、パウロがアダムとキリストを比較するように、メルキゼデクとキリストを比較する。同様に、ヘレニズム的ユダヤ文献では、メルキゼデクもアダムとエバも、充実した「余生」を送っている。しかし、類似点はそこまでである。

メルキゼデクの場合、私たちはヘブル人への手紙の中で、旧約聖書に根差していないものを注意深く見ていくことで、文学的・伝承的要素を特定した。この方法で考えていくと、彼は祭司・王であり、シャレム出身であり、エル・エルヨンと関係があり、アブラムと対面した（ヘブル7・1～2）ということが、歴史的部分として確定される。その一方で、ヘブル人への手紙は、父も母もなく、始まりも終わりもない（ヘブル7・3）という部分を、メルキゼデクの描写として、伝承的要素の中から取り上げている。しかしヘブル人への手紙の著者は、その対比を行うにあたって、ヘブル人への手紙7章3節にある情報の事実性に依拠しているわけではない。実際、ヘブル人への手紙の著者はメルキゼデクに「系図がない」ことを指摘しているが、これに対してイエスは「ユダ族から出られた」（ヘブル7・14）という点を明確に指摘している。この比較は、メルキゼデクの王的祭司職（レビ的祭司職とは別のもの）と十分の一をアブラムがメルキゼデクに差し出したことに基づいている。ヘブル人への手紙の著者や、手紙の受け取り手がメルキゼデクの人物像に関して、実際に何を信じていたかは重要ではない。著者がその教えの基礎として断言していることが重要なのだ。

パウロがアダムとエバをどのように扱っているかに注目する際、パウロの論述には、旧約聖書から得たものではなく、ヘレニズム的ユダヤ文献で培われた伝承的表現に見出される論点があるかどうかがまず問われる。アダムとエバについてのパウロの論点は、次の事柄が含まれる。

1　罪と死がアダムを通して入ってきた（ローマ5・12）。
2　アダムは土のちりからできた（Ⅰコリント15・47）。
3　エバは欺かれた（Ⅱコリント11・3、Ⅰテモテ2・14）。

これらのことは、ユダヤ教の伝承的文献でかなり詳しく述べられているが、すべて旧約聖書テクストに根差している。それゆえ、これらをパウロがユダヤ的伝承を参照し、反映させたものとして片づけることはできない。

あるいは、パウロは単によく知られた文献の詳細に言及しているだけで、そういった詳細が歴史的事実だと断定される必要はないと論じる人もいるかもしれない。彼らは、文献的事実性 literary factuality（そう、よく知られた物語ではこうなっている）と歴史的事実 historically factual（然り、これがあるとき、ある場所で本当に起こったこと）とを区別するだろう。これはユダの手紙14節「アダムから七代目のエノクも、彼らについてこう預言しました」の解釈に際して通常用いられるやり方だ。かなり保守的な解釈者であっても、これは文献的事実の反映であって、歴史的事実ではないと考えている。創世記に出てくるエノクその人が、中間時代の「エノク書」〔訳注＝創世記に出てくるエノクが語ったという設定で記された黙示文学で旧約偽典に属する〕の著者であると真剣に考える人は誰もいない。

私たちは、著者が引用した資料で何をしようとしているのか、解釈学的に現実的な見方をしなくてはならない。ヘブル人への手紙の著者の議論は、もしアブラムがメルキゼデクに十分の一を与えていなかったら成立しない。同じように、私が主張したいのは、パウロの議論は、罪がこの世界に入ってきた歴史的瞬間（右のリストの一番目と三番目）がなかったとしたら、成立しないということだ。罪の存在、贖いの必要性、そしてそのような贖いをもたらすためのキリストの役割に対するパウロのアプローチはすべて、これらの詳細に基づいている。

この分析の結論は、ヘブル人への手紙におけるメルキゼデクの扱いによって例証されたように、歴史的な要素と伝承的な要素が混在することは、聖書的権威の枠組みの中で可能であるということだ。しかしながら現時点では、アダムについてのパウロの情報は同じカテゴリーに入らないと私は論じるゆえに、アダムを同じように扱うことはできない。とはいっても、パウロが歴史的アダムについて語っていることは、おもに罪と堕落に付随している。これは、歴史的アダムを擁護するのに十分なものだ。しかし、アダムが最初の人間であるか、唯一の人間であるか、あるいは今日の全人類の祖先であるかといった問題について

郵便はがき

恐縮ですが
切手を
おはりください

164-0001

東京都中野区中野 2-1-5

# いのちのことば社

出版部行

ホームページアドレス　https://www.wlpm.or.jp/

| お名前 | フリガナ | 性別 | 年齢 | ご職業 |
|---|---|---|---|---|
| | | | | |
| ご住所 | 〒 | Tel.　　　(　　　) | | |
| | | | | |

| 所属(教団)教会名 | 牧師　伝道師　役員<br>神学生　CS教師　信徒　求道中<br>その他<br>該当の欄を○で囲んで下さい。 |
|---|---|

WEBで簡単「愛読者フォーム」はこちらから!
https://www.wlpm.or.jp/pub/rd

簡単な入力で書籍へのご感想を投稿いただけます。
新刊・イベント情報を受け取れる、メールマガジンのご登録もしていただけます!

ご記入いただきました情報は、貴重なご意見として、主に今後の出版計画の参考にさせていただきます。その他、「いのちのことば社個人情報保護方針（https://www.wlpm.or.jp/about/privacy_p/）」に基づく範囲内で、各案内の発送などに利用させていただくことがあります。

# いのちのことば社＊愛読者カード

本書をお買い上げいただき、ありがとうございました。
今後の出版企画の参考にさせていただきますので、
お手数ですが、ご記入の上、ご投函をお願いいたします。

**書名**

**お買い上げの書店名**

町
市　　　　　　　　　　書店

**この本を何でお知りになりましたか。**

1. 広告　いのちのことば、百万人の福音、クリスチャン新聞、成長、マナ、
信徒の友、キリスト新聞、その他（　　　　　　　　　　）

2. 書店で見て　3. 小社ホームページを見て　4. SNS（　　　　　　）

5. 図書目録、パンフレットを見て　6. 人にすすめられて

7. 書評を見て（　　　　　　　　　　）　8. プレゼントされた

9. その他（　　　　　　　　　　）

**この本についてのご感想。今後の小社出版物についてのご希望。**

◆小社ホームページ、各種広告媒体などでご意見を匿名にて掲載させていただく場合がございます。

◆愛読者カードをお送り下さったことは（　ある　初めて　）
ご協力を感謝いたします。

は、まだ決定打を欠く。これらの事柄は20章（提言20）で論じる。メルキゼデクと同じように、パウロと当時の手紙の受け取り手がアダムとエバについて何を信じていたかというのは重要ではない。重要なのは、パウロが自分の教えの基礎としている要素である。結局のところ、パウロはおそらく当時の人たち全員がそうであったように、天動説的な宇宙観を抱いていたに違いないが、それがパウロの教えの基礎でないなら、そのことは何の違いももたらさない。

## なぜ、歴史的アダムとエバを信じるのか？

アダムとエバを歴史的人物だと見なす場合、彼らが実際の過去に起こった実際の出来事に関わった実在の人物であるということを意味する。彼らは、そもそも神話や伝説の人物ではないが、彼らの役割が一因となって、そのような存在として受容され、扱われてきた歴史もあるだろう。同様に、彼らは架空の存在でもない。それと同時に、彼らの人物像には、歴史的な要素を伝えることを意図していないものもあるかもしれない。私はすでに「アダム」と「エバ」という名前は歴史的な名前ではないことに言及した（6章参照）。同様に、人間の形成に関する叙述が原型的なものだとすれば、それは歴史的な出来事ではなく、アダムとエバのアイデンティティについての真理を提示していることになる。このような条件や注意事項はあるが、テクストに記された情報によって、アダムとエバを実際の過去における実在の人物だと見なすべきだと私は考える。そう信じるだけの重要な理由がいくつかあるのだ。

**【系図】**　系図という文学ジャンルは、文化によって異なる機能を持ち得る。[7] それゆえ自分とは異なる文化の文献で系図に出くわす場合、自分の文化にある規則と同じ規則が当てはまるとか、自分の文化の中と同じように機能し同じ目的を果たすとは仮定できない。[8] そこで、問うべきことは、イスラエルや古代世界における先祖のリストには、過去に生きた実在の個人ではない人物が含まれるという証拠があるのかどうかだ。これが重要なのは、アダムは創世記5章、第一歴代誌1章、ルカの福音書3章における先祖のリストに含まれているからだ。[9]

古代世界の系図を調べていると、そのリストに人間ではない何かが含まれているかどうかに興味がわく。例えば、神々とか、[10]伝説上の人物とか、[11]地名といったものである。[12]古代世界の研究では、系図は一般的に血縁関係以上に政治的統一により大きな関心を払っていると言われている。しかし、想像上の人物や、伝説上の存在を用いては、系図の目的を達成できないだろう。今後の発見によっては、異なる結論に導く例が出てくる可能性はあるが、現在入手できる情報に基づくなら、古代世界における系図に含まれるのは、現実の過去に生きていた実在の人物の名である。[13]したがって、聖書における系図を例外的に考える先例はないだろう。聖書記者たちは、先祖のリストにアダムの名を記したことによって、アダムを歴史上の人物として扱っていることになる。

**【堕落】** 旧約聖書は全体として、いわゆる「堕落」について、回顧的な記述をしていない。創世記3章でこの出来事が報じられた後、その出来事についても、その影響についても語られない。もし、私たちが旧約聖書だけで神学していたなら、罪がどのように入りこみ、広がっていたかということについて、もっと柔軟なものとなったことだろう。

しかしながら、新約聖書、とりわけキリストのみわざの影響についての議論が、私たちの神学的解釈により多くを要求する。新約聖書は罪の現実性と、その結果としての贖いの必要性は、時間と空間において起こったある特定の出来事［訳注＝堕落のこと］を通して、時間のある一点（点的時制）に入り込んだものとして考えている。さらに、パウロはその点的時制の出来事を、それに対応する贖いの行為、すなわちキリストの死とその結果としての贖い（これも点的時制の出来事）と相互に関連づけている。この詳細については19章において論じる（N・T・ライトによる補説）が、この段階で確認しておきたいのは、贖いのみわざが持つ点的時制の性質が、堕落の点的時制の性質と比較されていることだ。それゆえ、堕落は歴史上の人間によって引き起こされた、歴史的出来事だということになる。

　そのようなわけで、ここまでのことをまとめると、テクスト上の要素（系図）と神学的要素（堕落と贖い）の双方から、史的アダムとエバの存在が力強く主張されることになる。同時に、このような歴史的な役割を果たすにあたって、アダムとエバが最初の人間であるとか、唯一の人間であるとか、全人類の普遍的な（生物学的・遺伝学的）祖先であることは必ずしも必要ではないことにも注意しなければならない。別の言い方をすれば、史的アダムの問題は、物質的な人間の起源ではなく、罪の起源に関係している。これらのことはこれまで、分けて考えられることがほとんどなかった。それはおそらくそのようにするきっかけがなかったことによるのだろう。ヒトゲノム（17章と20章を参照）をはじめとする様々な研究の進展によって、アダムの歴史性を問うことと、人間の物質的起源の問題が、一緒くたにされていないかと問うことが重要になったのだ。私は、史的アダムを受け入れつつも、それが人間の物質的起源を決定することはできないと提案した。この提案には、**釈義的**・神学的要素から、科学的要素（物質的な人間の起源）を切り離すという利点がある。このようにすることで、科学の主張と聖書の主張の間にある衝突を、妥協することなく最小限に抑えられる。このような聖書テクストの読み方は、科学の要求によって押し付けられたものではない。しかし、科学の存在が、聖書テクストが何を主張しているのかを、正確に、より注意深く吟味するよう促したのである。

1　John W. Hilber, *Cultic Prophecy in the Psalms*, Beiheft zur Zeitschrift für die alttestamentliche Wissenschaft

352 (Berlin: Walter de Gruyter, 2005), pp. 76-88.

2 翻訳はこの点を曖昧にする場合があるが、聖書テクストは、ダビデの息子たちが祭司として仕えていたことを明らかにしている（Ⅱサムエル８・18）。レビ族は聖所に関するすべての任務を独占的に割り当てられていたが、レビ族以外の者が他の祭司の仕事をすることを禁止するテクストはない。ただ時代が下るにつれて、聖所と関係のない祭司の仕事は徐々に排斥されていった（Ⅱ列王記23・8参照）。シナイ契約後の文脈では、家族の中で活動する祭司職の存在が示されており（士師記６・24～26、13・19、Ⅰサムエル20・29）、古代中東の一般的な文化では、長男が祖先崇敬における祭司の務めを担った。サウル王は祭司の職務に携わったことで叱責を受けたが、それはサムエルの役割に関連して彼の役割を定めた王権の定め（Ⅰサムエル10・25）に違反したからかもしれない。ダビデの祭司としての特権は、エルサレムにおける伝統的な役割に付随していたのかもしれない。そのような王的祭司の伝統の存在は、ダビデが神の箱の安置の儀式に参加したことからも認められる（Ⅱサムエル６・14）。

3「モーセの昇天」６・１、ヨセフス「ユダヤ古代誌」16.163.

4 Paul Kobelski, *Melchizedek and Melchireša'*, Catholic Biblical Quarterly Monograph Series 10 (Washington, D.C.: Catholic Biblical Association, 1981); and C. Marvin Pate, *Communities of the Last Days: The Dead Sea Scrolls and the New Testament* (Downers Grove, IL: InterVarsity Press, 2000), pp. 121, 209.

5 Richard Longenecker, “The Melchizedek Argument of Hebrews: A Study in the Development and Circumstantial Expression of the New Testament Thought,” in *Unity and Diversity in New Testament Theology: Essays in Honor of George E. Ladd,* ed. Robert A. Guelich (Grand Rapids: Eerdmans, 1978), pp. 161-85.

6 The paragraphs about the Jewish traditions are adapted from John H. Walton, Genesis, NIV Application

Commentary (Grand Rapids: Zondervan, 2001), pp. 426-27

7 John H. Walton, "Genealogies," in *Dictionary of Old Testament: Historical Books*, ed. Bill T. Arnold and Hugh G. M. Williamson (Downers Grove, IL: InterVarsity Press, 2005), pp. 309-16; Mark W. Chavalas, "Genealogical History as 'Charter': A Study of Old Babylonian Period Historiography and the Old Testament," in *Faith, Tradition and History: Old Testament Historiography in Its Near Eastern Context*, ed. A. R. Millard, James K. Hoffmeier and David W. Baker (Winona Lake, IN: Eisenbrauns, 1994), pp. 103-28.

8 例えば、ハンムラビ王朝の系図として知られる文書には、供養のために死者の霊のリストを示す目的があり、先祖を認識して、直面する恐れのある脅威を打ち消そうとするものだ（Chavalas, "Genealogical History as 'Charter,'" p. 121）。

9 創世記と歴代誌第一は、下降型のリスト（その起こりから始まり、時間を追って進む）である。ルカの福音書にあるのは上昇型（現在から始まり、時間を遡っていく）である。

10 古代の王名表の中には、後に神として知られるドゥムジという名前もある。しかし、ドゥムジが人間の王として始まったかどうかについては、まだ議論がある。しかし、仮にそうでなかったとしても、これは王名表であって系図ではないので、確定的なものではない。

11 セレウコス朝時代（紀元前二世紀）のテクストには、アプカリュと呼ばれる伝説的／神話的存在から始まる学者のリストがある。しかし、これは系図ではない。Alan Lenzi, *Secrecy and the Gods: Secret Knowledge in Ancient Mesopotamia and Biblical Israel*, *State Archives of Assyria Studies* 19 (Helsinki: Neo-Assyrian Text Corpus Project, 2008), pp. 106-9. 参照。

12 地名に付随し、ひいてはそこに住む人々の集団に名付けられるトポニーム（局所名）は、創世記10章の「民族表」にもハムラビ王朝の系図にも頻繁に登場する。

13 同時に、神々から始まるリストもある（創世記5章もそうである）。一部のエジプト学者は、トリノ正典は、神々から始まり、半神を経由して王について論じ始めると考えている。Dexter E. Callender Jr., *Adam in Myth and History: Ancient Israelite Perspectives on the Primal Human*, Harvard Semitic Studies 48 (Winona Lake, IN: Eisenbrauns, 2000), pp. 33-34. にある議論を参照のこと。しかし、これは系図ではなく王名表であることに留意すべきである。

## 提言12 アダムは聖なる空間で助け手エバと共に祭司に任じられている

アダムが置かれた「園」というのは、古代世界では聖なる空間として馴染み深いものだっただろう。神の臨在のある聖なる空間からあふれ出る豊かな水のイメージは、古代中東で最も目にする図象である（このことについては、次の章でより詳しく扱う）。このような背景からすると、エデンの園は、人間に食物を供給するための単なる美しい自然空間ではないことがわかる（確かに食物を供給し、美しい自然空間なのだが）。そこは何よりも、神がそこに住んでおられる聖なる空間だという事実を反映する（エゼキエル書28・13でエデンが「神の園」と言及されていることに留意。エゼキエル書31・8も参照）。創世記1章で、神が宇宙に住まわれるようになることで、宇宙が聖なる空間となったことを学んだ。[1] しかし、聖なる空間の中心がどこにあるかということは知らされなかった。創世記2章で、それが明らかにされる。創世記1章の七日間は、神殿の落成に関係していたのだから、聖なる空間の中心、すなわち「園」につきものである神殿概念の地上的位置が、創世記1章と時間的に近接していると考えるのが理にかなっているだろう。この概念は古代世界との間に連続性があるが、いくつかのはっきりとした違いも存在する。例えば、園の産物はその住民である神に対する食物となるのが古代世界の通例だが、エデンの園は人々に食物を与えるために神が設けたものだった。

この園を「聖なる空間」として把握し、神の臨在（と神が提供するすべてのもの）が中心点であると見れば、創世記2章の叙述しようとしていることの本質が、物質的な人間の起源についてではないことを理解できるようになる。神はアダムに自分（アダム）が死すべき者であることを啓示された。しかし聖なる空間（園）を設けられ、そこで神との関係を持つことにより救済、すなわちいのちがもたらされる。神はアダムをこの聖なる空間に置き、そこで仕えるよう任命された。

私はここで使われる「仕える（serve）」「保つ（keep）」という用語が、［翻訳に見られるような］造園活動や農業的な働きではなく、祭司の務めを意味するものだと提唱してきた。[2] 創世記2章15節で、神はアダムを園に連れて来て、「そこを耕させ、また守らせ」るために任命する。

これらの言葉の語義研究から重要な情報が得られる。アーバドとシャーマール［訳注＝新改訳2017は「耕す」と「守る」に対応］は農業的な作業の記述よりも、神に対する人間の奉仕に関する論述の中で、最も頻繁に目にする動詞だ。アーバドという動詞は、確かに農業的な行為を指すこともある（実例＝創世記2・5、3・23）が、その文脈における動詞のニュアンスは直接目的語（地）によって決まる。直接目的語を取らない場合、人の召しに結び付いた働き（実例＝出エジプト20・9）を指すことが多い。広義には、礼拝行為と考えられる宗教的な奉仕（実例＝出エジプト3・12）や、聖なる領域で奉仕する祭司の職務（実例＝民数記3・7〜10）に関連することが多い。このような場合、動詞の目的語は、礼拝の対象である相手や物（実例＝出エジプト4・23、23・33）を指すのが通例である。

ではここで、アーバドが指し示すのが農業的な働きか、聖なる務めかを判断する上で生じる問題について簡潔に述べよう。もし、ここで動詞の目的語が「園」であれば（そのように言いきれないのだが）、これはいささか例外的だ。この動詞は、「泥」「土」「土地」を目的語に取るなら、農業的な働きを示すのが通例であり、人格的なもの（神、バアル、エジプト）を目的語にするときは、聖なる奉仕や服務を指すのが通例である。「園」は、これをどのように理解するかによって、どちらのカテゴリーでもあり得る。何かが育つ場として園を理解するなら農業的であり、神が住まわれる場として理解するなら聖なる務めになる。そこで、どちらを取ればよいかを決めるためには、文脈にあるもう一つの動詞シャーマールについて確認しなくてはならない。

このシャーマールという動詞は、宗教的命令と責任を守る意味とともに、聖所を守るというレビ人の務めについて語られる文脈で用いられる。この動詞が農業的な文脈で用いられるのは、収穫物を、食い滅ぼしたり、盗んだりする人や動物から守るという場合だけである。この動詞がレビ人の行為に適用される場合、その場所での務めを達成することに一般的には適用されるが、聖域に近づくことを管理することも含まれ得る。

そこで、結論をまとめるために、私は次の論理的順序を提唱しよう。シャーマールは、アーバドを伴って、レビ的な奉仕のために用いられている文脈がいくつかあり（実例＝民数記3・8〜9）、また、

1　そのシャーマールが使われる文脈では、聖なる奉仕を支持しており、アーバドは、聖なる奉仕と農業的な務めの両方を指す可能性がある。また、

2　園が聖なる空間として描かれていることを示す手がかりは、他にもある。

その場合、アダムに与えられた務めは、聖なる空間を管理(ケア)する[3]という祭司的な性質を帯びたものという可能性がある。古代思想においては、聖なる空間を管理するとは、創造を維持する方法だった。秩序を維持することにより、非秩序(ノンオーダー)を制したのである。[4] J・マーティン・プラムリーがエジプト思想の中で、この点を述べているように、これはイスラエルを含む古代世界に、多くの点で共通のことだった。

しかし、賢者が創造の目的について考えたことや、創造が生起した方法についての公式な教義が何

であるかにかかわらず、時の始まりに達成されたことは維持されていかなくてはならない、という普遍的な信念が存在した。死ぬべき運命を背負った人間にとって、この地上人生において最も本質的な務めは、世界の構造が持続するよう守ることだった。古代の様々な宇宙生成論に一致していることは、世界が創造される前に、混沌をもたらす得体の知れない力が存在したということ、また創造行為によって、こういった力は世界の外縁に追いやられたものの、その力は繰り返しこの世界に侵入するという脅威であり続けた。そのような大惨事の可能性は、神々と人間の両者が共に世界の維持のために働くことによってのみ回避される。宇宙の均衡、そのすべての要素の調和的共在、すべての被造物の維持に不可欠な本質的なつながりといった概念を持つ秩序は、Ma'at という言葉に集約される。[5]

創世記2章15節で使われる祭司的な用語が同様の思考を示唆するのであれば、聖なる空間を管理することの意義は、造園活動はもちろん、いわゆる祭司の務め以上のものとして考えられるべきだ。秩序を維持するとは、神が宇宙に打ち立てた均衡を維持するという継続的な任務に、神と共に与ることである。[6] エジプト思想では、このことは神殿における聖域を維持するという祭司の役割だけではなく、「未完成のものを完成し、すでに存在するものも、現状維持ではなく、継続的でダイナミックで革命的でさえある改造と改善のプロセスの中で保持する」[7] という務めを担う王にも付与される。これは、創世記1章において語られた、地を従わせ、支配することと、この章で取り扱っているアーバドとシャーマールを組み合わせたものだ。

とはいっても、聖なる空間における第一の役割が祭司的なものであると確認すれば、他の管理的な仕事も祭司の役割の中に落とし込むことができるかもしれない。古代世界において、庭園が聖なる空間と結び付いている場合、その園にある木々の手入れをすることは祭司によって執り行われる神聖な務めである。

エジプトやメソポタミアでは、牛や他の動物の群れも神殿の所有物であり、祭司によって世話されていた。祭司が庭園の手入れや、庭園で飼っている動物の世話をすることは、聖なる空間を秩序づけ、服従させ、支配する働きに取り組んでいるのだ。

アダムの任命を表現するこの動詞を祭司的に理解すると、創世記2章がこの書物全体に貢献する具体的な点は、アダムという人物独自の物質的な起源や人類一般の起源に関することではなく、むしろ聖なる空間におけるアダムの選ばれた役割に関することだと結論づけられる。これは早い時代の聖書解釈にも見られるもので、新しい考えではない。「ヨベル書〔訳注＝紀元前二世紀代に記されたとされる旧約聖書偽典の一つで、創世記には記されなかった過去の出来事が大天使によって啓示されたという形をとって書かれている〕」には、アダムがエデンを去る際に、香を献げたことが示されており、それによってアダムが祭司的な役割を担っていたことと、エデンが聖なる空間だと考えられていたことの両方が裏付けられる。[8] 初期のキリスト教における解釈では、オリゲネスがアダムを大祭司として描いている。[9]

アダムは、その起源の叙述では、彼にあって人類を代表する原型としての役割を担った。その祭司的な役割においては、アダムは人類を代表する代理人を務める。すなわち人類すべてが彼によって代表されているのだ。

そこで、アダムの役割は、古代世界における祭司の役割に照らして理解されなくてはならない。聖書を読む際、私たちはしばしば祭司のことを「祭儀の専門家」また、「主の道と律法を人々に教える者」と考える。それは間違いないのだが、そういった務めはもっと大きな枠の中に当てはまる。祭司の主要な務めは、聖なる空間の保持である。[10] 祭司たちは聖なる空間を次のことによって保持した。

- 人々に聖なる空間が要求すること（聖なる空間の区域別に異なる清さの基準、聖なる空間にふさわしい所作）を教えること。これによりその聖性が維持される。

- いけにえを適切な方法、適切なタイミングで、適切な献納物とともに献げること。これにより、聖性が保たれる。
- 聖なる空間とそこにある聖なる物品を守ること。
- 聖なる空間の聖性を損ない、失わせるものはすべて遠ざけること。それによってその聖性が保たれる。
- 聖なる空間から得られる恩恵を、人々に届け（そうすることで、聖なる空間を拡張する）、人々の献納物が確実に神に受け入れられるように、仲介者として奉仕すること。

聖なる空間は、神の明らかな臨在ゆえに存在した。アダムは聖なる空間の聖性を保ち、その恩恵を仲介するために、祭司としてこの空間に近づくことを許された。秩序は神から出るゆえに聖なる空間は秩序の中心でもあった。。人間が「従わせ」「支配する」という考え方は、神の代官職（神のかたち）として秩序を保持し、神の下でこれを広げていく役割を継続していくという考え方に基づく。アダムはいのち（の木）に近づくことが許されるが、知恵（の木）については留保されている。おそらく、神による教えと導きが完了するまでのことだっただろう。先に挙げたリストのうち、アダムがエデンにおいて担うべき役割がどれかということを論じることもできる。しかしそこでどのような結論に至るとしても、イスラエル人がこのテクストからアダムの祭司的な役割について読んだり聞いたりしたときに、頭に思い浮かべるのはこの種の行動だったと理解できるだろう。

これはとてつもなく大変な働きであり、それゆえ神は人がひとりでいるのは良くないと見られたのである。これはアダム以外に人が存在しなかったということを示唆するものではない。聖なる空間における働きを遂行するよう任命されたのがアダムだけだったということだ。その役割は先に動詞との関連で論じたとおりである。[11] また「ひとりでいるのは良くない」ということを、独身か伴侶がいるかという対比で捉えたり、「たましいのパートナー」を求める心理的必要に関係があると決めてかかったりしてはいけない。同様に、創世記1章の祝福のことば［訳注＝「生めよ、増えよ」のこと］に含まれる考えを持ち込んで、アダムには生殖のパートナーが必要だったという結論を引き出すこともできない。これは創世記2章で論じられている事柄ではないし、この問題を解決するためにアダムは動物に目を向けたりしないだろう。そうではなく、神が言われているのは、この務めはアダムひとりで行うにはあまりにも大きいということであり、聖なる空間で彼を助けるための協力者が必要だということだ。[12]

聖なる空間で仕えるという務めの性質上、協力者として唯一ふさわしいのは、アダムと存在論的に同等な者だけである。このテクストで困惑させられる可能性のある要素の一つは、動物たちがこのテクストで伝えようとしている事柄にどのように当てはまるのかということだ。動物たちは、聖なる空間や祭司的な役割といった概念に少しも関係しないように思われる。本書の提案に照らし合わせると、神はアダムのところに動物を連れてきて、アダムがその役割や機能を熟考し、命名を行う中で、そのどれもが自分と存在論的に同等ではないと気づく。それから神はアダムに幻の中で、女こそが存在論的に等しいものであることを示す。アダムが眠りから覚めた後、女が彼のところに連れて来られ、「骨からの骨、肉からの肉」という事実、彼女が自分と肩を並べる存在だと悟る。そして、この存在論的な組み合わせゆえに、男は日常的に両親との密接な生物学的関係を離れ、存在論的に根ざした関係を再構築することになるとテクストは説明する（創世記2・24）。

ここで「ギルガメシュ叙事詩」に、エンキドゥもまた、動物ではなく女性が、自分と存在論的に等しいものであることを発見するという記述があることに言及しておこう。エンキドゥは、神々によって、粘土から造られた原始的人間のひとりであり、大人になって野に住み、服も着ず、動物たちを仲間にしていた（1・99～122）。その彼があるとき、ひとりの女のことを、彼の連れ合いとして知り（彼女が彼を誘惑する）、もはや動物たちの間に身を置き、友好関係を楽しむことはできないと知る。彼は地の獣ではないのだ。

この意味で、創世記2章の情景は、アダムがエンキドゥではない（彼は動物の中に仲間を見出さなかった）が、エンキドゥと同じように、自分が野の獣ではないことを学んだことを示している。創世記2～3章に散りばめられた多くの要素が、「ギルガメシュ叙事詩」にあるエンキドゥの叙述と接点を持っているが、それらの要素はどれも同じようには機能しない。このように、創世記2～3章は「ギルガメシュ叙事詩」で取り上げられるのと同じ話題を論じているものの、ほぼすべての点で近接しつつも一線を画していると言える。そこで、創世記2章が人間と動物の関係性を話題に持ってくることは、ある意味で当然である。

ギルガメシュ叙事詩では、シャムハトという名の女性がエンキドゥを誘惑し、その結果、彼は文明化される。そこには性的な経験が介在するが、野生の人間が文明化されることが話の焦点である。彼は道理をわきまえるようになり（1・202）、シャムハトは彼を聖なる空間に導く（1・209～210）。創世記では、女性を仲間あるいは協力者として認識することが先に来ており、性的な経験は、存在論的全体像を恒常的に再構築するものだ。ここでも、創世記は議論をひっくり返している。このように創世記は、古代世界ではお馴染みの話題である人間についての真実を伝えるために、共通の文学的主題を用いている。創世記は古代神話と同じ言説を扱う「部屋」にいるのだが、そこにある「家具」をすべて配置し直している。アダムはエンキドゥや、叙事詩の別のところではギルガメシュ自身とさえ似ている部分があるが、どちらとも非常に異なっていて、明確に対比された存在として描かれるのが常である。このように、創世記2～3章は文化的な隠喩（暗示）を行っているものとして理解されよう。表3を参照。

表3　人間の属性についてのギルガメシュ叙事詩と創世記2～3章に見られる事柄（比較対照を強調した文学的接点）

| | 人間の属性 | 創世記2～3章 | ギルガメシュ叙事詩 |
|---|---|---|---|
| 立場 | 構成要素 | 人は大地のちりから造られた | エンキドゥは粘土から造られた |
| | 無垢性 | 男と女は裸であることを気にしていない | エンキドゥは裸を気にしていない |
| 男／女 | 男／女の関係 | 女は存在論的に適合するものとして見られている | 女はエンキドゥを文明化する性的経験を提供する |
| 動物 | 動物との関係 | 人は動物に名前をつける | エンキドゥは動物の仲間である |
| | 動物との区別 | 動物たちはふさわしい協力者ではない<br>人は獣ではない | 動物たちがエンキドゥを拒否する<br>彼は獣ではない |
| | 衣服の提供 | 男と女は神によって服を着せられる | エンキドゥは文明化されたシャムハトによって服を着せられる |
| 神的関係性 | 聖なる空間を通じた結び付き | 男と女は聖なる空間で祭司として仕える | シャムハトは聖なる空間で仕え、エンキドゥをつれて聖なる空間に戻る[13] |
| | 知恵の獲得 | 男と女は善と悪の知識を得る | エンキドゥは道理をわきまえる |
| | 神との類似性 | 男と女は知恵において神のようになった | エンキドゥは神のように容姿端麗になった |

私が授業で文化的な引喩を行う場合、私が引用した映画や歌、テレビゲームのことを学生たちが知らなかったら、その効果は失われてしまう。私が言及していることに何が結び付いているか気づかないので、その部分はかえって混乱の元になってしまう。同様に、もし創世記が古代中東の文学（「ギルガメシュ叙事詩」のような文学作品に見られるように）を暗示していても、こういった文学世界について何も知らな

い読者にとっては、その引喩の意味合いを見逃すことになる。

創世記2章全体の叙述を通して、女性は単なるもう一つの被造物ではなく、男性と同じようで、実際、その本質を等しく分かち合う半身であり、それゆえに、彼の協力者としてふさわしい存在だったことが示される。彼女は管理者兼仲介者として、聖なる空間の保持、保護、拡張の務めを男性と共に担うことになった。古代世界において女性が聖なる空間で祭司的な役割を持つことは（月毎の穢れが厄介なものだと認識されていたにもかかわらず）珍しくはなかった。しかしイスラエルは例外で、男性だけが祭司として仕えていた。それゆえ、同労者として聖なる空間の内側で男性と共に働く女性という創世記2章に示される姿は、奇異に感じられるかもしれない。とりわけこの物語の筋書きが、（モーセのような）イスラエルの権威者が、その聴衆に語るものだとしたら、なおさらである。

古代世界において、女性祭司は、聖なる空間の管理者としての働きに関与する場合もあったが、こうした役割は、紀元前三千年紀後半から前二千年紀初頭に多く見られる。[15] 聖書では、聖なる空間で仕える女性の姿を確かに認めることができる（出エジプト38・8、Ｉサムエル2・22）が、女性祭司ではなく、彼女たちの役割が何だったのかということについて意見の一致は見られない。古代世界においては、聖なる空間で仕える女性たちの役割は、時代が下るにつれて、性的なものや、魔術的なものに結び付けられるようになる。そういう事情に鑑みて、隣国との違いを確かにし、聖所における性的儀式を排除するために、イスラエルでは男性だけに祭司的役割を限定したのかもしれない。[16] どんな説明がなされるにせよ、創世記2章では、男性が聖なる空間で仕える際に、女性はその協力者であると考えられていたという見解の妥当性を揺るがすものにはならない。協力者として、必ずしも女性が男性と同じ働きをしなくてはならないわけではないが、テクストはこのことについて十分な情報を提供していないから、これ以上のことは言うことができない。テクストが言及しているのは聖なる空間における女性の役割の線引きではなく、男性と等しく分かち合う者という、存在論的アイデンティティである。

　アダムとエバの祭司的役割に話を戻すと、イスラエルを「祭司の王国」（出エジプト19・6、シナイにおける聖なる空間である幕屋の建設の文脈がまさにこれである）と定義することで示される、より大きなパラダイムに注目するなら、さらなる洞察が得られるだろう。[17] イスラエルの祭司としての役割は、他の国々のために祭儀を行うとか、彼らのために聖所を提供することではない。彼らの務めは神の知識を仲介することであり、目指すべき究極の目標は、神への接近を制限することではなく、教えによって近づく道を仲立ちすることだ。[18] 私が提案するのは、アダムとエバの園における役割は、イスラエル内部での祭司の機能よりも、イスラエル（後に信仰者たちすべて、Ⅰペテロ2・9参照）が世界に対して担う祭司としての役割に関係している、ということだ。この観点からすると、イスラエルに女性の祭司がいないことをあれこれ考える必要はなくなる。

　すでにアダムとエバが原型的な代表者だと述べたが、ここで彼らは祭司的な代表者でもあるとわかる。この二つの代表のあり方は、互いに区別されるべきものだ。前者では、彼らの個性はその原型的重要性に覆い隠される。後者では、彼らはある集団に代わって個人として働く（それが祭司というものだ）。その祭司的役割において、彼らは仲介者であり、彼らの行動は、彼らが代表する集団全体に密接な関係を持ち、時には実際的な影響を及ぼす。

　この章を終える前に、創世記2章の理解に光を当てる可能性のある「ギルガメシュ叙事詩」の並行的なエピソードに言及しておくことは重要だろう。石板Ⅺにおいて、大洪水の英雄ウトナピシュティムが、箱舟から下船すると、神々の集団に出迎えられる。この神々は、なぜ彼は助かったのか、彼は助かるべきだったのか、これから彼をどうすべきかについて議論していた。二〇三～二〇六行目で、決定が下され、祝福が授けられる。

「かつて、ウトナピシュティムは人類の一人であった。
しかし今や、ウトナピシュティムとその妻は我々のような神となる！
ウトナピシュティムは、はるかかなた、河の入口に住むようになる！」
彼らは私を取り[19]、はるかかなた、河の入口に定住させた。[20]

大洪水の英雄が「取られた」舞台はエデン的なもの（河の入口）で、そこで彼は「神々のような」存在になる。神々と共に住むのではないが、死の支配領域からはっきりと移されている。忘れてはならないのは、ギルガメシュは、そこにたどり着くために海と「死の大水」を渡らなければならなかったことだ。[21]ウトナピシュティムが「取られる」ことは、祝福と見なされている。このような考え方は、創世記5章のエノク物語に関しても意味を成しており、そこでは同じ動詞が使われている。

アダムは、ウトナピシュティムのように「取られた」（創世記2・15）だけでなく、多くの川の源流（創世記2・10）に置かれる。ギルガメシュ叙事詩では、ウトナピシュティムはそこに「定住[22]」するが、アダムがその場所に置かれることについて使われる単語は、動詞「休む」（ヌワッハ）の使役形であるので、より一層重要である。神の臨在の中でアダムは憩いを見出す。これは聖なる空間を特徴づける重要な暗示である。アダムとウトナピシュティムはどちらも聖なる空間に置かれ、そこでいのちへの道を手にする。

こういった共通点がある一方で、重要な違いがあることも無視すべきでない。アダムとウトナピシュティムはどちらも聖なる空間にいるが、アダムはそこで神と特別な関係にある。対照的にウトナピシュティムは、神々の領域と何の関わりもない状況にあり、神々との関係を持つことも期待されていない。アダムとエバは自分たちのために知恵を手に入れることで「神々のように」なった。一方、ウトナピシュティムが神々のようになったのは昇進であり、彼に与えられた恩恵である。ウトナピシュティムは独自の存在であり、決して原型的でも祭司的でもない。彼に特定の役割があてがわれることはない。アダムとエバとは違い、ウトナピシュティムとその妻は聖なる空間の管理者でも仲介者でもない。彼らはただの特権的な住人にすぎないのだ。

創世記5章とギルガメシュの石板XIの比較から得られるのは、原型的な人間であるアダムが、日常的に人間が存在する領域から移され、いのちに近づくことのできる祝福として特別に用意された場所（川の源流）に置かれたということだ。[23] 興味深いことに、ウトナピシュティムの名は「いのちを見出した者」を意味し、[24] アダムはエバを見出したときに「生きるものすべての母」（創世記3・20）を見出し、彼女をそう名づけた。

終わりに、アダムとエバが最初の人間であるという見方を欠くべからざるものとして聖書を理解するのではなく、聖なる空間において神に近づき、神との関係を持つというアダムとエバの特別な役割に照らして考えるなら、この二人が最初の重要な人間だという可能性を選択肢に入れることができよう。アブラムがイスラエルの祖先（その最初の祖先ではないが）として重要な役割を与えられたのと同様に、アダムとエバは、その選びによって重要人物とされたと捉えるのだ。これは周囲に二人以外の人間がいたかどうかにかかわらず真実であろう。彼らの選びとは、祭司的役割に就くことであり、聖なる空間に最初に置かれることである。形成に関する叙述は、人類の本質についての洞察を彼らに与えるが、彼らの役割ゆえに罪を世界にもたらすことによっても、最初の重要な人間となってしまった（詳細な議論については15章を参照）。アダムは、いのちをもたらす機会を与えられた「最初の」人間だったが、彼はその使命の達成に失敗したのだ。一方「最後の」人としてのキリストは、すべての人のためにいのちと神の臨在への道を開き、私たちの大祭司としての働きを達成したのだ（Iコリント15・45参照）。

聖なる空間で祭司として仕える役割、これがアダムとエバを他と区別するものであり、彼らの遺伝的な役割ではない。聖なる空間の開闢と、神がご自分の安息を取られるということが創世記1章の中心的話題であるならば、その聖なる空間の中心（すなわち神殿）の存在が暗示される。エデンの園がその神殿の機能を果たしているのなら、創世記2章は、ほぼ同じ頃に起こった出来事だと考えなくてはならない。ただし、七日間の中ではなく、その後に来るものだろう。このような筋書きによれば、アダムとエバは、創世記1章で創造された原初の人間の一人と見なされるべきだろうが、そこで言及されているのは集団としての人類だけなので、テクストはアダムとエバ以外の人間がいたことを決して除外していない。ヘブル語トーレドース（歴史・記録・系図等と訳される）についての私の分析から、創世記2章は創造の六日目に起こったことを再帰的に説明しているのではなく、六日目の後に起こったことを語るものだと提案しておいたとおりである。

1 より詳細な議論は John H. Walton, *Genesis*, NIV Application Commentary（Grand Rapids: Zondervan, 2001), pp. 180-83. 参照

2 議論の全体は前掲書 pp. 172-74, 185-87 を参照。ここでの議論はここから援用している。

3 この方向性は、以下の注解によっても採用されている。Gordon J. Wenham, *Genesis 1–15*, Word Biblical Commentary 1（Waco, TX: Word, 1987), p. 67; and John Sailhamer, *Genesis Unbound: A Provocative New Look at the Creation Account*（Colorado Springs, CO: Dawson Media, 1996), p. 45. Dexter E. Callender Jr., *Adam in Myth and History: Ancient Israelite Perspectives on the Primal Human*, Harvard Semitic Studies 48（Winona Lake, IN: Eisenbrauns, 2000), pp. 59-65, コーレンダーは、守護者としての王というメソポタミアにおけるイメージに基づく王家の役割を好むが、それは祭司的な機能を王が担っていたことを思い出させるに違いない。コーレンダーはさらに、一連の行動が園のためであり、人間自身の生命維持の

ためではないという所見を出している（p.55）。

4 これはカオス・クリーチャーに代表されるような非秩序（ノン・オーダー）の存在を意味する。

5 J. Martin Plumley, "The Cosmology of Ancient Egypt," in *Ancient Cosmologies*, ed. Carmen Blacker and Michael Loewe (London: Allen & Unwin, 1975), p. 36.

6 この観点からイスラエルの儀式を理解するには、以下を参照 Frank H. Gorman Jr., *The Ideology of Ritual: Space, Time, and Status in the Priestly Theology*, Journal for the Study of the Old Testament: Supplement 91 (Sheffield: JSOT Press, 1990), pp. 28-29.

7 Eric Hornung, *Conceptions of God in Ancient Egypt: The One and the Many*, trans. John Baines (Ithaca, NY: Cornell University Press, 1982), p. 183.

8 James C. VanderKam, "Adam's Incense Offering (*Jubilees* 3:27)," in *Meghillot: Studies in the Dead Sea Scrolls V–VI: A Festschrift for Devorah Dimant*, ed. Moshe Bar-Asher and Emanuel Tov (Jerusalem: Bialik Institute, 2007), pp. 141-56. 参照

9 Gary A. Anderson, *The Genesis of Perfection: Adam and Eve in Jewish and Christian Interpretation* (Louisville, KY: Westminster John Knox, 2001), p. 122.

10 紀元前二千年紀半ばに書かれたヒッタイトの文書には、祭司やその他の神殿官職に対する指示が記されている。この文書には祭司の役割に関する詳細な情報が記載されており、ここで説明されているものも含まれている。Jared L. Miller, *Royal Hittite Instructions and Related Administrative Texts*, Society of Biblical Literature Writings from the Ancient World 31 (Atlanta: Society of Biblical Literature, 2013), pp. 244-65.

11 一三六～一三九頁参照。

12 似たような記事として、出エジプト記18章14節でイテロは、モーセが一人だけで民の持ち込む事件のさばきをしていることに関して良くないと観察したものがある。一人でするのには、荷が重すぎる。そこで部族ごとに選ばれて訓練がされる。ここでは、この段階で代表が一人追加任命されるだけである。

13 A. R. George, *The Babylonian Gilgamesh Epic: Introduction, Critical Edition and Cuneiform Texts*（Oxford: Oxford University Press, 2003）, 1:148. によれば、シャムハトはおそらく宗教的な娼婦であろう。そのテクストは、彼女を卓越した娼婦としてしか特定していないが、彼女はエンキドゥをイシュタルの社（おそらく彼女の家）に連れ帰った。

14 聖なる空間における女性の役割についての議論は、以下を参照。Phyllis Bird, "The Place of Women in the Israelite Cultus," in *Ancient Israelite Religion: Essays in Honor of Frank Moore Cross*, ed. Patrick D. Miller Jr., Paul D. Hanson and S. Dean McBride（Philadelphia: Fortress, 1987）, pp. 397-419, esp. the summary on pp. 405-8.

15 Hennie J. Marsman, *Women in Ugarit and Israel: Their Social and Religious Position in the Context of the Ancient Near East*（Leiden: Brill, 2003）, pp. 490-91. これらの役割は、旧バビロニア時代（紀元前二千年紀前半）以降、ほぼ消滅した。同時期のエジプト（中王国）でも、祭司の役割における女性の減少が見られる。学者たちは、エジプトでは祭司職の専門化とともに女性祭司の役割が減少したと提唱している。

16 前掲書 pp. 544-47.

17 この呼びかけ（祭司の王国）は、恒久的な聖なる空間が確立される前に行われたものであり、儀式を執り行うことが祭司の主な役割ではないことを示していることに注意。

18 これは、幕屋および神殿におけるアロンの子孫とレビ族の主な奉仕も表していると私は提唱したい。アダムとエバがそうだったように、彼らも聖なる空間を守り、奉仕するのだ。

19 これはヘブル語のラーカーハとレクーと同義語のアッカド語を使っている。

20 A. R. George, *The Babylonian Gilgamesh Epic: Introduction, Critical Edition and Cuneiform Texts*（Oxford: Oxford University Press, 2003）, 1:716-17.

21 Tablet X, lines 76-90.

22 ヘブル語の動詞ヤーシャブと同格の動詞の使役語幹を使用。

23 エデンから流れる川のうち二つが、ティグリス川とユーフラテス川であることは、この見方を否定するものではないだろう。重要な水域は、宇宙空間の一部である。

24 George, *Babylonian Gilgamesh Epic*, 1:152.

## 提言13 「園」は古代中東において聖なる空間を示す表象(モチーフ)であり、「木」は生命と知恵の源として神に関連している

この章では、創世記2~3章の文学的性質、このテクストの持つ神学的重要性、そしてその意味を明確にする古代中東の背景といった問題を取り扱う。その過程で、園の中央にある二本の木とその性質、さらに園の位置について議論することが必要になる。

最初から「園」、「二本の木」、「蛇」は象徴であると認識することが大切だ。このように言うからといって、私はそれらが実在しなかったと示唆しているのではない。[1] これらは単に、それ自身を越える何事かを象徴していることを認識しなくてはならない。その象徴された現実は超越的であり、物質的な現実(それをどのように評価するとしても)以上にはるかに重要である。

### エデンの園

エデンの園を古代の文脈において考察するなら、それは緑園空間である前に聖なる空間であることがわかる。それは秩序の中心であり、完璧さの中心ではない。人間のための楽園である前に、神の臨在が伴うことにその意義がある。[2]

テクストの記述によれば、そこには肥沃さをもたらす河川や種々の樹木がある。この自然公園のような環境は、古代世界ではよく知られている。川の流れ(四つが一般的)の表象(モチーフ)は初期の頃から頻繁に、聖な

る空間に結び付けられている。同じ表象はエゼキエル書47章にも見られるし、詩篇や箴言にも、至るところでこの表象が暗に言及される。「園」は神の臨在からもたらされる肥沃さのしるしとして、聖なる空間に隣接するように形造られていた。それは菜園とか穀倉地帯などではなく、美しく手入れされた庭園であった。そこでは神に献げられる果物がよく実った。王たちも、自分の王宮に隣接するように「園」を造り、そこで訪問客を歓迎し（感銘を与え）たものだった。このように、創世記に記されている「園」も、エキゾチックな木々で造園され、野の生き物が豊かに生息する庭園を描写していると考えられる。古代世界では、こういった庭園は神殿や王宮に付帯するものとして一般的だった。[3]

私は、創世記1章において宇宙は聖なる空間として定められたということを示唆した。しかし、そこでは聖なる空間の中心がどこに定められるのかについては、何の情報も与えられていなかったが、それは人間の益のために機能するよう設計されていた。創世記2章では、聖なる空間の中心が、私たちのために定められ、人間はそこに置かれる。[4] もしエデンが聖なる空間の中心なら、幕屋や神殿にある至聖所と何らかの類似性を持つことが期待される。そして驚くなかれ、学者たちは長い間、神殿の中にエデンの象徴を見出してきた。[5] エリザベス・ブロック＝スミスは、神殿のことを「仮想的（バーチャル）エデンの園」と言及している。[6] ヴィクター・ヒュロウィッツは同様に、こう結論する。「神殿の装飾とそれらの配置には意味があり、理に適っていた。神殿は単にヤハゥエの住処であるだけでなく、まるで地上の神聖な園であるようだ。[7]」このエデンについての最初期の解釈は、聖書外資料である「ヨベル書」（紀元前二世紀に成立）にも微妙ではあるが、見出すことができる。ヨベル書の解釈によれば、アダムとエバは、エバがアダムのところに連れて来られた直後から関係を持っており、その時点では、二人は、「園」の外にいたとされる。それで二人は「園」に入る前に身をきよめなければならなかった。これは「園」が聖なる空間だと考えられていたことを暗示する。[8] また、初期のキリスト者たちの解釈の中では、エフレム（四世紀）が、エデンの園と幕屋の似ている点を大きく取り上げている。[9]

図像研究によっても、「園・川」と神殿との間の関係性は十分に認められているが、考古学的な証拠の多くは、神殿よりも王宮に関係している。[10] 王たちが神々の享受していた特権を模倣したのは驚くべきことではない。考古学者たちがアシュルの近くで発掘した神殿の中庭には、何列もの植え込みの跡が見つかっている。[11] エジプトでは、神聖な森が神殿と結び付いていたこともある。[12] 人造の池、エキゾッチクな木々や植物、魚や水鳥、神々に供えるために生産される食糧、こういった特徴はすべて、こういった神殿的庭園に見られる。そこにある肥沃さと秩序だった配置は、宇宙にある秩序を象徴した。

図像研究と考古学的知見に加えて、いくつかのテクストがエデンの園の理解に資する情報を提供してくれる。創世記2章と輪郭を同じくする古代中東の文献と言えるものは先例がないが、様々な部分に関連するテクストは数多く見つかっている。前の章では、「ギルガメシュ叙事詩」と関連する点をいくつか取り上げた。「ギルガメシュ叙事詩」や、この後に調査するいくつかの文献にも、楽園神話は見当たらない。実に、現存する古代中東の文献の中には、楽園神話は一つもない。それにもかかわらず、創世記2～3章で馴染みのある表象がまったく異なる文脈において見出される。

## エンキとニンフルサグの叙事詩（ディルムン）

この神話[13]と創世記に共通する特徴として、創世記2章5～6節に見られるような、状況設定を「まだ～ない」という用語で描くことが挙げられる。ディルムンの地は、様々なレベルで、通常の行動が欠如しているという観点から描かれる（11行目から28行目）。動物界では、鳥たちはさえずることをしていなかった。捕食者は飢えを満たすために殺すことをしていなかった。しかし他の動物たちも自分が何を食べるのかということをわかっていなかった（豚は穀物を知らなかった）。その他、子どもを世話したり、眠ったりという動物につきものの習性的な行動はまだ行われていなかった。病気はなく、誰も老いることがなかった。闇もなかった。人間の行動も同様に始まっていなかった。何の予兆もなく、何の悲嘆もなかった。

ディルムンは大海の河口に位置し、「ギルガメシュ叙事詩」において、ウトナピシュティムが連れて行かれるところである。そこは祭儀的に浄い場所であり、その意味で聖なる空間である。この神話の中で、そのような場所として整えられているわけではないが、すでにそのような場所として扱われる。神と人が交わりを持つ場としての神の園という概念はなく、そこは創世記と異なる。[14] この神話にも「園」があり、多くの樹木があって、エンキ神がそれらを識別する。エンキはその果実を食べつつ、その運命を定める。ニンフルサグはその木々を植えたのは自分だという理由から、エンキを呪う。つまり「園」はディルムンにあるのだが、ディルムンそのものは「園」ではない。さらにこの「園」は、神と人が交流する場でも、人が住まう場所でもない。ディルムンは明らかに楽園ではなく、まだ運命が宣言されていない（秩序がまだ確立していない）始まったばかりの状況にある。[15]

この神話の終結部において、ニンフルサグはエンキに、どこが痛むのかを尋ねる。彼は、いくつかの部位（頭、髪、鼻、口、喉、腕、あばら骨、わき腹）を特定し、ニンフルサグはそれぞれの部位に、神々を産み出して、各々の神に異なる役割をあてがう。学者たちは、ここで産み出された神々のうち、あばら骨の痛みから生まれたニンティ（あばら骨の淑女）という神にとりわけ注意を向けてきた。役割が与えられる際、ニンティは「月の淑女」と定められる。しかしながら、この文脈には何の並行関係も見出せない。ここに出てくるのは神々であって、人間ではない。ニンティは身体の様々な部位に関連づけられた一連の神々の一人にすぎず、女神たちは産み出されたのであり、形造られたのではない。ニンティとエンキは継続して関わることはない。これは並行関係にある表象だとは到底言えない。この神話は、創世記2〜3章を理解したり、評価したりする上で、ほとんど役に立たないことがわかる。「あばら骨」が含まれているのは偶然にすぎない。

## ギルガメシュ叙事詩の宝石の園

「ギルガメシュ叙事詩」の新アッシリア版には、ギルガメシュが、大洪水のときにバビロニアの英雄となったウトナピシュティムを探す旅の終わりに、宝石の園に遭遇する話がある。[16] その場所は太陽神シャマシュが日毎に出入りする所にあった。この話に関して学者たちの意見は、宝石は果物を表す比喩なのか、実際に宝石を実らせる木だと考えるのかで分かれている。そこには神の現臨を示すものはなく、禁止事項や侵入といったことは何もないが、神の園における宝石の表象は、エゼキエル書28章に見出される。

## 「木」と木の実

さてここで、園における「木」とそれがもたらすものに特に注意を向けよう。いくつかの一般的な接点を除けば、古代世界には、園の中央にある二本の特別な木、すなわち「いのちの木」と「善悪の知識の木（＝知恵の木）」[17]について、直接的な並行関係にあるものは存在しない。まず、古代世界において、どんな情報が存在するのかを要約し、それから聖書資料へと議論を進めていこう。

**【アダパ】** アダパの物語には、アダムとエバになぞらえられるような原型的な役割を演じる中心的な人物が登場する。しかし、この話における原型は、人間の起源や性質ではなく、人間の特定の役割に関わっている。アダパは、大洪水以前の最初の賢者（アプカルスといって、七人存在した）の一人で、最も著名な人物だった。アプカルスたちは、海から出現し、文明を開く技巧を教えたと物語られる。この人物は、バビロニアの祭司ベロッサスがヘレニズム期の伝承を編纂した時点で知られている。

「アダパと南風」[18]として知られていている物語では、アダパは天でアヌ神と遭遇し、いのちの食物といのちの水を差し出される。彼は、もう一人の神エア（アダパはエアの祭司）から、この申し出は不誠実なもので、これを受け取るなら、身に破滅を招くと警告を受けていた。しかし、その警告自体が欺きであり、この申し出を断ることによって、彼だけではなくどうやら人類すべてが、彼と共に本当は得られたはずの永遠のいのちを得るチャンスを逸してしまう。[19]この点について、アダパ物語のテクストは明確に語っていないのだが、アダパの選択によって全人類が影響を受けたと考えられる一つの要因に、アダパがその食物を拒んだ後、「なんと残念なことか、愚かな人間たちよ！」[20]とアヌが驚いて叫んだことが挙げられる。

本書で試みている創世記2～3章の研究にとって、このアダパ物語の要素の中で最も重要なことは、彼が祭司という立場にいるゆえに、彼の行為が全人類に影響を与えるという点だ。さらにアダムとの比較をすると、アダパは古代世界でおそらく最も有名な賢者であって、すでに知恵を得ている。ただそれにもかかわらず、不死性は備えていない。一方、創世記におけるアダムとエバは、不死性（いのちの木）を手に入れることができるが、（善悪を知る知識の木が禁じられたものであることから関連させて考えると）知恵は欠いていた。

ここでわかるのは、創世記がアダパの物語と同じ問題に関心があり、どちらも、人間の代表者という観点からその問題を論じていることだ。これは、これらの文献が何らかの形で関係しているとか、一方が他方を元にした二次的文献だと考える根拠とはならない。単に、創世記が、紀元前二千年紀に起こった様々な対話の文脈の中にある素材を表現していたにすぎない。[21]

**【エリドゥの宇宙的樹木】**アッシュルバニパル王の図書館に収められている新アッシリア時代のテクストCT16.46は、シュメール語の文章の行間にアッカド語の逐語訳が挿入されたインターリニア形式を特徴としている。そこには、創世記2~3章に馴染み深い表象が数多く散見される。そのことがはっきりわかるように関係する部分の翻訳をここに示そう。[22]

エリドゥには、ギシュ・キンという漆黒の樹が育ち、穢れなき場で輝いている。(183)

その煌めきは、ラピス・ラズリのそれであり、アプスの地下水の上からそびえている。(185)

エンキがエリドゥを巡り歩くと、そこは豊さで満ちた。(187)

その基は、地下の世界の入口である。(189)

その寝床はナンムの聖域である。

その穢れなき神殿から、誰も立ち入ることのない木立があり、
かの暗がりの樹はそこにそびえている。(193)

シャマシュ神とタンムズ神がその中におられる。(195)

二つの川の河口/合流地点に。(197)


この「ギシュ・キン」と呼ばれる木[23]は、何か特別な力を持った実をつけるような木ではないが、「宇宙的樹木」であって、古代文化における宇宙論の重要な特徴である。[24] ここに見られるように、それは地下世界に根を張っていて、肥沃な水と結び付いている。さらにそれはシャマシュ(太陽神)とタンムズ(地下世界の神)の住まう神殿に結び付いた木立の中に位置している。それは天と地と地下世界を結び合わせている。[25] この木の描写は、エゼキエル書31章にも見られ、そこではエデンの園の木々と比較されている(エゼキエル書31・18、ダニエル4章も参照)。[26] それゆえ、この宇宙的樹木の表象は、創世記2~3章に出てくる木々と重なる部分があることがわかる。

古代中東文献には、はっきりと知恵の木に相当するとわかるものは見当たらない。しかし学者たちは、しばしば「生命の木」の表象について言及する。その話の前に、ギルガメシュが、アプス（エア神の宇宙論的領域にある地下に隠された大水）から摘み取る生命の植物（「心臓の鼓動の植物」と命名され、「老いた者を若返らせる」とされる）に注目しよう。不運なことに、この植物はその後に、蛇によって盗まれてしまう。[27] それはまた、ルガルバンダが病気のゆえに友人たちから荒野で見捨てられたときに、彼を支えた命の植物（u2nam-til3-la）でもある。[28] アダパに差し出された生命の食物（アカル・バラティ、特に植物というわけではない）についてはすでに述べたとおりだ。これら三つの例は、何かを摂取することで、何らかの形での生命の増大（それぞれ、若返り、癒やしと生命維持、不死）が起こるという点で共通している。[28] 詳細こそ異なるが、創世記2～3章に見られるやりとりも類似している。摂取を通して、生命が増進される（どう増進されるか特定されていないが、おそらく不死性が付与されると創世記3・22から推論される）。テクストに表現される関心事と、その解決の方向性は類似しているが、文学的文脈やそこに現れる信念や主張には違いがある。それでも、古代世界という背景を考慮すると、イスラエル人がこのような形で文学を形作ったことに合点がいく。[30]

このような文学的表象（何かを食べると生命が増大する）に加えて、特に新アッシリア時代の図像研究から一般に「生命の木」あるいは「聖なる木」[31]と呼ばれる図像について、多くのことがわかっている。「聖なる木」の表象は、時代や文化を問わず、古代中東の至るところで見られる。[32] 植物学的に識別できる場合、その木は概してザクロか、ナツメヤシの木である。[33] 羽の生えた魔神（アッシリアの例）や、レイヨウの一種（レヴァント地方の例）に挟まれていることが多い。[34] 時には、羽の生えた円盤がその木の上に描かれることもある。アッシリアのモチーフでは、木のどちらか側にいる魔神が、受粉のためにナツメヤシの花房をつかんでいるように見え、したがって、繁殖を象徴している。[35] 樹木そのものは、「神」や、「王」

を象徴していると理解される（樹木が王を象徴する事例として、ダニエル書4章や、ゼカリヤ書4章を参照）のが通例だ。古代中東のテクストには、この象徴的表現を説明しているものは見出されない。しかしながら、もし美術史家の考えが正しいなら、この木は生命よりも秩序を象徴しているとされ（古代文献にある、私たちもよく知っている「宇宙的樹木」の表象に見られるように）、そうであれば、エデンの園に置かれた知恵の木の特性に、より比肩するだろう（旧約聖書と、古代世界の双方にわたって、知恵と秩序の密接な関連性は示唆されている）。

新アッシリアにおける両側を囲まれた樹木（その先行形も後続形も）は、何らかの神によって保持される世界の秩序をイメージして彫像されたと思われる。このような象徴表現は、宇宙の幸福や一般的な良き人生の象徴として用いられた樹木から派生しているようだ。[36]

この聖なる木の特性とは、生命の源となることよりも、知恵と秩序の源になることだ。シモ・パルポラはこの樹木が「小宇宙としての人間、神の像（かたち）に創造された理想の人間」を象徴し得ると提唱する。[37]

**【創世記2〜3章】** アダパの物語について先に論じた際にわかったように、CT16.46と比較すると、創世記2〜3章で用いられた表象や題材は、とても恣意的とは言えないとわかる。むしろ、この物語には、古代世界の人々にとって親しみのある概念が内包されている。この観点に照らして、創世記2〜3章が、イスラエルの伝統の中で採用された叙述形式だということを覚えておく必要がある。霊感された語り部（聖書記者）は、イスラエルに語りかけ、その社会で現在起こっている問題を取り扱うにあたり、聖霊に促されて、その世界で明確に意味を伝えることのできるイメージを用いた。私たちの手元にあるのは、アダムとエバに伝達された叙述ではない。イスラエルに伝達されたアダムとエバについての叙述なのだ。もしそれがアダムとエバに与えられたものだったなら、古代中東の背景について語ることにはほとんど意味がない。なぜなら、アダムとエバはそのような背景を持たないからだ。しかしながら、このイスラエル的な語りでは、古代イスラエルもその一部であるところの幅広い認知環境が、この叙述（聖なる園、特別な木々、蛇の関与、知恵と不死性への関心）を形作るのに影響を与えていることは明らかだ。もっともイスラエル人の叙述は、深い相違によって特徴づけられ、古代世界において独自の特異性を放っている。

創世記において「いのちの木」と「知恵の木」は、ぽつんとたまたま園にあったというのではなく、聖なる空間という文脈で理解するのが適切である。解釈者がこれを、物質的に実在し、摂取する者に恩恵をもたらすことのできる植物標本と考えようと、神の恩恵の比喩的象徴と考えようと、神話的表象やその他どんなものと考えようとも、見失ってはならないのは、そこにある神学的かつテクスト的な重要性である。それらが実際に何かを授けるにしても、象徴であるにしても、それは神だけが与えられるものを与える。神が生命の源であり、それは神によって与えられ、神の臨在のうちに見出される（申命記30・11〜20）。神は秩序の中心であり、知恵は秩序を識別する能力である。神との関係こそ知恵の初めである（ヨブ記28・28、箴言1・7）。したがって、この木のことをパラダイスの庭にある魔術的な木であると単純に考えるとしたら、それは間違いを犯すことになる。これは地上における神の臨在および神との関係が何をもたらすのかについての話なのだ。[38]

あるレベルでは、単にこう言えるだろう。聖書がそれらを何だと見なしているか（それを私たちがは断定できないとしても）、それらが文字どおりかどうかにかかわらず、私たちはその重要性を理解する、と。このようにして、聖書を真摯に受け止め、聖典の真実さに対して忠実であり続けるのだ。もしテクストが比喩的象徴を用いることを選ぶなら、そうすればよいが、私たちがそれ以外の方法でそのテクストを読むなら、それは怠慢と言えるだろう。あるいはまた、神が果樹に、ご自身から来るいのちと知恵を与える力を授けたのなら、それを不可能だと私たちは言えない。神はサムソンに力を与えるのに髪の毛を選んだが、力は神から来たものであって、髪の毛からではない。樹木が文字どおりであろうと、象徴であろうと、いのちは神の臨在の中で得られ、知恵は神からの賜物であること（自分で手に入れるものではない）という基本的な論点は変わらない。神こそが知恵の中心と源であって、私たちではない。文学的な解釈がどうあれ、神学が維持されなくてはならない。つまり、いのちと知恵は神の賜物であり、人間の代表が、知恵を不法に手にしようとしたことにより、私たちすべてを巻き込んで罪過に陥り、それゆえにいのちの賜物を失ったということだ。11章で論じたように、罪がこの世界に入ってきたのは、特定のある時点においてであり、徐々に入り込んできたわけではないと見なすとき、聖書が語っていることは最も意味をなすと私は考える。

## 結論

ここで一歩下がって、この章の結論を引き出してみよう。まず、創世記2～3章に記されるエデンは宇宙の中心なのか辺縁なのかを議論しなくてはならない。古代中東では、ディルムンもギルガメシュ叙事詩に記される宝石の園も、いずれも辺縁的なものだった。これとは対照的に「聖なる木」の図象は、中心的である宇宙的樹木を提示している。この聖なる木は（パルポラによれば）神の臨在の象徴だが、古代中東の辺縁的な園は、どれも神の臨在の場ではない。CT16.46に記される聖なる木を含んだ中央の園は、神々の臨在を特徴としている。肥沃な水が源として考えられている場合、それは中心に位置しているものであり、大水の淵のモチーフ（例えばディルムン）のような場合は、辺縁的なものである[39]。このことから、中心部は「聖なる空間」だと言える一方で、辺縁的な場所は「幽玄な場所」と呼ぶほうが適切であろう。

聖書では、中心性の証拠は、創世記において、四つの川の水源にエデンが位置していること、またエゼキエル書において神の山と宇宙的樹木が関連づけられていることが挙げられる。しかし、創世記において、二本の樹木が宇宙的樹木であると考えられている節はない。アダムとエバが「園」を追放された後に住んだのが、「エデンの東」だったことも、その中心性を示唆する。というのは、もし「園」が辺縁的なものであれば、果てしなく東に行くことになるからだ。

創世記の園を辺縁的なものと見なすべき証拠はもっと少ない。[40] アダムが「取られて」という言及以外にはエデンの園に置かれた（この言葉遣いは、ウトナピシュティムが辺縁部に移住する際に使われる）という言及以外には裏付けとなるものはほとんどない。創世記2章に出てくる四つの川のうちの二つが、現在の世界に実在する河川である。古代世界の神話に登場するわずかながらの「園」は確かに辺縁的だが、これまで見てきたように、そういったものと創世記のエデンとの間にある差異は、これらを同じように解釈するには無理があるということを明らかにする。証拠が強く示すのは、エデンの園が中央に位置することだ。神の臨在、川の源（それも既知の川）、そして知恵の木が宇宙的樹木に比肩する可能性はみな、エデンの園の中心性を主張する。もし神が中心であるなら、人間は辺縁部あるいは周辺へと追いやられているのであり、人間が中心にいて、神的・幽玄領域が辺縁にあるのではない。

しかし、エデンが中心に位置するものだと理解するとしても、そこが容易に近づける場所ではない（幽玄な辺縁部ではないにしても）ことはわかる。またすでに述べたように、四つの川のうちの二つは、よく知られたものであるが、その源流は、当時知られていた世界の端にあり、のちにウラルトゥと呼ばれることになる場所で、洪水物語［訳注＝創世記6～9章］の「アララテの山地」もそこに位置している。ティグリス川とユーフラテス川はよく知られているが、ギホンとピションについては、それがどの川筋と同定されるのかは、長く議論されている。近年広く支持されている学説によれば、ピションは、ハレイ川だと考えられている。この川はウラルトゥを水源にして、小アジアのほぼ中央を流れ、黒海に注ぐ。この学説でいけば、ギホンはアラス川とされ、ウラルトゥから東に向かって流れ、カスピ海に注ぐ[41]。この線で行くと、エデンの園はヴァン湖の近く高い山の谷間に位置することになり、エデンが山の上にあると考えられることがある（例えばエゼキエル書28・14）のも納得できる。この地域は、フルリ人が、早い時期から住んでいた場所であり、その一部は、やがてカナンに定住し、イスラエル人やその族長たちと遭遇した。「宇宙の中心」は、今なおイスラエルから遠く離れ、隔絶された地域に位置する可能性がある。以上のことから、ここで結論できるのは、エデンの園は、地理的には、当時知られていた世界の周辺部に位置していたとしても、そこは宇宙の中心と見なされていたということである。

古代中東において、いのちと知恵は神々の占有特権であって、人間が自分たちと違うことを示すため、これらのものを人に供与することは気乗りしないことであった。聖書においては、いのちと知恵は神のものであり、これらは神ご自身との交わりによって、人間も用いることができるようになる。問題が起こったのは、知恵を人間が身勝手に自分のものとしようとしたときである。彼らは、その実が彼らを神のようにすると告げられたのだが、残念ながら、それは神との交わりの中にあってではなく、独立した行為者としてであった。このようにして聖書は、この一連のトピックに対して、古代中東の文献とは非常に異なる理解を提示する。

1　国旗は国の象徴であるが、もちろんある種の実体を持っている。

2　Terje Stordalen, *Echoes of Eden: Genesis 2-3 and Symbolism of the Eden Garden in Biblical Hebrew Literature* (Leuven: Peeters, 2000), p. 298では、ヤハウェは園には住まないと明確に指摘している。その点については、私も同意する。私は別のところで、園はエデンではなく、エデンに隣接している

という点を指摘した。エデンは神の臨在がある場所であり、一般的にそうであるように、神の臨在がある神聖な空間には園が隣接している。John H. Walton, *Genesis*, NIV Application Commentary (Grand Rapids: Zondervan, 2001), pp. 167-68 を参照。

3 特に、センナケリブがニネベに庭園を造ったことに注目。ステファニー・ダリー『*The Mystery of the Hanging Garden of Babylon: An Elusive World Wonder Traced*（バビロンの空中庭園の謎——とらえどころのない世界の不思議）』（オックスフォード大学出版局、二〇一三年・未邦訳）の中で、この庭園が実際に有名な「バビロンの空中庭園」であるという提案と詳細な考察を参照。

4 宇宙を神聖な空間と定めてから（創世記1章）、実際に地上の中心を確立し、そこに人々を住まわせる（創世記2章）までに時間の経過があり得ることは、神がカナンをアブラハムへの契約の地として定めてから、何世紀も後のヨシュアの時代にその地に実際に人が住むようになるまでに時間の経過があることからもわかるだろう。

5 Carol L. Meyers, *The Tabernacle Menorah: A Synthetic Study of a Symbol from the Biblical Cult*, American Schools of Oriental Research Dissertation 2 (Missoula, MT: Scholars Press, 1976); Detlef Jericke, "Königsgarten und Gottes Garten: Aspekte der Königsideologie in Genesis 2 und 3," in *Exegese vor Ort: Festschrift für Peter Welten*, ed. Christl Maier, Rüdiger Liwak and Klaus-Peter Jörns (Leipzig: Evangelische Verlagsanstalt, 2001), pp. 161-76, ここでは、エデンの園と古代近東の王宮庭園との類似点を引き出し、それらを宇宙的な庭園とみなしている。(pp. 172-74); Lawrence E. Stager, "Jerusalem as Eden," *Biblical Archaeology Review* 26, no. 3 (2000): 41, lists biblical occurrences of waters flowing from the temple; Manfred Dietrich, "Das biblische Paradies und der babylonische Tempelgarten: Überlegungen zur Lage des Gartens Eden," in *Das biblische Weltbild und seine altorientalischen Kontexte*, ed. Bernd Janowski and Beate Ego (Tübingen: Mohr Siebeck,

2001), pp. 281-323, esp. pp. 290-93; Elizabeth Bloch-Smith, "Solomon's Temple: The Politics of Ritual Space," in *Sacred Time, Sacred Place: Archaeology and the Religion of Israel*, ed. Barry M. Gittlen (Winona Lake, IN: Eisenbrauns, 2002), pp. 83-94; Victor Hurowitz, "Yhwh's Exalted House—Aspects of the Design and Symbolism of Solomon's Temple," in *Temple and Worship in Biblical Israel: Proceedings of the Oxford Old Testament Seminar,* ed. John Day (New York; London: Continuum; T & T Clark, 2005), pp. 63-110; Gordon J. Wenham, "Sanctuary Symbolism in the Garden of Eden Story," in *"I Studied Inscriptions from Before the Flood": Ancient Near Eastern, Literary, and Linguistic Approaches to Genesis 1–11*, ed. Richard S. Hess and David Toshio Tsumura, Sources for Biblical and Theological Stu 4 (Winona Lake, IN: Eisenbrauns, 1994), pp. 399-404, reprinted from *Proceedings of the Ninth World Congress of Jewish Studies, Division A: The Period of the Bible* (Jerusalem: World Union of Jewish Studies, 1986), pp. 19-25; and Moshe Weinfeld, "Gen. 7:11, 8:1-2 Against the Background of Ancient Near Eastern Tradition," *Die Welt des Orients 9* (1978): 242-248.

6 Bloch-Smith, "Solomon's Temple," p.88.

7 Hurowitz, "Yhwh's Exalted House," p. 87.

8 ヨベル書には、本書で紹介されている解釈とはまったく異なる解釈が示されている点が他にも数多くあることに留意すべきである。だから、ヨベル書にある解釈が正しいと言いたいのではない。このことは、エデンを神聖な空間とする解釈が、現代のものではなく、古代のものであることを示しているにすぎない。

9 Gary A. Anderson, *The Genesis of Perfection: Adam and Eve in Jewish and Christian Imagination* (Louisville, KY: Westminster John Knox, 2001), pp. 55-58, 79-80. 例えば、エフレムは知恵の木を神殿の垂れ幕のようなもの、いのちの木を至聖所のようなものと考えた。シリアのエフレム『楽園讃歌』序・訳、セバ

スチャン・ブロック（Sebastian Brock）参照。Sebastian Brock（Crestwood, NY: St. Vladimir's Seminary Press, 1990）, p. 57（Paradise Hymn 3.13）.

10 Kathryn L. Gleason, "Gardens," in *Oxford Encyclopedia of Archaeology in the Near East*, ed. Eric M. Meyers（New York: Oxford University Press, 1997）, 2:383; Renate Germer, "Gardens," in *Oxford Encyclopedia of Ancient Egypt*, ed. Donald B. Redford（Oxford: Oxford University Press, 2001）, 2:5; and Othmar Keel, *The Symbolism of the Biblical World: Ancient Near Eastern Iconography and the Book of Psalms*, trans. Timothy J. Hallett（New York: Seabury, 1978）, p. 135. なお、神殿と宮殿はしばしば隣接する空間を共有していたことも銘記しておきたい。（Elizabeth Bloch-Smith, "'Who Is the King of Glory?': Solomon's Temple and Its Symbolism," in *Scripture and Other Artifacts: Essays on the Bible and Archaeology in Honor of Philip J. King*, ed. Michael D. Coogan, J. Cheryl Exum and Lawrence E. Stager [Louisville, KY: Westminster John Knox, 1994], p. 26）参照。

11 Stager, "Jerusalem as Eden," p. 43.

12 Alix Wilkinson, "Symbolism and Design in Ancient Egyptian Gardens," *Garden History* 22 (1994): 1-17.

13 オックスフォード大学のシュメール文学のウェブサイトにある翻訳を参照のこと。http://etcsl.orinst.ox.ac.uk/cgi-bin/etcsl.cgi?text=t.1.1.1#. このテキストとその他の関連テキストの分析については Bernard F. Batto, "Paradise Reexamined," in *In the Beginning: Essays on Creation Motifs in the Ancient Near East and the Bible*, ed. Bernard F. Batto（Winona Lake, IN: Eisenbrauns, 2013）, pp. 54-85, originally published in *The Biblical Canon in Comparative Perspective*, ed. K. Lawson Younger Jr., William W. Hallo and Bernard F. Batto, Scripture in Context 4（Lewiston, NY: Mellen, 1991）, pp. 33-66 参照。

14 Stordalen, *Echoes of Eden*, pp. 144-46.

15 Batto, "Paradise Reexamined," pp. 59-62. 参照

16 Stordalen, *Echoes of Eden*, pp. 153-55.

17 この等価交換に基づく弁明については Walton, *Genesis*, pp. 170-72 参照。

18 この物語の主要な写本はアマルナ（紀元前十四世紀）で発見された。これは、この物語が青銅器時代後期（イスラエルがこの地に入った時代）にこの地域で知られていたことを意味する。現存する最古の写本はシュメール語であり、古バビロニア時代のものである。現存する写本の全リストは、シュロモ・イズレル著『アダパと南風――言葉は命と死の力を持つ』（*Winona Lake, IN: Eisenbrauns, 2001* 未邦訳）, *pp. 5-7.* にある。翻訳は The Context of Scripture, ed. William W. Hallo and K. Lawson Younger Jr. (Leiden: Brill, 2003) vol. 1, p. 449 所収。

19 イズレルは、アダパが本文中で「一人の人間」として描かれているにもかかわらず、アダパは「間違いなく人間性を象徴している、いや、むしろ人間であることの本質を象徴している」と指摘する。(*Adapa*, pp. 120-23).

20 Adapa B68; Izre'el, Adapa, pp. 20-21. For discussion see Tryggve N. D. Mettinger, *The Eden Narrative: A Literary and Religio-historical Study of Genesis 2–3* (Winona Lake, IN: Eisenbrauns, 2007), pp. 104-7.

21 違いはプロット、設定、登場人物などである。どちらにも食べ物は出てくるが、その種類はまったく異なる。誘惑者も誘惑もない。これらの詳細については、Mettinger, Eden Narrative, p. 108.（メッティンガー『エデンの物語』未邦訳）を参照。

22 Daniel Bodi による CT 16.46 のシュメール語の翻訳、許可を得て使用。

23 アッカド語ではキシュカヌの木として知られる。Ake W. Sjöberg, "Eve and the Chameleon," in *In the Shelter of Elyon: Essays on Ancient Palestinian Life and Literature*, ed. W. Boyd Barrick and John R. Spencer,

Journal for the Study of the Old Testament Supplement 31 (Sheffield: JSOT Press, 1984), pp. 217-25; and Mariana Giovino, *The Assyrian Sacred Tree: A History of Interpretations*, Orbis biblicus et orientalis 230 (Göttingen: Vandenhoeck & Ruprecht, 2007), pp. 12-20, 197-201 を参照。

24 宇宙論的な特徴として、すべてのエジプト神殿で、水から最初に出現した墳丘として表現されている「原始の丘」も考えられる。

25 この木は、旧約聖書の時代には、シュメール二千年紀初頭の叙事詩『ルガルバンダとアンズド』から、後期の一千年紀半ばの『エラとイシュムの物語』（メシュの木）に至るまで、古代近東全域で目立っている。ギルガメシュ叙事詩ではフルップの木として知られ、新アッシリアの宮殿レリーフに大きく描かれている。徹底的な考察（ただし、特異な解釈もある）については、Simo Parpola, "The Assyrian Tree of Life「ユダヤ教一神教とギリシア哲学の起源をたどる（未邦訳）」*Journal of Near Eastern Studies* 52 (1993): 161-208.

26 Daniel Bodi, "Ezekiel," in *Zondervan Illustrated Bible Backgrounds Commentary: Old Testament*, ed. John H. Walton (Grand Rapids: Zondervan, 2009), 4:472-73; Matthias Henze, *The Madness of Nebuchadnezzar: The Ancient Near Eastern Origins & Early History of Interpretation of Daniel 4* (Leiden: Brill, 1999), pp. 77-80; and Daniel I. Block, *The Book of Ezekiel, Chapters 25–48* (Grand Rapids: Eerdmans, 1998), pp. 187-89. における議論を参照。

27 ギルガメシュ石版XI、281-307行。前章n. 20参照。また、A. R. George, *The Babylonian Gilgamesh Epic: Introduction, Critical Edition and Cuneiform Texts* (Oxford: Oxford University Press, 2003), 1:721-23. ディルムン（＝バーレーン）の実態に関する彼の考察も参照、1:524。また、ギルガメシュのテクストが、実際には植物のような外観を持ち、薬効があるという伝説のある特定のサンゴに言及しているという彼の考察にも注目されたい。

28 Herman L. J. *Vanstiphout, Epics of Sumerian Kings: The Matter of Aratta*, Society of Biblical Literature Writings from the Ancient World 20 (Atlanta: Society of Biblical Literature, 2003), p. 119.

29 もう一つの例は、エタナの物語に出てくる出産の植物で、エタナの不妊の妻に子どもを産ませる植物である。

30 この言葉を使うことで、私は神が源であるという考えを捨てているわけではなく、単に文学的な造形が聖書の人間的な側面の領域にあることを認識しているだけである。

31 Giovino, *Assyrian Sacred Tree.*

32 Parpola, “Assyrian Tree of Life,” p. 161.

33 しかしジョヴィーノは、それが本物の木だとはまったく考えておらず、木を表現したカルト的なオブジェではないかと思っている（『アッシリアの聖なる木（*Assyrian Sacred Tree*）』、結論は p. 201）。

34 Othmar Keel and Christoph Uehlinger, *Gods, Goddesses, and Images of God in Ancient Israel*, trans. Thomas H. Trapp (Minneapolis: Augsburg Fortress, 1998).

35 Barbara Nevling Porter, *Trees, Kings, and Politics: Studies in Assyrian Iconography*, Orbis biblicus et orientalis 197 (Göttingen: Vandenhoeck & Ruprecht, 2003), pp. 11-20. Giovino, *Assyrian Sacred Trees*, p. 104, 対照的に、ヤシの花の房は大きすぎてレリーフのように表現できないため、控えめである。

36 Stordalen, *Echoes of Eden*, p. 290. p.490 の図14には、弓を引いた神像が角の生えた蛇から木を守っている、興味深いアッシリアの印章も描かれている。

37 Parpola, “Assyrian Tree of Life,” p. 173.

38 秘跡という言葉を支持する人もいる。Stordalen, *Echoes of Eden*, pp.291-92 参照。

39 ディルムンの位置については、George, *Babylonian Gilgamesh Epic*, vol. 1, pp. 519-20を参照。彼によれば、「河口」とはアプスから川の水が地表に湧き出る場所を指す（p. 521）。もしこれが本当なら、「河口」はアプス神に相当し、この言葉はイーア神の領域を指していることになる。バーレーンの泉は古代では河口と考えられていた。

40 Stordalenは辺縁的であると主張している（Echoes of Eden, pp.297-99）。Umberto Cassuto, *Commentary on the Book of Genesis, Part 1：From Adam to Noah*, trans. Israel Abrahams (Jerusalem: Magnes, 1961), p.118も参照のこと。エフレムはニュッサのグレゴリウスとともに、園は時間と空間の外にあると主張した。彼は、園を大地に対する円錐形の天蓋と見なし、円錐の下面は宇宙の堅固な空であるとした（シリアのエフレム *Hymns on Paradise*『楽園に関する賛歌』p.54）。

41 Ziony Zevit, *What Really Happened in the Garden of Eden?* (New Haven, CT: Yale University Press, 2013), pp. 108-11.

## 提言14 「蛇」は非秩序(ノンオーダー)の領域に由来し、無秩序(ディスオーダー)を誘発する混沌の生き物と捉えられる

創世記を読むクリスチャンは時折、「蛇」のことで困惑させられてきた。なぜ神は、あのような被造物が園に侵入することを許したのか。なぜこのような生き物が「良い」とされた世界に存在できたのか。新約聖書に基づけば、この蛇はサタンであると簡単に特定され（ローマ16・20、黙示録12・9、20・2）、この蛇がどこからやってきて、この叙述の中で何をしているのかといった疑問が生じる。

創世記を古代文献として理解しようとするなら、まず古代の見地からこのテクストを読まなくてはならない。すなわち、結論に一足飛びに行って、あの蛇をサタンに結び付けることはできない。というのは、旧約聖書の時代には、蛇をそのように理解した痕跡は認められないからだ。後の時代に行われた聖書解釈の意味合いを考察する前に、まず古代文献をそれが意図しているように理解すべきだ。さらに言えば、このテクストを、アダムとエバの知識の世界で語っているように読むこともできない。ここまでの章で言及してきたように、このテクストは、古代イスラエルの語り部が、古代イスラエルの聴衆に対して語っているものだからだ。その聴衆は、現代の私たちにとっては必ずしも自然ではない連想をしたことだろう。

「蛇」の象徴的イメージは、古代中東には豊かに存在した。ギルガメシュ叙事詩の中から、生命の植物を盗んだ蛇についてはすでに言及したが、それは始まりにすぎない。「アダパの物語」についても論じたが、そこでの蛇の姿にはまだ言及していない。この物語では、蛇は誘惑とは無関係で、主要な登場人物で

もない。アダパが、アヌ神の招きに応じて彼に会おうとしたとき、アヌ神の宮殿の守護者の一人、ギッジダ（＝ニンギシュジダ「実のなる樹木の主」）は、その姿が蛇の形をとっていて、角のある蛇（バシュム）を従えている。彼はよみ（冥界）に住む悪魔たちの守護者として知られている。[1]

エジプトでは、ファラオの冠から石棺の図象まで、いたるところに蛇が描かれている。死者の書にも（死後の世界へ続く道にいる最凶の敵として）登場する。こういった生き物は、知恵と死に関連づけられている。アポフィス（アポピスまたはアペプ）は混沌（カオス）の蛇で、毎朝昇ってくる太陽を呑み込もうとした。[2] エジプト語の死者の書には、創世記の叙述にはっきり見られる考えとつながる、他の要素がいくつも見出される。具体的には、腹這いで動き回ること、ちりを食べること、頭を打ち、かかとに打ちかかること等である。以下に、ゾンダーヴァン図解聖書背景注解旧約篇（Zondervan Illustrated Bible Backgrounds Commentary: Old Testament 未邦訳）から創世記にかかわる部分を引用しておこう。[3]

**腹這いで動き回る**（3・14）

エジプトのピラミッド・テクストは、旧王国（前三千年紀の終わり）のファラオが、死後の世界に向かう旅を無事に果たせるよう助けることを意図して作られた。七百を超える発話のうち、かなりの数が、王の行く手を阻みかねない蛇に対する呪文と呪いである。これらの発話には、創世記3章に出てくる蛇に対する呪いを思い起こさせるようなフレーズが含まれている。例えば、聖書では蛇に対して「お前は腹這いで動き回る」と言われているが、これと並行的な呪文が、かなりの頻度で見られる。その呪文では、蛇に対して、倒れこめ、跪け、屈み込め、這って行け、と呼びかける（ピラミッド・テクスト226、233、234、298、386）。[4] また別のところでは「（蛇の）顔を地につけて進め」（ピラミッド・テクスト288）と言う。

これらのことから示唆されるのは、神が蛇に腹這いで動き回るよう言ったときに、蛇がそれまで持っていた足を突如失った［訳注＝ユダヤ人の古典的解釈として有名］のではないことだ。そうではなくて、攻撃的な態勢から、従順になるのだ。腹這いの蛇は何ら脅威ではないが、頭を持ち上げるときは、守りか攻撃の態勢である。ファラオの王冠にあしらわれた蛇（ウラエウス）は、直立しており、攻撃態勢にあるということに注目してほしい。とはいえ、蛇が足の生えた獣として描かれているものが時折見られることも付け加えておく。[5] ただし、蛇が足を失ったという出来事を示すものはない。

**ちりを食べる（3・14）**

ちりを食べるとは、蛇の実際の食事についての言及ではない。むしろ蛇の生息地への言及だと思われる。ここでもピラミッド・テクストには、蛇をちりへと追いやろうという創世記に類似した記述が見られる。[6] 蛇はよみ（冥界）の生き物であり（それこそが、ファラオがその旅路で蛇に出会う理由である）、よみを棲み処とするものは、典型的にちりを食べるものとして描かれていた。だから「イシュタルの降下」という文書では、よみでは彼らの食物はちりであり、彼らのパンは粘土であると記されている。[7]

**頭を打つ（3・15）**

蛇を踏みつけることについては、ピラミッド・テクスト299で、蛇を圧倒すること、あるいは打ち負かすことの表現として用いられている。具体的には、「ホルスのサンダルは、蛇をその足の裏で踏みにじる」（ピラミッド・テクスト378）と記述され、「ホルスはそのかかとで［蛇の］口を粉砕した」（ピラミッド・テクスト388）と続く。この表現は、この最凶の敵に対する致命的になり得る一撃を表す。もっともイスラエル人が、ピラミッド・テクストからこの表現を借用したことを示すものは何もないので、これらのテクストは古代中東に生きる人が、この言葉と言い回しをどのように理解したかを考える際の手がかりとなるのみである。

**かかとを打つ（3・15）**

古代の人々は、蛇の多くは有毒でないことを知っていた。[8] しかし、無害な蛇は通常、攻撃的にはならないので、誰かが蛇に咬まれた場合は、その蛇は有毒である可能性があると見なされた。つまり、かかとへの攻撃（咬みつく）は致命傷になりかねない。

こういった事柄のいくつかの例として、ピラミッド・テクストの発話378を参照してほしい。

ああ、天空にいる蛇よ。地上のムカデよ。ホルスのサンダルは、nhi蛇を足の下に踏みつけるものだ。…それは我にとって危険だから、我は汝を踏みつけた。我について賢明であれ（?）、そうすれば我は汝を踏みつけない。汝は神々が告げる神秘的で見えざるものであり、汝の兄弟である神々のあとをついて歩くための足も腕もない者だから、……我に気をつけよ。そうすれば我も汝に気をつけよう。[9]

ここまで挙げてきた例からわかることは、創世記の叙述に出てくる蛇について、古代中東では、様々な形で記録されているということだ。これとは別の研究の方向性として、古代中東に存在する蛇に関する象徴をしらみつぶしに調べ、それを解釈し、聖書的前例なしに、そこに出てくる要素を聖書理解のために適用しようとするものがある。しかし残念ながら、この試みは不十分な結果に終わること必至である。なぜなら蛇の象徴には、あまりにも多くの側面があるゆえに、イスラエル人がどの象徴を採用したのか、所与の文脈ではどれが重要なのかを確信を持って結論づける手段がない。蛇は、多産、性的能力、保護、いのち、死をはじめ、その他多くの重要な属性の象徴となっている。[10]

こういった表象の多くは、イスラエル人、とりわけ直近までエジプトに滞在していた人々にとって馴染み深いものだっただろうが、私たちは創世記3章に出てくる蛇の性質について探求していきたい。もしイスラエル人が、蛇をサタンだと考えなかったとしたら（彼らがそう考えたという証拠はないし、実際、彼らのサタンの概念は、新約聖書に見られるものに比べたら、ずっと未発達だった）[11]、彼らは蛇を何者だと考えたのだろうか。

創世記3章の記述から始めよう。この箇所で「蛇」に使われた主な形容詞は、ヘブル語「アールーム」で、「巧妙な」「ずるい」「狡猾な」「抜け目がない」「慎重な」「賢い」と様々に翻訳されている。これはおもに知恵に関連して用いられる形容詞で、言葉自体は中立的だ（すなわち箴言1章4節や8章5節のように良い意味で用いられることもあれば、出エジプト記21章14節やヨシュア記9章4節のように否定的な意味で用いられることもある）。[12] ジオニー・ゼヴィットは「アールームな人物」の理解を助ける次のような人物像（プロフィール）を提示している。

（彼らは）自分の感じていることや、知っていることを包み隠す（箴言12・16、23）。彼らは知識を重んじ、目的を達成するために、それをどのように用いるか画策する（箴言13・16、14・8、18）。彼らは自分が聞くことすべてを信じるわけではないし（箴言14・15）、災いや罰を逃れる方法を知っている（箴言22・3、27・12）。要するに、彼らは抜け目がなくて計算高く、許容される行動の限界を曲げたり歪めたりすることは厭わないが、違法行為の一線を越えることはない。感じが悪く、意図的に誤解を招く話し方をするかもしれないが、完全な嘘つきということではない（ヨシュア記9・4、Ⅰサムエル記23・22）。彼らは人の心と状況を読み取る術を知っていて、その読みを自分の利にもっていくことができる。鋭い機知と舌が彼らの武器である。[13]

結局のところ、このような記述は、この生き物の性質を判断する役には立たない。これ以外には「主なる神が造られた野の生き物」（創世記3・1）の一つとしか言いようがないのだ。同時に、蛇が「悪」と表現されていないことに注意しなくてはいけない。この狡猾な生き物が悪と結び付くのは、ずっと後のことである。[14]

最近の研究では、混沌（カオス）の生き物（クリーチャー）としての蛇に注目が集まっている。古代世界において混沌の生き物は、神の領域に属しているが、まだ神格化されていない複合的な存在とされるのが一般的だった。[15] この複合的な特徴により、彼らの属性は様々に組み合わされた。古代世界では、混沌の生き物は悪とは考えられず、道徳性はないが、問題を引き起こしたり、破壊的だったりする。放っておくと問題を起こすが、うまく従えるなら、神々の協力者となる。悪霊たちも、混沌の生き物と同じように機能したし、境界域（リミナル）の生き物（クリーチャー）（コヨーテやアメリカオオコノハズクなど）も同様だった。[16]

蛇を表すヘブル語、ナーハーシュが、一般的な蛇を表すごく普通の言葉であることは確かである。さらに、創世記3章に出てくる蛇は、神が創造した野の生き物の一つとされ、テクストには、これが複合的な生き物であることを示唆する記述はない。そうは言うものの、ヘブル語聖書においては、すべての生き物が、混沌の生き物も含めて神によって創造されている（創世記1・21、ヨブ記40・15〜19、詩篇104・26）。ナーハーシュが混沌の生き物を指し示すこともできるというのは、イザヤ書27章1節での使用法から明らかであり、そこではナーハーシュがレビヤタンを指している。[17] このような理解は、最終的にヨハネの黙示録において確かなものとされる。そこでは、あの蛇が今やサタンであり、大きな竜（黙示録12・9）──究極の混沌の生き物──として描かれる。[18] したがって、創世記3章に出てくる蛇は、物語における役割とその他の背景から、混沌の生き物だと結論づけられる。[19]

そこで、これは単なる蛇の話ではないというリチャード・アヴァーベックの指摘は的を射ている。「イスラエル人は、蛇と人類についての単純な物語というよりも、より多くのことを創世記3章の中に見たことだろう。……彼らの視点からは、これはまさしく宇宙的戦いの始まりであり、彼らはその影響を自分たちの個人的な体験の中でも、また国家の歴史の中でも、肌で感じていたのである。」[20] アヴァーベックのように、これもサタンの堕落を表すとまでは私はまだ言い切れないのだが、いずれにしても古代イスラエル人の観点からテクストを見ていくなら、蛇を混沌の生き物という観点から考えるようにならざるを得ないと思う。

このような研究からどんな知見が得られるだろうか。

- 古代イスラエルの読者なら、蛇をサタンであるとは考えないだろう。この叙述においてより重要なのは、変化をもたらす作用因子ではなく結果である。蛇は原因というより、触媒である。
- 古代イスラエルの読者なら、この誘惑の悪影響を認識するだろうが、必ずしも蛇が道徳的に悪だとか、人類の滅亡を画策しているとは考えないだろう。古代イスラエル人ならば、この蛇に特別なステータスを与えはしない。それは数ある混沌の生き物の一つにすぎず、ある種の霊的で宇宙的な力ではない。
- 古代イスラエル人読者は、蛇のことを、破壊的ではあるが、考え抜かれた計略をろくに持たない、ある種の自由な工作員のようなものと考えたことだろう。「ギルガメシュ叙事詩」における蛇が、その性質に導かれるままに働き、その後、姿を消すのと同じように、旧約聖書は、蛇に継続的な役割を与えていない。旧約聖書では、人間の行為の結果はそのまま残るが（これも「ギルガメシュ叙事詩」と同じく）、蛇には継続的な役割や立場は認められない。

- 蛇によって疑いが差し挟まれたこと、神が述べた（木の実を食べることの）結果についての女の理解を蛇が微妙に否定したことについては、これまでの伝統的な理解と何ら変わるところはないだろう。欺き、誤った導き、トラブルを引き起こすこと、これらは混沌の生き物がなすことだ。蛇の言葉にある構文的に微妙な表現に注意を向けることが重要だ。蛇は「あなたは死なない」とは言っていない。否定詞を置いた位置により、むしろ「死をそれほど差し迫った脅威だと思うな」というニュアンスになった。[21] 神は真実を語っており、それは、「彼らがその木から取って食べるとき、彼らは死ぬ運命になる」ということだった。神が用いた言葉は即死を意味していなかったが、（神が用いた構文表現の「その日に」〔訳注＝邦訳は正しくも「とき」と訳出されている〕は、「〜とき」を意味する単なるヘブル語のイディオム）、この実を食べたことへの罰は、いのちの木に近づけないようにすることによって執行された。このことによって、彼らは死ぬ運命にただちに置かれた（動詞構文による効力）。女は自分の言葉遣いにそれほど注意を払っていなかった〔訳注＝3章3節の「触れてもいけない」はこの実自体に毒性があって、即死するような言い回しである〕から蛇はその食い違いを取り上げて、死は差し迫った脅威ではないと彼女に対して（神に対してではない）反論し、真実を語ったのである。このようにして、蛇の欺きは女の歪んだ陳述を悪用することにより、この実を食べることの益を告げ、あたかも有害な影響を受けないかのように装った。蛇は、エバがその実を食べるようにとか、服従をやめるようにとは、少しもほのめかしていないことに注意したい。[22]

● 同時に、真実を語った（あなたは死にません。あなたは神のようになる）のは蛇であり、間違った（その木から食べるとき、あなたは必ず死ぬ）のは神であったと思う余地はない。[21] 神の言葉はそもそも即死を意味していなかった（「その日のうちに」とはヘブル語で「〜の場合」を示す言い方）。「必ず死ぬ」と訳されることの多いこの構文は、彼らがそのときに死ぬ運命に定められることを表現しているだけで、いのちの木への道が閉ざされたときにまさにそうなったのである。

● 古代イスラエルの読者は、蛇の演じた役割によって、人類の間に悪が根付いたことを理解しただろう。[24] これは創世記3章15節から明らかである。そこには、一方に人間が（世代から世代へ）おり、もう一方に蛇の「種」あるいは「子孫」がいて、蛇の将来的な世代についての言及はないものの、結果として生じた悪を指しており、この二者間で戦いが継続していくことが描かれる。この節にある敵対的な行動を描く二つの動詞が同じ語根であることから（多くの翻訳では異なる言葉に訳されているにもかかわらず）、この節は、どちらが勝利者となるかを示していないことがわかる。むしろ、致命的になりかねない打撃の応酬が続いていくことを示している。

● 「園」（宇宙の秩序の中心）で、混沌の生き物が何をしていたのかと疑問に思うかもしれない。驚くなかれ、テクストをよく読んでみると、テクストは蛇が「園」にいた（ましてや、あの木にいた）とは決して示唆していないことを発見する。とすれば、アダムとエバはどのようにしてこの生き物と遭遇したのかと問いたくなるだろうが、「園」におけるアダムとエバの務めは、「園」に常駐することを必要としなかったことを忘れてはならない。聖なる空間で奉仕する祭司は、聖なる空間に住んでいるわけではない。アダムが「園」に置かれたということは、そこがより永続的な居住地であることを示唆するかもしれないが、それは、アダムが「園」の外に出ることは決してなかったという意味かどうかを問わねばならない。テクストには明記されていないことが多くあるのだ。

● 混沌の生き物である蛇は無秩序(ディスオーダー)よりも非秩序(ノンオーダー)と密接な関係があると思われる。無秩序が本質的また意図的に悪であるのに対して、非秩序には、ある種の中立さがある。例えば地震や癌といったものは悪い結果を伴う非秩序の力だと言えるだろう。しかしそういったものは、本質的に悪であるわけではない。それらは私たちが制御できるものではなく、それゆえ悲惨な結果を及ぼし得る。蛇が本当に混沌の生き物のカテゴリーに入るならば、神の宣告に対する反論やその結果についての欺きも、悪意ある計画の一部ではないことになる。それらは単に混沌の生き物が行う破壊的で、その場限りのふるまいにすぎない。より完全な理解が中間時代の文献や新約聖書の神学に提示されているが、旧約聖書という古代の文脈に絞って分析するなら、物事はかなり異なった様相を見せる。

## 補説——神話・神話的という用語について

神話とか神話的といったジャンルをこれらの聖書物語(ナラティブズ)に当てはめることは、私にはしっくりこない。この呼称にはあまりにも多くの定義があるので、話し手の意図が明確に伝わりにくい。さらに、こういった用語は西洋文化にすっかり順応してしまっているので、古代文化への適用は、時代錯誤に陥るのが関の山である。[25] しかしこの問題は、文学のジャンル付けにとどまらない。どのようなジャンルであれ、その文学がどのように生まれ、構築されるのか、そのプロセスに関わってくる。古代の人々は私たちと異なる考え方をした。彼らは私たちとは異なるカテゴリーと優先順位を持ち、異なる方法で世界を認識していた。

私たちの文化では「科学的に」考えるのが常である。私たちの関心はもっぱら因果関係や構造や体系にある。古代世界においては、世界を象徴的に考え、イメージを用いてその理解を表現する傾向が強い。私たちが出来事や物質的な実物に一番の関心を持つのに対して、古代の人々は観念や描写に、より一層の関心を持つのだ。[26]

創世記の最初の数章を生み出したイスラエル人は、神話を歴史化した（イザヤ書27章1節に一つの可能性として見られるように）のではないかと言う人もいるかもしれない。つまり、修辞的手段としての比喩表現によって実際の出来事を提示し、そうすることで、彼らの生きている世界で一般的に伝えられている真理の全容を捉えようとしているということだ。しかし神話 myth［訳注＝英語では mythic/mythical/mythological と微妙な派生語が挙げられている。日本語では「神話上の」「神話的な」「神秘的な」等と訳され得るが、すべて「神話」とも訳せる］の概念は、非常に不安的で多様に理解されているため、他の修飾語と組み合わせて使用する必要がある。その言葉として、image［像］/imagery［比喩］/imagination［心象］/imaginative［想像力に富んだ］といった語群はうまく機能するだろう（ただし imaginary［架空の］は正しい修飾関係にならない）。神話的なイメージを使用したレトリックは、聖書の詩の中で容易に識別できる（例として「天から、もろもろの星が下って来て戦った」とか、詩篇74篇14節の「レビヤタンの頭を踏みにじり」等）、黙示文学というジャンルでよく用いられる。とはいえ、それが散文に見られないわけではない。この種の思考を説明するために私は、写象主義的（イマジスティック）という用語を採用したい。[26] 学生たちがますます視覚的な学習法に馴染むようになっている（教育現場とコミュニケーションにおいて、より写象主義的であることを余儀なくされているという事実がある）中、この語は今日的にわかりやすい区別を提示してくれる。

写象主義的とはどういうことかの定義を試みる代わりに、まさに写象主義的思考に基づき、例を用いて説明しよう。写象主義的思考とその表現は、科学的思考や分析的思考とは対極に位置する。例えば、ハッブル望遠鏡で撮影した夜空と、フィンセント・ファン・ゴッホの描いた「星月夜」の夜空を比べてみると、その違いがよくわかるだろう。ゴッホの絵を用いて天文学を講じようと考える人はいないだろうし、そうしたいと思っても不可能である。その図像には星の位置や構造について何の情報も含まれていない。

しかしだからといって、これが夜空について誤った描写だとも言わない。視覚的(ビジュアル)な芸術家(アーティスト)は、世界を写象的に描写するのであり、この描写は科学からは切り離されたものだが、真実からは切り離されていない。古代の人々は、これと同じ写象的な概念を文学のあらゆるジャンルに適用しており、そこには今日の私たちが科学以外のものとして考えることができないものも含まれている。創世記に収められているのは写象的な歴史であり、これと今日私たちが言う「歴史」の違いは、「星月夜」とハッブル宇宙望遠鏡による写真との違いに相当する。

別の例を挙げるなら、「星の煌く旗［訳注＝あるいは「星条旗」。アメリカ合衆国の国旗について歌う国歌の名称。フランシス・スコット・キーが、後述の戦争体験をもとに作詞］」を詳細に分析することによって、一八一二年に始まった米英戦争におけるフォートマクヘンリーへの砲撃を歴史的に再構築しようとは思わないだろう。アメリカの国歌が歴史的な文脈で定められたことは言うまでもないが、一八一二年の戦争をはるかに超えて響き渡る永続的な真理と価値を伝えるために、修辞的なイメージと象徴（旗）の持つ力を芸術的な方法によって用いていることに注目してほしい。

科学的／歴史的思考に代わるものとして現代にも存在する用語の例として、今日ルター派が「サクラメンタル（秘蹟的）」思考と呼んでいるものが挙げられる。これはサクラメント［訳注＝洗礼と聖餐］の神秘的側面を含むだけでなく、宗教思想の領域に広く行き渡り、非常に議論の多い用語である。そのような文脈にあって、ルター派にとってそれは極めて自然な考え方である。そういった伝統においては、そのような考え方は科学的検証の対象ではなく、歴史性というカテゴリーは何の意味も持たないものとして認識されている。秘蹟的(サクラメンタル)思考（どう定義されようと）に慣れている人は、そうでない人にそれを説明する（あるいは擁護する）のが非常に難しいと感じる。ルター派（あるいは秘蹟的思考に馴染みのある他の伝統）ではない読者にとって、ここで論じられていることが新しく不慣れな思考様式だと思えるという事実こそ、ここで私が主張することを実証している。

写象的思考にも似たような困難さがある。古代イスラエル人は、エゼキエルが見たエジプトの幻（エゼキエル書31章）を、宇宙的樹木として捉えることに何の違和感もなかった。これはこの文献に「神話」というラベルを貼る理由にはならないし、事実や真理の問題に関係するわけでもない。「木」「園」「蛇」は写象的な思考の一例であり、それゆえその叙述に対する事実性や真理を否定するものではないと考える人もいるだろう。創世記の著者は園の樹木について、特筆すべき化学的性質を持つ植物種だという以上の意味で理解している。[28] これらの要素を古代中東の文脈に置き、物事を写象的な観点で考える古代イスラエル人の能力と傾向を踏まえるなら、[29] 重要な神学的現実に対するより深い理解を持つようになるかもしれない。

今日、一部の学者たちはイスラエルが他の民族の神話を借用し、自分たちの神話へと変容させる習慣があったと信じているが、私はその見方に同意しない。時に神話が共有されていると見なされるものは、共通の象徴的語彙を用いて写象的に考えるという傾向が共有されているのだ。ニコラス・ワイアットは、現実を表現するために口頭談話を用いる人々と、観察された世界を分析し、観察されたものを説明するために仮説的なパラダイムを形成する人々を区別する。[30] 写象的思考は、因果関係の分析の対極にあるだけではない。それは形而上学とも対極にある。形而上学は科学ではないが、仲介的な因果関係と体系化に関心を持つという点で、科学的思考の産物だからだ。こういったものは、自己理解や一貫性についての概念を伝える様々な方法なのだ。

この議論は、またたくまに非常に難解なものになり、私の専門分野からもこの本の扱う内容からも外れてしまう。ここでこの問題を取り上げたのは、これにまつわる問題を解決するためではなく、古代世界の人々の考え方が、いかに私たちのものと異なるのかということについて、意識を高めるためである。つまり、古代世界において自然に受け入れられた文学について、私たちの思考のカテゴリーを押し付けないように注意を払わなくてはならないという警告が、繰り返し提起される。

1 Thorkild Jacobsen, "Mesopotamian Gods and Pantheons," in *Toward the Image of Tammuz and Other Essays on Mesopotamian History and Culture*, ed. William L. Moran (Cambridge, MA: Harvard University Press, 1971), p. 24; Jeremy Black and Anthony Green, *Gods, Demons and Symbols of Ancient Mesopotamia* (Austin: University of Texas Press, 1992), p. 139; W. G. Lambert, "Trees, Snakes and Gods in Ancient Syria and Anatolia," *Bulletin of the School of Oriental and African Studies* 48 (1985): 435-51 も参照のこと。

2 Nicole B. Hansen, "Snakes," in *Oxford Encyclopedia of Ancient Egypt*, ed. Donald B. Redford (Oxford: Oxford University Press, 2001), 3:297.

3 John H. Walton, "Genesis," in *The Zondervan Illustrated Bible Backgrounds Commentary: Old Testament* (Grand Rapids: Zondervan, 2009), pp. 35-36.

4 ピラミッド・テクストの引用はすべて発話番号で指示し、Raymond O. Faulkner, *The Ancient Egyptian Pyramid Texts* (Oxford: Oxford University Press, 1969) から引用している。

5 バシュムは前足が二本あるように描かれることもある (Joan Goodnick Westenholz, *Dragons, Monsters and Fabulous Beasts* [Jerusalem: Bible Lands Museum, 2004], p. 190)。Black and Green, *Gods, Demons and Symbols*, p. 139 にある、ニンギシジダがエンキに紹介するグデアの印章の図像を参照。

6 「毒牙は土の中、肋骨は穴の中でありますように」(no. 230);「塵の中の唾液」(no. 237)。

7 *The Context of Scripture*, ed. William W. Hallo and K. Lawson Younger Jr. (Leiden: Brill, 2003), 1:108 (line 8). これはギルガメシュ叙事詩やネルガルとエレシュキガルにも見られる描写である。

8 古代エジプトの文献には、三十七種類のヘビが、噛まれたときの症状や治療法とともに記載されている。Hansen, “Snakes,” 3:296. Cf. Heinz-Josef Fabry, “*nahaš,*” *Theological Dictionary of the Old Testament*（Grand Rapids, Eerdmans, 1998）, 9:359 参照。

9 Faulkner, *Ancient Egyptian Pyramid Texts*.

10 詳しい考察はジェームズ・H・チャールズワース『善と悪の蛇』（*The Good and Evil Serpent*：*How a Universal Symbol Became Christianized*（New Haven, CT: Yale University Press, 2010 未邦訳）を参照。

11 詳しくは、John H. Walton, *Job*, NIV Application Commentary（Grand Rapids: Zondervan, 2012）, pp.74-86 を参照。

12 Michael V. Fox, *Proverbs 1–9*, Anchor Bible（New Haven, CT: Yale University Press, 2000）, pp. 35-36. なお、セプトゥアギンタのギリシア語訳では、「最も聡明な」という意味のギリシア語（*phronimōtatos*）が使われている。

13 Ziony Zevit, *What Really Happened in the Garden of Eden?*（New Haven, CT: Yale University Press, 2013）, p. 163.

14 前掲書。

15 聖書では、このような複合的な生き物はケルビムやセラフィムと呼ばれているが、それ自体はカオス・クリーチャーではない。カオス・クリーチャーはレビヤタンやラハブのようなものである。このようなクリーチャーに関する広範な扱いについては、Westenholz, *Dragons, Monsters and Fabulous Beasts* を参照のこと。

16 これらについては、John H. Walton, “Demons in Mesopotamia and Israel: Exploring the Category of Non-Divine but Supernatural Entities,” in *Windows to the Ancient World of the Hebrew Biblel: Essays in Honor of*

*Samuel Greengus*, ed. Bill T. Arnold, Nancy Erickson and John H. Walton (Winona Lake, IN: Eisenbrauns, 2014), pp.229-46. を参照

17 Charlesworth, *Good and Evil Serpent*, p. 438; ただし、彼は創世記3章に登場する蛇をカオスの創造物と見なすべきだという考えを否定している（p. 294）。

18 多くの解釈者が、黙示録が蛇をサタンとしている以上、それを聖書の真理（単なる連想図ではない）として受け入れなければならないと主張しているのは興味深い（アウグスティヌスは、彼の説教36で、蛇をそのように見なしたが）。Augustine, *Sermons*, trans. Edmund Hill, The Works of Saint Augustine: A Translation for the 21st Century III/2 [Brooklyn, NY: New City Press, 1990], p. 281）。

19 これはまた、蛇の種の喉頭の解剖学的分析につながることなく、蛇が話すことを説明できる。

20 Richard E. Averbeck, "Ancient Near Eastern Mythography as It Relates to Historiography in the Hebrew Bible: Genesis 3 and the Cosmic Battle," in *The Future of Biblical Archaeology: Reassessing Methodologies and Assumptions*, ed. James Karl Hoffmeier and Alan R. Millard (Grand Rapids: Eerdmans, 2004), pp. 328-56, esp. 352-53.

21 John H. Walton, *Genesis*, NIV Application Commentary (Grand Rapids: Zondervan, 2001), pp. 204-5 の文法的、構文的な議論を参照。

22 Zevit, *What Really Happened in the Garden of Eden?*, pp. 202-3.

23 この提案については、Ronald Veenker, "Do Deities Deceive?", in *Windows to the Ancient World of the Hebrew Bible: Essays in Honor of Samuel Greengus*, ed. Bill T. Arnold, Nancy Erickson and John H. Walton (Winona Lake, IN: Eisenbrauns, 2014), pp.201-14. を参照

24 Walton, Genesis, pp. 174-75; Zevit, *What Really Happened in the Garden of Eden?*, pp. 124-26.

25 いくつかのジャンル表記に含まれる時代錯誤については、John H. Walton and D. Brent Sandy, *Lost World of Scripture: Ancient Literary Culture and Biblical Authority* (Downers Grove, IL: Inter- Varsity Press, 2013), pp.199-215を参照。

26 このような想像力とイメージの使用は、イエスがロゴス「ことば」として描写されているヨハネの福音書1章でも明らかである。ヨハネ1章は神話的なジャンルではないし、イエスが神話の登場人物でもない。しかし、表現されている思考の形式はイメージに依存している。

27 二十世紀初頭からの現代詩の流れを専門的に説明する言葉としてすでに存在するこの言葉と混同してはならない。

28 ルター派は、樹木は秘蹟的であり、神秘的な実在を表しているとさえ言うかもしれない。

29 人類学に詳しい人なら、これはエティックなカテゴリー（異文化に重ね合わせた我々のカテゴリー）ではなく、エミックなカテゴリー（土着の基準）で考えようとする試みだとわかるだろう。

30 Nicolas Wyatt, "The Mythic Mind," in *The Mythic Mind: Essays on Cosmology and Religion in Ugaritic and Old Testament Literature* (London: Equinox, 2005), p. 160. ニコラスは、これを「物語――パラダイム極性」と呼んでいる。

## 提言15 アダムとエバは自らを秩序の中心、知恵の源とし、それにより「宇宙」に無秩序を招来した

ここで扱うのは、罪の性質、律法、説明責任、罪責感や懲罰に関する網羅的な分析ではない。こういった事柄は組織神学の問題であり、訓練された神学者でなければ適切に論じることはできないだろう。この問題は入り組んでいて、個々の項目についての議論は教会史全体に遡ることができる。

本書の焦点は、教会教義学でもなければ、神学者たち、例えばアウグスティヌスとペラギウスあるいはエイレナイオスの間にある意見の相違を整理しようとすることでもない。ここで探求するのは、古代世界を背景にすると、創世記3章はどのように理解することができるのか、その文脈においてどのような主張がなされているのかということだ。最終的には、パウロがこの事柄について何を言っているのかを考慮に入れ、教会教父たちの深い影響の中で神学を形成していくことが重要であることは確かだ。しかし私たちの出発点は文化的、文学的、神学的文脈における創世記のテクストそのものでなければならない。

マーク・ビドゥルが指摘しているように、今日「罪」について人々が考えるときに最も一般的なのは、犯罪として捉えることであり、ビドゥルはその見方を聖書的にも神学的にも不適切であると考えている。[1] あるいは、ゲアリー・アンダーソンの書いた『*Sin: A History*』という本では、罪を「負うべき重荷」と見ることと「返済すべき負債」と見るという二つの競合するパラダイムを研究している。[2] 前者の比喩は、アンダーソンの議論によると、旧約聖書に見出されるイディオム（罪、罪責感、罰を負う等、創世記4・章

13節のカインの言明にまで遡ることができる）によって支持される見方である。後者の負債というイメージは、第二神殿時代に一層顕著になる。[3] これらのパラダイムは罪の結果（重荷、負債）について雄弁に語り、そこに解決を与える道を示す。

罪を分析するための二つ目の方法は、罪を表現するために使われる様々なヘブル語の言葉によるものだ。[4] この方法には、いくつかの注意点がある。例えば、旧約聖書における罪は「的を外す」という意味だという記述に出くわすことがよくある。この種の言及は、残念なことに、どのように意味が生成されるかということについての誤解を露呈してしまう。ハーターという動詞は確かに、目的を達成し損ねるということ（箴言8・36、イザヤ書65・20）を意味するし、目標を外さない射手を指すために使用されたこともある（士師20・16）。[5] しかしながら、これらの用法が「罪」と訳されるこの単語の「本来の」意味を示すと考える理由はない。単語の意味は、その用法から派生するのであり、語源からではない。[6] そしてこの動詞は単に「罪を犯す」という意味である。的を外すとか、目的に達し損ねるという概念に必ずしも限定されないのだ。[7] 罪に関する言葉は、その様々な姿（反逆、違反、不法、罪責）を認識するのに役立つが、そういった意味解析だけでは、できることに限度がある。

三番目の研究法として、罪とは何であるかを問うのではなく、罪が何をするかについて語る人たちもいるだろう。この種の探求によると、罪は神との関係を脅かすもの、つまり疎外をもたらすものとして捉えられる。[8] これは先に取り上げたパラダイムの議論に示される方向性とは異なる。そこではおもに、罪が私たちにもたらす結果（重荷、負債）に関わるものを扱っていたが、疎外という場合には、神との関係に関する結果に力点が置かれる。疎外という概念は、アダムとエバの「園」からの追放や、かの地からのイスラエルの捕囚などから旧約聖書において十分に認識されている。これは、神の臨在が取り去られないために、聖が維持されなくてはならないという、聖なる空間を取り巻く諸概念に組み込まれている。それゆえ罪は、人の最も深い願いである神との関係を破壊するものである。人格的な関係を持つことは、神が人間を創造したときに意図したことであった。それが創世記3章において失われ、聖書の残りの部分は、これを再度確立する諸段階を記したものである。このことを別の方法で表現するならば、罪によって不均衡が生じたという言い方になる。

聖書的なモデルでは、罪を混乱したシステムに蔓延する不均衡と見る。……真の人間存在は……自身の被造物性と限界を一貫して認めつつ、神の似姿に秘められた能力を最大限に発揮することを目指す。罪はこの強い願望における不均衡である。人間はその神聖な召しを反映することができず、その限界を忘れている。[9]

以上の研究法は、相互に排他的なものではないし、最初の二つにも妥当性があって、私たちの理解を助けてくれるのだが、この章で論じることの焦点となるのは疎外／不均衡モデルである。これは重要な神学的径路であるが、しばしば無視されたり、認識すらされなかったりする。創世記1章が秩序と聖なる空間に関するものである場合、無秩序という罪の側面が新たな重要性を帯びることになる。[10]不均衡（無秩序）は神がそこに定めた均衡（秩序）を乱したのである。組織神学はやがて別の径路を発展させて、そちらを優先したのだが、旧約聖書においては、この見解は創世記の最初の数章において、罪がいかにして入りこんだのかを考慮に入れており、そこでは秩序とそのアンチテーゼが非常に重要なのだ。

旧約聖書は、創世記3章の出来事を「堕落」とは決して呼ばず、人や世界が「堕落した」とも言っていない。[11]「誘惑に陥る［訳注＝英語ではfall＝堕落するという動詞が使われる］」といった言及は聖書にあるので、この用語を使うこと自体は十分に筋が通るのだが、聖書テクストを論じるにあたり、この概念にあまりにも大きな役割を与えることには慎重であるべきだ。旧約聖書は、アダムの罪がすべての人に罪をもたらしたとは語っていないが、罪の影響が、旧約聖書全体に及んでいることはわかる。「堕落」という語の最も古い用例は、偽典である第二エズラ書7章118節に見出される。

アダムよ、あなたは何をしたのか?
罪を犯したのはあなただったが、
堕落はあなただけではなく、
あなたの子孫である私たちにも及んだ。[12]

以上の断りをしたうえで、この章で私は敢えてこの用語を使う。それは便宜上の理由から、また伝統的に罪の問題を要約するために使われてきた用語だからである。

旧約聖書に提示されている情報を考える上で、堕落とは、単なる不服従や、禁じられた果実を食べることではないということが明らかにされるべきだ。こういった行いは罪の行為と言えるかもしれないが、それは単に堕落を表現しているだけである。[13] 堕落とは、神のようになろうという決意のことであり、蛇の言葉(創世記3・5)、女の応答(同6節)、神の評価(同23節)と追放の理由(創世記3・23)によって伝えられた。男と女がどのようにして神のようになったのかは、例の木が表現するものとの関連で述べられている。二人が全知あるいは全能になったという示唆はされていない。とすれば、あの果実を取るという不従順によって、二人は自分たちを秩序の中心また源として位置づけることにより、神のようになろうとしたのではないか。

神とは知恵の源であり、それゆえ神の臨在が、知恵の中心を確立する。神への恐れは知恵の初め。聖書が言うところの知恵は、人生のすべての領域（話し方、家族、政府、対人関係、意志決定等）に、秩序を求めることに関係する。知恵は、秩序を認識し、追求し、保全し、促進し、獲得し、実践するときにもたらされる。真の知恵は、その源と中心を、自分自身や人間一般にではなく、神に見出す。

あの果実を取ることによって、アダムとエバは自分自身を神から離れたところにある知恵の衛星的な中心にしようと試みた。これは「自分でできるよ！」「私のやりたいようにするの！」という子ども染みた応答である。これらは権威の拒絶そのものではなく、独立を主張している。この行為は、「私がすべて」という主張であり、この最初の行為以来、人類を（個人的にも集団としても）特徴づけてきた。人間を知恵の源、また中心としたことでやってきたのは、人間を中心とした秩序ではなく、無秩序だった。この無秩序はすべての時代のすべての人々、さらには宇宙にまでおよび、神の臨在のうちにある生活／いのちは失われた。このことについては、次の章でさらに詳しく考察する。

知恵は良いものであるから、神はこれを人間に与えないでおこうとする意図はなかったと考えることに問題はないだろう。しかし真の知恵は、プロセスを通じて獲得され、一般的には知恵のある人から教え導かれるべきものだ。堕落は、アダムとエバが知恵を不法に（創世記3・22）獲得した事実によって定義される。本来なら彼らは、知恵を教えられ、秩序をもたらすプロセスに関与する有能な神の代官職となり、そうやって神の役割に参与するはずだったが、その代わりに自ら神の役割を担おうとした。[14]

人間が神と協働して、秩序を拡大する（「従えよ」や「支配せよ」創世記1・28）べき存在ならば、知恵を得る必要があるが、それは神から譲り受けるものであって、好き勝手に使うために奪取するものではない。この解釈に立つので、堕落を適当に選ばれた試金石に対する不服従と考える人々に、私は同意できない。あの木自体には取り立てて意味などなく、服従（善を知る）か不服従（悪を知る）かという選択の機会を提供することだけに役立っているという考え方である。この見解では、神は単に砂浜を歩いてはいけないと言ってもよかったことになる。任意の何かが取られたこと（試験に失敗した）ではなく、何が取られたか（知恵）が重要なのだと私は主張する。

先に（8章参照）提言したように、人間が始まりの段階から死すべき運命を持つものであり、痛みや苦しみが完全には秩序化されていない世界の一部にすでに存在していたという考えに妥当性があるなら、死や苦しみがアダムとエバの不法によって押し付けられたと考えることはできない。二人の罪のために、人類全体が苦しまねばならないというのは不公平だと多くの人が考えてきた。しかし二人はもともと存在していなかった状況をもたらしたのではないと理解すれば、アダムとエバに対して、もっと寛大な態度をとることができる。二人は自分たちの手の届くところにあった、この状況に対する解決策［訳注＝いのちの木のこと］に到達し損ねたのだ。二人の選択により、私たちのために用意された救済を得ることに失敗した。二人の失敗は、私たちが死から逃れられなくなり、世界が罪に満ちた無秩序なものとなる運命に陥ったことを意味した。これらは深刻な違反行為に対する重大な結果である。対照的に、キリストはアダムとエバが失敗したところにおいて期待どおりの結果に達することができた。私たちがみな、死ぬべき運命にあるのは、二人が罪を犯したときに、いのちの木への道が閉ざされたためだ。それゆえ私たちは罪ゆえに死に支配されていることになる。キリストは失敗することなく、罪と死に対する救済手段を実際に備えてくださった。

これと同じように、私たちが原罪と呼ぶところのものは、先祖たちが時期尚早に「プログラムから手を引いた」結果だと考える人たちもいる。ジェームズ・ギャフニーはこういったアプローチを、人間の状態が未発達であり、やりたいようにやったために意図された目標に達することに失敗したのだとまとめている。すなわち「楽園喪失ではなく、いわば楽園未達」である。[15] これをもう一歩進めて私はこう言おう。私たちは楽園を失ったというよりも、聖なる空間とそれが提供する関係性を放棄したのだ。その結果、神との関係を持つ能力が損なわれ、自分自身の知恵で、自分自身に秩序をもたらそうとして、未発達の能力を行使することにより、神の被造物を台無しにした。これは、映画スターウォーズ『帝国の逆襲』の中で、ヨーダがルーク・スカイウォーカーについて、訓練が完了していないので、彼はまだ準備ができていない（「無謀なのはあやつなのだ……今、事態は悪化している」）と嘆くのに似ている。

この章はここまで、これらの論題に対する旧約聖書の視座を取り戻そうと試みてきた。そのようにして私たちが回復しようとしている「失われた世界」は、聖書テクストの内側からの分析によって明らかにされつつある。そこで、今度は、聖書テクストの外にある古代世界に少しばかり注意を向けよう。

古代中東文献には、堕落に相当するようなものは存在しない。なぜなら、理想化された原始的な筋書きというものが存在しないからだ。メソポタミアの思想では、都市環境の文明が理想であり「外の世界」には「野生動物、原始的怪物、悪魔、漂流する魂、遊牧民[16]」が住んでいた。その「外の世界」の様子は、原始時代の描写でもあった。原初的な夫婦や、聖なる空間、命令への不従順、神のようになるために知恵に手を伸ばすといったことは見られない。

罪に関する議論でさえ、ある古代中東の文脈では問題含みである。彼らは神を怒らせ、それゆえに苦しむという概念を確かに理解していた。しかし神々は自分たちがどんな期待を持っているかを明らかにしていなかった。9章で述べたように、古代世界における**大いなる共生**（the Great Symbiosis）とは、人間の責任は神々の必要を満たすことだというものである。これはおもに祭儀の執行に関することであるが、神々が円滑に社会を動かすことを保障するために十分な正義を望んでいると認識された場合には倫理的な行為を含むこともあった。無法な社会は、生産性が低くなる。そしてそのような社会で人々は作物を栽培し、家畜を育て、神々に奉献物を供えることは難しいというわけだ。

古代中東と旧約聖書の両者において、罪はしばしば客体化された。すなわち、それは運んだり、人から持ち上げて取り除いたりすることができる、何か物質的なものであるかのように見なされた。それは物質的な結果（特に疾病）として現実になった。しかし先に言及したように、これらは罪の結果を扱う。どちらの文脈でも、罪は客体化されたものとして扱われたかもしれないが、何が罪を構成しているのかを問う場合、顕著な違いが浮かび上がる。

古代中東において、倫理的な行為はきわめて重要なことだったのだが、イスラエルに見出されるような、神の性質を認識することに基づく道徳命令というものは欠落していた。神々は自己啓示をしておらず、その性質は一貫していなかった。[17] その結果、古代世界にもイスラエルに見られるのと同じ倫理的期待が多く見つかるが、[18] イスラエル人の思考におけるそういった規範の源（社会ではなく神）や、その背後にある根拠（神の臨在を維持するための聖さ）、その目的（神に似た者になる）は、すべてまったく異なっている。古代中東の倫理規範は、何よりも社会の秩序と無秩序に関心があったのに対し、イスラエルにおける主な関心は、神との関係と、神の聖さに従って生きるために何が正しくて何が間違っているかを知ることにあった。また、同じような儀式も行われていたが、これもまったく異なるイデオロギーに基づいていた。

こういった理由から、古代中東の思想には堕落に相当するものがあるとは期待しない。古代中東に生きる人々が自分たちを神との関係の中に見出さないのであれば、神との関係が壊れるということもない。神々も人間も、大いなる共生の範囲外で関係を持つことは望まなかった。旧約聖書に見出されるものは、神の啓示の反映であり、イスラエルに独特な神学をもたらした。そこで失われた世界を回復するためには、古代中東についてより多くの学びをするのではなく、旧約聖書テクストに立ち返ること、さらにそれを古代の文脈でまず考えることが必要である。それは、これらのテクストの解釈が新約聖書でどのように展開され、教会の歴史を通して神学的理解がどのように表現されてきたかを考慮に入れる前にしなくてはならない。[19]これは、その後の展開を拒絶することを意味するのではない。しかし旧約聖書のテクストをその文脈において理解するためには、テクストを構成する問題を古代の設定の中で見ることが重要なのだ。まとめると、創世記3章は、最初の罪についてというよりも、秩序づけられていく過程にある世界に無秩序が侵入した（罪によって持ち込まれた）ことに関するものだ。それは人間の代表が悲しいかな創造主からの独立を宣言したとき、人間がいかにして神の臨在に近づく道を失ったのかという話である。文学的にも神学的にもより一層関心が置かれているのは、集合体としての人類がいかにして神から切り離されたかということ――疎外――であって、人間それぞれの罪深い状況ということではない（後者の事実を軽くみようという意図で述べているのではない）。

また神学的に人間論を講じる仕方にも、この視点の違いは反映される。私たちが個人として何者なのか、そしてどの部分が永遠に人を規定し続けるのかを議論する際に、身体（body）、たましい（soul）、霊（spirit）について語るのが通例である。エジプト人たちは、人間を目的論的（テレオロジー）観点から語り、（baとかkaといった用語で）来世にも関心を示している。対照的に、バビロニア人たちは始原論（プロトロジー）の観点から人間について考える傾向が強い。つまり人間の始まりこそが私たちを規定するということだ。イスラエルにおいて使われる用語（「ネフェシュ」や「ルーアッハ」＝「たましい」や「霊」と訳されることが多い）は、私たちと神との関係を定義するのに役立っている。

ネフェシュは神から与えられるもの（創世記2・7）で、人間存在が死に至るとき、離れ去る（創世記35・18）。興味深いことに、神ご自身もネフェシュによってその性質が表されている。人間がネフェシュを持つのではなく、人間がネフェシュなのだ。それはいのちであり、血に関連している（レビ記17・11）。対照的にルアッハは人に活力を与え、意識と生命力に関連している。すべての人は神のルアッハを持っていて、その人が死ぬとき、神のもとに戻る。神のルアッハは人間のいのちを支えるものだ。こういうわけで、心理学的な構成要素というより、関係的・神学的なものとして、イスラエル人の見方を理解することができる。[20] ネフェシュもルアッハも、死後の世界に存在するとは考えられていない。

こういったことすべては、どのような違いを生み出すのだろうか。これは、実在する人間が実際の過去において行った選択ゆえに罪がある時点で世界に入り、私たちすべてに影響を与えたという伝統的な考え方に異議をとなえるものではない。アダムとエバを、聖なる空間における祭司的代表者であり、神の臨在から人間を疎外することをもたらした者と捉えることは、私たちの現在の状況に関する疑問を違う形で問い直すことになるだろう。このことは次の章でさらに探求する。同時に、このことは、私たちの救いの必要性も、私たちのために成し遂げられたキリストのみわざの重要性も何一つ変えるものではない。ただし、私たちに与えられた救いが、何から救われたのかより、何のために（神の臨在に近づく道と、神との関係の刷新）救われたのかということがより重要だと、私たちに思い起こさせるのに役立つだろう。この点は重要である。あまりにも多くのキリスト者が、罪の赦しと天国に行けることだけに救いを矮小化してしまい、今ここで日ごとに神との関係を深めていくべきという考え方を真剣に取り上げることがないからだ。

1 Mark E. Biddle, *Missing the Mark: Sin and Its Consequences in Biblical Theology*（Nashville: Abingdon, 2005）, pp. vii-viii.

2 Gary A. Anderson, *Sin: A History*（New Haven, CT: Yale University Press, 2009）.

3 前掲書 pp. 27-28.

4 Alex Luc,「ハッター」in *New International Dictionary of Old Testament Theology and Exegesis*, ed. Willem A. VanGemeren（Grand Rapids: Zondervan, 1997）, 2:87-93 所収の議論を参照。

5 しかし、この後者では動詞のヒフィル形が使われている。「罪を犯す」を意味するのはカル形である。
6 だから英語では、awfulは「感動的な」という意味ではないし、sinisterは「左利き」という意味ではない。
7 ギリシア語の専門用語についても同様のことが言える。
8 例えば、マーク・J・ボダ *A Severe Mercy: Sin and Its Remedy in the Old Testament*『旧約聖書における罪とその救済』（Winona Lake IN: Eisenbrauns, 2009, p.515 未邦訳）参照。Luc,「ハッター」p. 89. この概念は、オリゲネスが最初に導入した「霊的死」という神学的概念の後世の発展に代表されるものである（ただし、テクスト上の根拠はない）。
9 Biddle, *Missing the Mark*, pp. xii-xiii.
10 救いは確かに重要な軌道であるが、それは神が私たちが神の臨在にアクセスすることを保証してくださったこととして理解できる。神の臨在における関係は目的であり、救いはそれを達成するための手段である。
11 それどころか、新約聖書にもない。シオニー・ゼヴィットが指摘するように、預言者たちはイスラエルの罪を「園の罪」と関連づける十分な機会があったにもかかわらず、それをしなかった（*What Really Happened in the Garden of Eden?* [New Haven, CT: Yale University Press, 2013], pp.19-22）。イザヤ43・27が罪を犯したイスラエルの最初の父について言及しているのは、アダムではなくヤコブのことである。
12 James H. Charlesworth, *The Old Testament Pseudepigrapha*（Garden City, NY: Doubleday, 1983）, 1:541より翻訳。この著作は紀元後一〇〇年頃のものである。この部分もまた、人間の罪への関与を肯定していることに注意。第二バルク48・42〜43も参照。「堕落」という表現は、初期の教父たちによって広められたが、ギリシア教父たちにはほとんど見られない。四世紀末（ニュッサのグレゴリウス）になっても、神学的構成を表す専門名詞としては使われていない。この概念がより顕著になったのは、ラテン教父たちにおいてである。この歴史的情報を提供してくれた同僚のジョージ・カランツィスに感謝する。

13 I. Provan は、*Seriously Dangerous Religion*（Waco: Baylor University Press, 2014）の一七四頁で、神が善であることを本質的に否定していると見ている。

14 これは、ローマ人への手紙8章17節で表現されている、私たちはキリストと共同相続人であるという考え方に似ている。キリストの代わりに自分たちが相続人であると考えるのは適切ではない。私たちは相続人としてキリストにあずかり、キリストによって相続人となるのだ。同じように、人々が神から離れて知恵を得ようと考えるのは適切ではない。受け入れられる唯一の知恵は、神と共にあることにある。

15 James Gaffney, *Sin Reconsidered*（New York: Paulist Press, 1983）, pp. 48-49.

16 F. A. M. Wiggermann, "Agriculture as Civilization: Sages, Farmers, and Barbarians," in *The Oxford Handbook of Cuneiform Culture*, ed. Karen Radner and Eleanor Robson（Oxford: Oxford University Press, 2011）, p. 674.

17 古代近東の状況については、John H. Walton, *Ancient Near Eastern Thought and the Old Testament: Introducing the Conceptual World of the Hebrew Bible*（Grand Rapids: Baker Academic, 2006）に詳しい。

18 Developed at length in Karel van der Toorn, *Sin and Sanction in Israel and Mesopotamia: A Comparative Study*（Assen: Van Gorcum, 1985）.

19 プロテスタントの罪に関する理解の多くは、パウロよりもアウグスティヌスに負うところが大きい。アウグスティヌスと堕落については Willemien Otten, "The Long Shadow of Human Sin: Augustine

on Adam, Eve and the Fall," in *Out of Paradise: Eve and Adam and Their Interpreters*, ed. Bob Becking and Susan Hennecke『エバとアダムとその解釈者たち』（ボブ・ベッキング、スーザン・ヘネッケ編、Sheffield: Sheffield Phoenix、2010）、29-49頁を参照。アウグスティヌスは、新プラトン主義、禁欲主義、そしてグノーシス主義、ペラギウス主義、ドナティズムを反駁したいという願望から大きな影響を受けていた。

20　詳しくは Walton, *Ancient Near Eastern Thought*, pp. 210-14. を参照

## 提言16 私たちは現在、非秩序(ノンオーダー)、秩序(オーダー)、無秩序(ディスオーダー)の混在した世界に生きている

創世記1章2節において、話の起点となる宇宙の状態は、定められた機能を持つに至っているものが何一つないというところだった（詳しい議論の全体は2章を参照）。この非秩序(ノンオーダー)の状態は、宇宙に秩序(オーダー)をもたらす創造活動のために、キャンバスのような役目を果たす。そこには、海や闇といった古代中東思想に典型的な非秩序を表す伝統的な記述語が含まれる。それから神の霊（あるいは風）が活動を始める準備をしていることも特徴的だ。[1] エジプトの宇宙論の中でも、アムン神の現れである風が、創造開始の初めにおいて役割を担っているものがある。[2]

この非秩序の状態に、神は宣言によって秩序を確立し始める。古代中東には、語られた言葉による創造という特徴を持つエジプトのテクスト（シャバカ石に記されたメンファイト神学）が存在する。しかしながら、より一層重要なのは、シュメール文献とバビロニア文献のどこを見ても、神々は宇宙の構成員に口頭でその運命を布告することによって秩序をもたらす（始原時だけでなく、年毎に）ことだ。何かの運命を宣言するとは、それに役割や機能を割り当てることである。[3] これは秩序を確立することによる創造行為だ。したがって、語られた言葉の力によって創造が起こるということは、古代世界ではごく当たり前のことだった。

神の創造のみわざは、この非秩序の存在に秩序をもたらすことだと定義される。これはプロセスを通して段階的に達成される。神が秩序をもたらしても、非秩序の側面は残っていた。海はまだ存在し（その限

界は定められていたが）、闇もまだ残っていた。「園」の外側には、内側ほど秩序化されていない部分があった。神がもたらした秩序は、ご自分のかたちである人間に焦点が絞られていて、神はこの継続する秩序化のプロセスに人間を参与させることに狙いがあった。しかし、これより重要なことは、この宇宙を聖なる空間として秩序づけることだった。それでも、それはほんの始まりにすぎなかった。

この最初の秩序化の段階では、自然災害や、痛み、死といったものは除外されていなかっただろう。これらのものを秩序化された世界の一部だと考える必要はない。もちろん、神はこれらのものを支配していないわけではないし、それが好ましい結果をもたらすこともある。[4] 新しい創造までは、すべての非秩序が解決されることはない。黙示録21章で「もはや海もない」（1節）し、痛みも病もなく（4節）、闇（23～25節）もないと語られる。神殿がないのは、神の臨在がすべてに及び（3、22節）、それは中心から聖さの薄れる外に向かって放射されるものではないからだ。神は人々と共におられて、彼らの神になる（3節）。その関係は、夫と妻のイメージ（2節）で伝えられている。これはエデンの園の回復とか、堕落前の状況に戻ることではない。新しい創造は、これまでに存在しなかったレベルの秩序によって特徴づけられる。

このように考えると、痛みと死は「良かった」（＝秩序づけられた。5章を参照）と言われるものの中に含める必要がない。こういった要素は、完全に秩序化された世界に至るまでは、最終的な解決をみないものだ。堕落以前の世界は、秩序と非秩序が混在し、非秩序は段階的に秩序づけられるように仕組まれていた。しかしながら、この秩序へと向かう展開は、無秩序の侵入によって後退した。混沌の生き物であるあの蛇は、非秩序の世界の一部であった。しかし、人間が自ら知恵と秩序の中心かつ源であろうと欲したとき、その干渉によって無秩序（ディスオーダー）が発動されたのだ。

このような理解によって、ようやく前章で打ち出した言明に説明をつけることができる。人間が知恵と秩序の中心かつ源の位置に自らを置いたことでもたらされたのは、人間を中心とした秩序ではなく、罪が支配する無秩序だった。人間は自らを中心として自力で秩序を確立することはできなかった。このようにして入ってきた無秩序は、あらゆる時代のあらゆる人々へと波及し、宇宙全体にまで及び、神の臨在の中で生きるいのちは失われた。

それゆえ、第一に言えることは、私たちが今生きている世界は、非秩序という特徴を部分的に持っているということだ。それは秩序化されるプロセスの途中にあって、しかもそのプロセスは、自分たちが創造された目的と役割を人間が果たさなかったことで妨害されてしまったからだ。自然災害や病、痛みなど多くの事柄が、この非秩序を反映している。罪は私たちを取り巻く状況のあらゆる側面の原因というわけではなく、これらの状況は人間が被造世界に秩序を実現していく力を持たないことの現れである。[5] またこれに加えて、悪霊による活動のいくつかは、この非秩序のカテゴリーに含めるべきだと私は考える。非秩序の世界の一部であり、非秩序をもたらすような、道徳とは無関係な、意志的ではない霊的な力が働く場合である。これは、福音書に示されている悪霊の描写にうまく適合する。

第二に、私たちが生きている世界の特徴には、秩序も存在する。というのは、それが創造によって確立されたものだからである。神がもたらし、またもたらし続けている創造の秩序という恩恵だけでなく、キリストのみわざを通して確立された御国の秩序の恩恵をも私たちは享受している。さらに、人間は発見と発明、テクノロジーと産業文明によって、秩序の恩恵をこの世界にもたらしてきた。ただし、人間の秩序がもたらす進歩は、無秩序をももたらす。なぜなら、私たちが聖なる空間に仕えているということを忘れて、自分たちの思いを頼りにし（自分たちを秩序の中心に据え）、自己中心的な目的でその歩みを進めることが、あまりに頻繁にあるからだ。

その結果、第三のこととして、私たちが生きる世界は、無秩序を特徴とする世界でもある。この無秩序は、私たちが環境を害し、互いを傷つけ合い、自分自身を損なうときに立ち現れる。無秩序は罪の結果であり、私たちがデザインされた良さを発揮できていないことを反映し続けている。罪には多くの有害な影響があるが、その一つとして罪は、私たちを低機能に陥った被造物にしてしまった。そして私たちが何とかしてもたらしたわずかばかりの秩序は、神が私たちに意図されたことの戯画（カリカチュア）と化している。秩序がもたらされるのが遅れ、罪の結果である無秩序が猛威をふるっているために、すべての被造物はうめいている（ローマ8・19〜22）。罪は、私たちが神よりもうまくやれると考えたその考えの中に、何よりも根本的に現れている。それは、今なお私たちすべてを苦しめている妄想である。

1　詳しくは John H. Walton, "The Ancient Near Eastern Background of the Spirit of the Lord in the Old Testament," in *Presence, Power and Promise: The Role of the Spirit of God in the Old Testament*, ed. David G. Firth and Paul D. Wegner (Downers Grove, IL: InterVarsity Press, 2011), pp. 38-67, esp. pp. 39-44. を参照。

2　Mark Smith, *On the Primaeval Ocean: Carlsberg Papyri 5*, CNI Publications 26 (Copenhagen: Museum Tusculanum Press, University of Copenhagen, 2002), pp. 53-63; それ以前のテキストでは、風の神シュは天地創造の際に口からの爆風を用いる。

3　詳しくは John H. Walton, *Genesis 1 as Ancient Cosmology* (Winona Lake, IN: Eisenbrauns, 2011), pp. 37-62. を参照。

4　Mark Harris, *The Nature of Creation: Examining the Bible and Science* (Durham, NC: Acumen, 2013), p. 147. 彼は「苦しみと死は完全な悪ではなく、その説明には微妙な点がある。――肉食動物に獲物を与える神への賛美に注目してほしい」（ヨブ記38・39〜41、詩篇104・21、147・9）と主張する。

5　もちろん、罪がこれらのことを引き起こすことがあり得ると私たちは知っている。罪のために病を経験する場合はある（例えば性感染症など）。そして自然災害が、人間による無責任な行為に間接的に結び付くこともあり得る（石油流出、枯葉剤散布、温室効果ガスなどがそうかもしれない）。

## 提言17 全人類が罪と死に服しているのは世界の無秩序ゆえであり、遺伝によるのではない

神学的にも、聖書的にも、経験的にも、罪は私たちそれぞれに固有のものであり、集合的に私たちすべてにとって普遍的であり、単なる行為以上の広がりを持った根源的なものだということに、私たちはみな同意している。それゆえに、罪は救済策を必要としている。けれども聖書は、どのようにして私たちが罪に冒されたのかということをあまり明確にしていない。科学も**釈義**もその答えを提供しないが、どちらも提示された答えにまつわる問題を特定することができる可能性はある。結局のところ、聖書によっては除外することのできない様々な説明の可能性がどうしても出てくることになる。そこで私たちは、どれが最も妥当なのかを判断しようとするほかない。

### 原　罪

なぜ／どのようにして、すべての人が罪と死に服するようになったのか。ここでは原罪の複雑さや、いかに罪が全人類に広がったのか、いかに罪が宇宙に影響を与えたのかといったことについて、いくつかの意見を述べることはするが、掘り下げて考えることまではしない。ここにある諸課題は教会史の中でずっと議論されてきたもので、いくつかの注意事項がここでの簡潔な討議を始めるのに役立つだろう。

1　完成に向けて神が今も働いているゆえに私たちが経験するネガティブな事柄と、人類によって世界にもたらされた無秩序ゆえに私たちが経験することを、区別することが重要である。

2　悪にはいくつかのカテゴリーがあり、すべてのことが罪に関連しているわけではない（例えば、「自然悪」と呼ばれるものなど）と認識することが重要である。例えば、経験的な悪（あらゆるレベルでの無秩序（ディスオーダー）や非秩序（ノンオーダー）から生じる不快感）、個人的な悪（他人を苦しめる反社会的行動）、懲罰的な結果（個人的な悪や無秩序の永続化を罰したり、阻止したりするために神や支配者が行う行為から生じる不快感）そして罪（神との関係を損なう祭儀的／道徳的に不適切な事柄）などに区別するべきである。ほとんどの人は罪と悪を、ここで挙げたもののすべてあるいはいくつかを指すために交換可能な用語として使っている。[1] 悪の問題は、人間が直面する罪の問題よりも大きな議論なので、これは残念なことである。

この大きな神学的で哲学的な問いを超えて、罪と堕落についての聖書的で神学的な主張を、アダムとエバ以前の人間、あるいはアダムとエバの同時代の人間を想定する科学的理解と統合しようとするとき、より具体的な問題が生じる。いかにしてそのすべてが罪に支配されることになったのだろうか。何といっても、人間と見なされる初期の集団における暴力に関する人類学的証拠からすると、罪深い（少なくとも個人的な悪の）行動が存在しなかった時代は決して存在しない。したがって、このような議論は説明責任の問題を中心に展開する必要が出てくる。この点に関して、ローマ人への手紙5章13節にあるパウロの言明は、重要な洞察を提供する。「実に、律法が与えられる以前にも、罪は世にあったのですが、律法がなければ罪は罪として認められないのです。」

では、説明責任ということから始めよう。律法とは、何が正しくて何が間違っているかを理解するのに役立つものと見ることができる。それは、道徳に基づかない相対的（特定の日は、道の特定の側に駐車することが違反になる）な場合もあれば、道徳的な問題に基づき、律法の性質によって啓示された神の願いに本質的に従った、絶対的なものもある。この議論において、注目するのは後者のカテゴリーである。律法を認識したとき、あるいは神の願いや性質が知らされるときに、この知識を受け取った者には、説明責任が生まれる。説明責任を負うとは、彼らが今や、咎ある者と見なされ、それゆえに律法を定めた者――この議論においては神――による処罰の対象になることを意味する。もちろん、説明責任の有無に関わらず、自然な結果が生じることも十分にあり得る。

この論理展開では、アダムとエバより先に存在したかもしれない人間集団、あるいは共存していた可能性のある人々が、仮に罪だと見なされる行為を実行していても、彼らはそのことについての説明責任は負っていなかったと示唆される。律法や啓示のないところに罪はない（関係の意識も、不死性もない）ということだ。この筋書きに沿うと、アダムとエバの罪は、説明責任を持ち込むことによって、人類全体に罪をもたらしていると理解されるだろう。ローマ5章13節から推察すると、パウロの見解では、罪は説明責任がもたらされたときに、この世に入りこんだのである。アダム以前の人間は、個人的で意識的な関係を神との間に持っていなかったので（神の被造物として彼らは神と関係していたが）、それを失うことはなく、彼らが何をしたとしても関係が危うくなることはなかった。彼らはやがては神との関係を持つ可能性を持っていたが（神のかたちが与えられていたので）、罪によって招き入れられた無秩序を私たち以上に持っていてもそれに対処する必要はなかったのだろう。[2]

説明責任についての考察から、罪の教理へと考えを進めるにあたり重要なことは、今日私たちが持っている教理に影響を与えているさまざまな情報源を区別することだ。アウグスティヌスはパウロの言うことを超えて押し進め、パウロは創世記の言うことを超えた。旧約聖書の神学では、人々は罪の現実を理解しているものの、堕落を主張する明白な必要性は見当たらない。パウロ文書でさえ、そこに行きわたっているのは原罪ではなく、救い主の必要性なのだ。[3]

## アウグスティヌスとエイレナイオス

今日のプロテスタント神学の基礎である罪に関するモデルは、パウロ自身によるものではなく、パウロを読んだアウグスティヌスによって展開されたものなので、注意深く進んでいく必要がある。罪に関するアウグスティヌスの見方は、最初から、アダムについての特別な考え方を前提としていた。それは、テクストに明示的に述べられていることを見出していくのではなく、神学的に導き出されたものである。

アウグスティヌスは、アダムとエバを元来は非常に高貴な人物として描いている。彼は創世記2章や3章に書かれていることを超え、時にそれに反して、二人に、自由意志、完全な健康、完全な知識、いのちの木を食べることによる不死の機会、罪を犯さない能力や、善を選ぶ傾向、そしてこの祝福された状態を持ち続ける能力までも与えている。[4]

ここでアウグスティヌスの原罪に関する考え方を全面的に取り扱う余裕はないし、それにふさわしい場でもない。いくつかの基本的な観察（必然的に還元主義的なものになる）で十分だろう。アウグスティヌスのモデルは、出生によって罪が世代から世代へと受け継がれるというものだ。しかし一般的な生物学が彼の時代に十分理解されていたわけではないのはもちろん、より具体的に言えば、遺伝学については完全に無知であった。生物学と遺伝学を学べば学ぶほど、アウグスティヌスのモデルが正しい可能性は低くなる。さらに言えば、彼の議論の出発点（アダムについての見解）に議論の余地があるなら、彼のモデルの残りの部分も危ういものとなる。アウグスティヌスのモデルが両方の点（出発点とメカニズム）において損なわれていたとしたら、それは内的不具合ゆえに破綻していたと思うかもしれない。しかしながら、この理論は神学思想の歴史と発展に深く根付いており、本質的ルーツからほとんど独立した独自のいのちを持つに至った。おそらく、今や教会にとって、原罪をいかに定式化し、理解するか、再考する時が来ているのだろう。

アウグスティヌスより前に、エイレナイオスによって提示されていたもう一つの選択肢には、パンドラの箱の要素が色濃く含まれていた。罪／無秩序が放たれてしまったこの世で、私たちは空気汚染や感染のようにこれを請け負うことになったという具合である。[5] この二つのモデルの違いとして挙げられることの一つは、アウグスティヌスのモデルの場合、この世が感染しているのは、私たち人間が感染したゆえであるが、エイレナイオスのモデルでは最初の行為のゆえに（無秩序が解き放たれ、暴走し）、汚染がこの世に広がったことにより、私たちが感染する、とする点だ。[6]

原罪とその伝播をどのように定義するとしても、キリストがこれに服さない理由が説明できなくてはならない。処女懐胎が一つの理解に至る上で中心的なことだと多くの人が認めているが、それがどのようになされるのかはあまり明確ではない。アウグスティヌスのモデルでは、イエスが原罪を免れたのは人間の父親をもたなかったからであり、[7] それゆえ罪はイエスに受け継がれなかったとされる。[8] この見解は問題が増し加わるばかりである。というのは、論理的に言って、罪の伝播はＤＮＡの問題ではあり得ないからだ。イエスのＤＮＡの源をたどることはできないから、ただ謎だけが残ることになる。いかにして父親側のＤＮＡが提供されたのだろうか。もちろん私たちはイエスが私たち全員と同じ完全な人間であったことを知っている。アウグスティヌスのモデルを遺伝学に外挿することは、古代の理論を現代の理解に適用する際に必要なことであるが、そううまくはいかない。

アウグスティヌスのモデルに対する別の批判は、彼がローマ人への手紙5章12節のラテン語訳（ウルガタ）に基づいて考えていたという認識から起こっている。これがアウグスティヌスをして、パウロが「アダムにあって」すべての人が罪を犯したと言っていると思わせたのだが、ギリシア語のテクストは、実際には「このようにして、すべての人に死が訪れた。というのは、すべての人が罪を犯したゆえである［訳注＝NIVからの直訳。新改訳2017は「こうして、すべての人が罪を犯したので、死がすべての人に広がった」］」と書かれており、これが示唆することは、アダムが罪を犯したゆえに、私たちもみな、罪を犯すということである。これは、ちょっとした言葉の違いが、いかに大きな影響を与えるかを示す良い例であり、この事例においては、その結果が甚大で長年にわたる議論を神学者や釈義家たちの間に呼び起こしている。[9] このすべてのことから、実際のところどのような聖書的あるいは神学的な主張がなされており、どの主張が科学的モデルとの調整を要するのかを整理することを非常にややこしくしている。

おそらく、処女懐胎によってイエスは神であることがはっきり認められると認識することで、より実りある考え方を（エイレナイオスに同意しつつ）提示できるだろう。神のようになりたいと願う罪（堕落の本質として定義したもの）は、神である方［訳注＝イエスのこと］を汚染し得ない。神の子は、無秩序の原因となることも、これに翻弄されることもない。なぜなら神の子は、まさに秩序の体現者であり、知恵の化身だからだ（知恵とは、秩序を認識し、追求することである）。したがって、イエスはその神性ゆえに、無秩序と堕落の影響を受けることがない。イエスはその地上生涯の間、非秩序を従えた（嵐を静め、悪霊を追い出し、病気を癒やす）。そして死と復活において、無秩序を打ち破って秩序をもたらしたのだ。

公害モデル［訳注＝エイレナイオスの考え方］では、一人の人間が川を汚すと、下流の人々が被害を受けること、一企業が有毒廃棄物を流すと、皆が癌になること、一つの産業が空気を汚染すると、すべての人が被害を受けることがよく知られている。一人の人間が、自分の利益を中心に置くなら、その人は皆に有毒な環境を創出してしまう。創世記においては、この有毒な環境には「無秩序の汚染」と呼べるものが含まれるかもしれない。環境汚染がそうであるように、すべての被造物がうめき、無秩序に支配される。私たちはみな、この有毒な環境に生まれ、その結果を普遍的にも個別的にも被っているのだ。それゆえ、私たちはみな、救いを必要としているのである。私たちはその無秩序を行動に表し続けているが、罪の影響は行動的なものだけでなく、根本的なものでもある。マーク・ビドゥルはシステムが世代を越えて多数の個人の無限の相互作用を含むという社会学的観点から描き出している。

一人の行動がシステム全体に波及し、罪の波によって揺さぶられたすべての人の危ういバランスを崩していく。システムのメンバーによってなされる数多の選択と行動は、時間さえ越えてシステム内のすべての個人に影響を与え、すべての人の完全に自由な状態で選択する自由を制限するので、真正な行動をとる自由も制限される。[10]

私たちはみな、私たちの代表者が秩序の中心になることを望んだあの最初の瞬間以来、システムに導入されてしまった無秩序にさらされている。その現れは集合的かつ累積的なものだ。[11] 私たちはこの世のそのような状況の犠牲者であるだけでなく、そこに加担する者でもある。イエスはこのような世界にお生まれになり（それゆえ、彼はあらゆる点で人間であり、私たちと同じような試みを受けられた）、しかしその影響を受けず、その無秩序に加担することもなかった。イエスは秩序の体現であり、まさに受肉した秩序なのだ。

## 堕落以前の死

これで、堕落以前に死があった可能性を考えるための土台が据えられたことになる。8章で、人類が死すべき存在として造られたという考えを支持する手がかりを吟味した。そこでは、パウロが私たち人間はみな、死に服していると述べたのは、罪を犯したことによって、いのちの木にある解毒剤を手に入れる道を失ったためだと結論づけた。5章（68頁）では、死と苦しみは無秩序にのみ付随するものではなく、非秩序の世界の一部でもあったという考えを考察した。その章で、その考え方が、創造は「良い」とされることと矛盾しないということを示した。

アダムとエバに先立って、あるいは同時代に他の人間が存在していたというモデルを考える場合、その人たちが死や苦しみに対する脆弱性を持っていたことを熟慮する必要がある。もし、非秩序の世界に死と苦しみが本来的に存在し、部分的に秩序化された世界においても残っているのであれば、堕落前の人類はその影響を受けることになる。もし、パウロが主張しているように（ローマ5・13）、律法や啓示が与えられて初めて罪が問われるのなら、このときの人類は神の像（かたち）でありながら、まだ説明責任を負わされてなかったので、罪を問われない状態にあったことになる（罪がないのではない）。この筋書きでは捕食関係、動物の死、人間の死、暴力的な行動が見出されるのは予期される。神の像を与えられ、聖なる空間を打ち立てることにより、律法と啓示による説明責任を求める基盤が整うことになる。アダムとエバが罪を犯したとき、人類の代表である祭司として二人の罪は無秩序と説明責任をもたらし、死に対する解毒剤を手に入れることはできなくなった。私たちが人間として存在するようになるとき、その無秩序は、私たち一人ひとりに感染する。非秩序は、当初の計画（神が人間という代官職とチームを組んで解決する）どおりには解決せず、無秩序はキリストのみわざによる解決を必要とするようになった。

捕食関係があり、苦しみと死がある世界をなぜ神は創造したのか、なぜそれを「良い」と言えるのかという問いに対して、すべてのピースがどのように組み合わされるのかを理解しなくてはならないと私は応えたい。「良い」とは、非秩序のただ中に形成された秩序に関係していた。非秩序は、当然ながら「良くはない」のだが、悪いわけでもない。しかし、秩序づけを継続していくための計画は、すべての非秩序が最終的に解決されるというプロセスを含むものだった。そう言えるのはそれが、新しい創造（黙示録20章）における最終的な結果だからだ。神の創造のみわざは秩序づけられた世界に場を割り当てることだった。だから、神が非秩序の世界を（秩序の観点からいうところの）創造していると言うことは辻褄が合わない。物質的な世界は、そもそもまだ秩序づけられたものではなかった（創世記1・2）。神が時間をかけて事を行われる場合（そうされることが多いのだが）、神の意図は最終的な結果において明らかにされ、その途中の段階では、はっきりしないことが多い。

堕落の前には、死も苦しみもなかったと思う人々は、それらを非秩序にではなく、無秩序と関係づけている。無秩序と結び付けたくなるのはわかるが、それを裏付ける証拠がないのなら、非秩序と結び付けることこそ、聖書と神学の視座から擁護可能であり、歴史、生物学、人類学からも支持されることだと結論するのがよいのではないか。

1　ここに挙げた有用なカテゴリーを示してくれたジョナサン・ウォルトンに感謝している。

2　この洞察を与えてくれたジョナサン・ウォルトンに感謝する。

3　Mark Harris, *The Nature of Creation: Examining the Bible and Science* (Durham, NC: Acumen, 2013), pp. 145-46.

4　Patricia A. Williams, *Doing Without Adam and Eve: Sociobiology and Original Sin* (Minneapolis: Fortress, 2001), p. 42. この概説は、アウグスティヌスの初期の著作『マニ教徒反駁・創世記』や『告白』（第11

巻と第12巻）を含む多くの著作から広く引用されているが、主に『創世記の字義的注解』に反映され、最終的には『神の国』の第11巻に洗練されている。教父からの抜粋は、Andrew Louth, with Marco Conti, eds., *Genesis 1–11*, Ancient Christian Commentary on Scripture (Downers Grove, IL: InterVarsity Press, 2001).

5　これは、被造物がもはや「善」ではなく、神との関係がもはや不可能であることを意味するものではない。役に立つ説明と区別については、I. Provan, *Seriously Dangerous Religion* (Waco: Baylor University Press, 2014), pp. 134-37.

6　この定式化はエイレナイオスのモデルに基づいているが、エイレナイオスはこのような枠組みを作っていないことに注意されたい。

7　アウグスティヌスの時代には、女性は単なる保育器であり、男性は種を提供するものだと考えられていた。

8　しかし、そのためにはアウグスティヌスは、罪が受け継がれないように、マリアの無原罪懐胎を必要な要素とする必要があった。プロテスタントがマリアの無原罪懐胎を否定しながらも、罪の継承に関するアウグスティヌスの定式を受け入れていることは興味深い。

9　Williams, Doing, *Without Adam and Eve*, pp. 40-47, およびローマ人への手紙の専門的な注解書での議論を参照のこと。

10　Mark E. Biddle, *Missing the Mark: Sin and Its Consequences in Biblical Theology* (Nashville: Abingdon, 2005), p. xiii.

11　前掲書 p. xvii.

## 提言18 イエスは無秩序を解決し、秩序を完成させるための神の計画の要石である

イエスの教えには、アダムをどのように理解すべきか、ということに関する情報はほとんど何もない。しかしイエスの役割とアダムとの対比は、パウロが何度か言及しており、この議論における重要な位置を占める。パウロ文書については、19章のN・T・ライトによる補説の中で扱うが、ここでは神の計画のより大きな動きとイエスの果たした役割について見ていこう。

私たちは今、「すでに」と「いまだ」の狭間にある。すなわち無秩序に対する解決策は与えられている（イエスの死は罪と死に勝利した）が、無秩序はまだ残っている。さらに、秩序をもたらすプロセスは継続していて、神が過去に始められた様々な段階を通して理解され、新しい創造における最終的な完成を待っている。

先に（3章）示した解釈では、創世記1章の宇宙論は、非秩序（ノンオーダー）の状況に秩序（オーダー）をもたらすという考えに基づいて構築されている。創造に関するこのような考え方は古代世界では一般的であり、創世記に示されるテクストとも親和性がある。この秩序の根拠は二つあると考えられる。（1）この秩序の焦点は、神の像（かたち）として造られた人間であり、（2）神の臨在が置かれるところが秩序の中心となる。宇宙は神がそこにご自分の住まいを定めたときに、聖なる空間となり、その臨在が秩序をもたらした。しかし神は、この秩序ある宇宙を人間のために機能するように造られた。この神学的なイメージは、神がご自分の民とどのよう

に関わろうとしているのかに関係があり、神の臨在が必然的に私たちの世界に秩序をもたらす。

イエスは、神が宇宙に秩序をもたらすという継続的なみわざにおいて非常に重要な役割を担っている。このことはコロサイ1章15～23節のキリスト論に顕著に表されている。本書で提案している考え方のレンズを通してこの箇所を読むと、どのようなことが見えてくるだろうか。どのような新しい解釈の可能性が浮上するだろうか。パウロは創世記のいくつかの問題を詳しく論じたり、補ったりすることによって、どのような取り組みをしているだろうか。こういった視座を念頭に、以下のことを見て取ることができる。

- キリストは、見えない神の真の像(かたち)である（創世記1章に思いを馳せている）。
- キリストはすべての造られたものより先に生まれた方である（イエスをアダムより上位に置いている）。
- キリストにあって、すべてのものは造られた（創世記1章をも含むすべての創造のみわざにおいて、キリストが創造主であると特定している）。
- キリストは見えるものも、見えないものも創造された（前項は誰が創造主であるかを特定するところに力点があるが、ここでキリストが何を創造したのかに関することである。見えるものには、人間の領域における物質的なものと秩序・機能的なものの両方が包括的に含まれている）。
- キリストはすべての霊的な力を創造された（創造の範囲を霊的領域にまで拡張している）。
- キリストは万物に先立って存在している（それゆえ先行する依存条件を持たない）。
- キリストにあって、万物は成り立っている（万物がキリストにあってまとめられる多くの方法の中に、キリストが秩序の源であり中心である――これは神に属する役割であり、アダムとエバが堕落において志向したもの――ことを含められるだろう）。

- キリストは教会のかしらであり、死者の中から最初に生まれた方（秩序をもたらし、無秩序を解決する）。
- 神の満ち満ちたものがすべてキリストのうちに宿っている（だから、キリストは秩序の中心である神と競い合うことがない。キリストは神が常にそうであったように中心であり、人間としてその役割を果たし、アダムが成し遂げられなかったことを成し遂げる）。
- キリストによって万物は神と和解させられる（キリストが罪の無秩序と罪によってもたらされた無秩序を解決するときに、キリストは新しい創造において、非秩序の究極的な解決をも提供する）。
- 私たちはキリストの血によって平和に至る（「安息」に関連している）。
- かつて人間は疎外されていたが、今や和解させられている（キリストの死によって達成させられた数多くの事柄の中で、無秩序ではなく秩序をもたらした。すなわち死を通していのちがもたらされた）。

全体像を把握するためには、歴史を通じて行われた神の計画と主導的な取り組みをたどらなくてはならない。

（無秩序が進行したために起こった）大洪水により、秩序がほとんど消滅した後、古代世界で知られている地政学的な秩序が形成された（創世記10章　紀元前二千年紀に知られていた世界を表現した民族一覧）。しかし創世記11章では、その地政学的秩序が生じたきっかけは、尋常ではない方法――際立った塔を備えた都市を建設すること――によったことがわかる。

バベルの塔をジッグラトと解釈することは大方、一般的になっている。ジッグラトとは、古代メソポタミアの主要都市を特徴づける有名な塔のことで、神殿に隣接して建てられ、聖なる空間の一部だった。現代の読者はこの塔について、人々が天に昇るために建設したものだと思い込んでいるゆえに、勘違いすることが多い。しかし実際には、あらゆる証拠が真逆のことを示している。ジッグラトは神の降臨を促すために設けられ、それを誘発するためのものだった。神殿に降臨するための便利な手段を得て、人々の崇拝を受けられるようにと考えられたものなのだ。

しかし創世記11章での問題は、人間の動機のうちに見られる。古代世界の人々が神々との関係を考えるための手段である「**大いなる共生**」のことはすでに説明した（9章）。創世記11章4節では、人々が「名をあげよう」としたとあるが、問題は、人々の高ぶり（よくある解釈の一つ）ではない。問題は「大いなる共生」なのだ。彼らは聖なる空間を建設しているものの、それを自分たちの利益――自分たちの名が、繁栄した文明として讃えられること――のために行っている。古代世界では、自分の名をあげることは、世代を越えて自分が覚えられることを確かなものにするための手段だった。聖なる空間は、神の名を高め、確立すべきものだが、彼らはそれを自分たちの状況を改善するための手段としてしか考えていない。神は気を良くして、人々に繁栄をもたらしてくれるだろうという打算がそこにあった。

それゆえ、創世記11章では、大洪水の後で、人々が聖なる空間を再構築しようとした取り組みを記録している。聖なる空間は堕落によって失われたが、人々は「大いなる共生」を信じて、それをもう一度取り戻そうとした。しかし残念なことに人々の動機は間違っていたので、神はこれを喜ばず、言語を混乱させて人々を分散させたのである。これにより、人々の共同体に非秩序がもたらされ、彼らのプロジェクトを完成することが不可能になった。[1] 同時に、それが創世記10章に記されている地政学的秩序の基盤となる。

なぜ創世記は「バベルの塔」の記述の前に「民族一覧」を載せたのかと疑問に思うかもしれない。創世記10章では、様々な言語に言及しているので、塔の出来事が時間的に先なのは明らかだ。私は、このような章立てになった理由として二つのことを挙げる。第一に、創世記10章が創世記11章より前に扱われているのは、重要ではない系図（例えば、カイン、イシュマエル、エサウ）をたどってから、話の筋の焦点である系図に戻るという方法を用いる習慣が創世記の編集者にはあるからだ。だからノアの息子たちは、セムやアブラハムの系図に戻る前に、歴史の中にたどられることになる。[2] 第二に、この構成は、創世記11章と12章を最も明確に併記している。創世記11章（塔の建設）は、聖なる空間を再構築しようと人間が取り組み、神がそれを承認しなかったことを記している。創世記12章（契約）は聖なる空間を再構築しようとする神の主導的な取り組みを示すものだ。というのは、神は人々（アブラハムの家族、イスラエル）のただ中に、幕屋そして神殿のうちに再び住もうとしていたからである。

契約の意図はアブラハムとその家族を通して全世界が祝福されることだった（創世記12・1～3）。その祝福は数多の方法で訪れるのだが、最も重要なことは、神が世界にご自身を現し、聖なる空間の仕組みを通して人間との関係が再構築されるのはアブラハムとその家族を通してだということにある。創世記はこの物語を完結させない。ただ始めたにすぎないのだ。

出エジプト記では、契約はどこかに行ってしまったかのように見える。イスラエルの人々は、自分たちの土地ではなくエジプトにいて奴隷にされている。神の臨在はどこにも見られない。けれども物語が進むにつれて、神の臨在は徐々に明らかになっていく。燃える柴における最初の現れから始まり、災いを通って、雲と火の柱、シナイ山における顕現という具合だ。この書物の終わりで、神の教えに従ってイスラエル人が建てた幕屋に住まわれるために神が降りて来られるところで、物語はクライマックスに達する。

神が再び御住まいを地上に定められるようになると、その神殿がエデンに並行するものだとわかる。このことは幕屋の視覚的イメージに反映されているだけでなく、幕屋によって可能になったことにも見出される。エデンでそうだったように、神の臨在が再び秩序の中心、いのちの源となる。律法は人々の秩序を確立し、これを守ることでいのちがもたらされる。エデンにおいてそうだったように、いのちは神との関係において、神の臨在の中で得られるようになる。申命記30章15節から20節に、この点が詳述される。

見よ、私は確かに今日あなたの前に、いのちと幸い、死とわざわいを置く。もしあなたが、私が今日あなたに命じる命令に聞き、あなたの神、主を愛し、主の道に歩み、主の命令と掟と定めを守るなら、あなたは生きて数を増やし、あなたの神、主は、あなたが入って行って所有しようとしている地で、あなたを祝福される。

しかし、もしあなたが心を背け、聞き従わず、誘惑されてほかの神々を拝み、これに仕えるなら、今日、私はあなたがたに宣言する。あなたがたは必ず滅び失せる。あなたがヨルダン川を渡り、入って行って所有しようとしているその土地で、あなたの日々が長く続くことはない。

私は今日、あなたがたに対して天と地を証人に立てる。私は、いのちと死、祝福とのろいをあなたの前に置く。あなたはいのちを選びなさい。あなたもあなたの子孫も生き、あなたの神、主を愛し、御声に聞き従い、主にすがるためである。まことにこの方こそあなたのいのちであり、あなたの日々は長く続く。あなたは、主があなたの父祖、アブラハム、イサク、ヤコブに与えると誓われたその土地の上に住むことになる。

そういうわけで、聖なる空間を回復するための神の主導的な取り組みは、契約関係から始まった。それは、時間の経過とともに、より重要な関係へと深まっていく。契約関係において、神はご自分をアブラハムとその家族に啓示され始めた。それから神はイスラエル（アブラハムから出てきた国民）をご自分の民とするために選び、彼らの間に御住まいを定められた。民はその生き方（律法、社会秩序の維持）と祭儀（聖なる空間のきよさを保つ）の両方によって、この新しく打ち立てられた聖なる空間の聖性を保つことが求められた。すなわち神の主導により、神との関係におけるいのちと秩序が、その恒久的な臨在を通して備えられたのだ。

けれども残念なことに、イスラエルは律法を守ることができなかった。そこで、預言者エレミヤとエゼキエルは、神が離れ去ろうとしていること（例えばエレミヤ書7章やエゼキエル書10章）、やがては神殿が破壊され、人々が捕囚にされて土地を失うことで、神の臨在は危機にさらされてしまうことになると警告し始めた。しかしこの預言者たちは、神がご自分の律法を人々の心に書き記すという新しい契約についても語り始める。古代世界において、神が内臓に書き記すということは（多くの場合、占いに関連した表現であった）、神がご自身を顕すことを意味していた（エレミヤ書31・31〜33、ＮＩＶでは33節が「mind」となっている）。[3] これは、イスラエルが国々への光となり、神がどのような方であるかを世界に示すという考えと同じものを表す。

ご存じのように、新しい契約はイエスによって成就されるのだが、これは神の臨在の回復という計画が展開していく中でのイエスの役割の一つにすぎない。ヨハネの福音書1章14節には「ことばは人となって、私たちの間に住まわれた。私たちはこの方の栄光を見た」とあり、これは、幕屋に関して用いられたことばと同じである。すなわち受肉は、人々のただ中で神の臨在が手に届くようになるための役割を担う。このようにしてイエスは神殿に取って代わる。[4] イエスはまた、その死によって和解をもたらし（無秩序の解決）、これによって人々が神との関係を持つための仕組みを備えることで、秩序といのちをもたらす。

イエスが弟子たちから離れる際、彼らに「慰め主」を送ると告げられる。ペンテコステでは、バベルの塔の要素が再来する。聖霊なる神が降臨し、新しい聖なる空間――ご自分の民、パウロは後にそれこそが神殿であると語る（Ｉコリント3・16、6・19）――に御住まいを定められる。バベルの塔とは異なり、使徒の働き2章で神が降りて来られるとき、言語の混乱（無秩序）は解消され、すべての人が自分の言語で理解できるようになる（使徒2・6）。新しい契約はそれゆえ、受肉と教会の両者において、さらなる啓示、臨在と関係に導く。これらは、キリストを通して神の側から差し出してくださるものである。教会は、罪の無秩序を解決することによって秩序をもたらしてくださった神の証しである。教会はこの世における神の臨在の中心であるために、秩序をも表す。教会はいのちを受け、この世における秩序の中心なのだ。

神の計画の最終段階はヨハネの黙示録21章に、新しい創造という形で啓示される。パウロはすでに、誰でもキリストのうちにあるなら、新しい創造が来ていることを示していた（Ⅱコリント5・17）。しかし、新しい創造が完全に確立されると、エデンを特徴づけていたものよりも、神の民である私たちが今経験しているものよりも、さらに高いレベルの秩序がもたらされる。

黙示録21章には新しい創造の特徴として、次のものが列挙されている。

- 黙示録21章1節――海がない（海とは、創世記1章2節の非秩序の原初的な形態であることを思い出してほしい）
- 黙示録21章2節――花婿と花嫁（正式なものとなった関係）
- 黙示録21章3節――「神の幕屋が人々とともにある。神は人々とともに住み、人々は神の民となる。神ご自身が彼らの神として、ともにおられる」（臨在）
- 黙示録21章4節――もはや死も叫びも苦しみもない（非秩序が解決される）
- 黙示録21章5節――「御座に座っておられる」（「安息」とは神の支配であり、秩序の基礎であることを思い出してほしい）
- 黙示録21章22節――全能の主と子羊がその神殿なので、神殿はない（神殿とは、聖なる空間の中心を示すものであり、そこから放射状に広がる領域は、徐々に聖さが薄れていくという概念を前提にしている。神ご自身が神殿に取って代わられることで、聖さが薄れるということがなくなることが推測される。すべてが中心となるので、中心がなくなるのだ。）

- 黙示録21章27節——きよさといのち

神が主導されるこの一連のみわざは、イエスに焦点が当てられている。イエスは、アダムとエバが成し遂げられなかったことを成し遂げた、より優れたアダムである。いのちと秩序は、キリストを通して達成される。キリストは、律法（神の臨在に基礎づけられた秩序）を成就し、（神の啓示と和解の計画のクライマックスとして）契約を全うし、（秩序の中心またいのちの源となって）創造を完成させる。

この解釈では、アダムとイエスの関係をより強い形で捉えることができる。どちらも原型的な代表者であり、祭司の役割を担っている。どちらもいのちと死、秩序と無秩序の課題に関連している。これらの課題については、次の章でさらに詳しく検討することになる。最後に、パウロがアダムを取り上げる場合、そのすべてが罪、死、そしてアダムとイエス両方の神学的で原型的な役割の問題に関連していることがわかる。パウロの主張は明らかに神学的なもので、科学的な問題（例えば、アダムが最初の人間であったか、その時点で唯一の人間であったか、など）[5]には触れていない。この点については、20章と21章でより詳しく論じる。

1　おわかりのとおり、これは「バベルの塔の再発見（lost world of the Tower of Babel.）」ともいうべきことである。

2　余談であるが、これは塔の建設者がセムの系統であったことを示しているのかもしれない。

3　議論の全体は John H. Walton, *Ancient Near Eastern Thought and the Old Testament: Introducing the*

*Conceptual World of the Hebrew Bible* (Grand Rapids: Baker Academic, 2006), pp. 257-58. を見ていただきたい。

4 Nicholas Perrin, Jesus the Temple (Grand Rapids: Baker, 2010). 例としてヨハネ2・19～21が挙げられる。

5 第一コリント15・45～47では、パウロがアダムを最初の人としているのと並行して、イエスを最後の人、さらに第二の人としていることに注目していただきたい。生物学的に言えば、イエスは二番目でも最後でもないから、パウロの言及は生物学的なものではなく、神学的なものだと理解できる。

## 提言19 使徒パウロは「宇宙(コスモス)」への罪の影響に関心を払うためにアダムを用いている。人間への影響ではなく、人類の起源については何も述べていない。

N・T・ライトによる使徒パウロによるアダムの用法についての補説を含む

新約聖書の関連資料をさらに掘り下げながら、聖書テクスト、わけてもパウロが何を主張しているのか、探求を続ける。次に挙げるような、神学的あるいは科学的な見方から浮かんでくる疑問によって、気を取られないようにしなくてはいけない。

- パウロはアダムの史実性を信じていたのか。
- アダムの歴史性は、健全な神学における堕落や救いの必要の理解に関して不可欠か。
- 人類の起源に関する今日の議論について、パウロは何と言っているのか。
- パウロの主張は原罪についての私たちの伝統的な見解をどのように支持するのか。
- 私たちはみな、どのようにして罪人になったのか。

今日的な疑問や、伝統的な聖書の読み方というのは、パウロが組み立てている実際の事例から注意を逸らした途端、すぐに私たちを間違った道に導くものとなり得る。重要なことは、今日的な疑問や伝統的な解釈を脇に置き、パウロが何を主張しているかに焦点を当てることだ。そのためには、新約聖書学者の専門知識が必要である。そしてN・T・ライトはこの仕事を快く引き受けてくれた。以下の補説において、彼は二つの重要な着想を展開している。

- パウロはアダムを、「罪からの救い」よりも、神の国全般、包括的な創造の計画に関連して扱っている。
- パウロにとっては、人類の起源や罪の起源とその継承の問題よりも、アダムの召命（機能と言ってもよい）とイスラエルの召命との並行関係のほうが重要である。[1]

結果として、キリストを通して救済される「宇宙（コスモス）」の堕落した状態が、より大きな焦点となる。人々が正されることなしに、世界が正されることはない。キリストによって人々が救われるとき、創造の計画全体を、再び軌道に乗せることができる。このような観点から読むと、パウロは人類の物質的な起源について何も語っていないことになる。

## 使徒パウロによるアダムの用法についての補説

N・T・ライト（セント・アンドリューズ大学セント・メアリー・カレッジ）

十八世紀から十九世紀にかけて起こった科学革命以来、キリスト者たちはアダムの召命よりもアダムの存在に注目する危険に晒されてきました。さらには、アウグスティヌスとペラギウス派との論争以来、私たちはいわゆる「原罪」の問題――アダムの罪がどのようにして子孫すべてに受け継がれるのかという問題――に焦点を当てる傾向があり、神とこの世界、とりわけ神とイスラエルという、より大きな物語の中でアダムの罪が果たす役割には、あまり注目してきませんでした。この短い補説は、予備的な考察としても十分なものとは言えません。あくまでも手始めの省察といったところです。しかし、これが何らかの有益なさらなる可能性を指し示すものとなることを願うものです。

まず注目すべきは、旧約聖書では、創世記の最初の数章以降、アダムはほとんど言及されていないことです。したがって、第二神殿時代以降のテクストでアダムが大きな話題とならないのも、それほど驚くことではありません。後世の書物でアダムのことが言及される場合、それはアダムの罪とその影響についてではなく、もともとアダムに与えられていた世界に対する輝かしい支配権と、それを取り戻すための方法に関連することがほとんどです。死海写本の一つである『詩篇37篇の解釈(ペシェル)』(4QpPs37)では、「砂漠の悔悛者(クムラン宗団そのもの)には、アダムのすべての栄光が与えられ、その子孫にも永遠に与えられるであろう」と語られています。これは創世記1章と2章だけではなく、詩篇8篇も参照しています。詩篇8篇は天地創造の物語を反映し、神が「万物を彼の足の下に置く」(詩篇8・5〜6)ことによって、被造物である人間に「栄光と誉れ」の栄冠を与えることを語っています。

アダムの罪に関する言及は、紀元一世紀末頃に書かれた二つの書物に見つかります。それは「第四エズラ書」と「第二バルク書」として知られているもので(第四エズラ書は旧約外典の第二エスドラス書の大部分を構成している)、紀元七〇年に起こったローマ人によるエルサレムおよび神殿破壊という恐ろしい出来事の意味を理解しようと格闘しているものです。この記者たちは、イスラエルを含む全人類が最初から致命的な病に冒されていたと言うことでしか、この恐ろしい国家的悲劇を理解することができなかったので、始まりに戻るほかありませんでした。このことは、パウロが、特にローマ人への手紙において、同じような結論に至った理由を理解する助けになるのではないでしょうか。彼はユダヤ的な「アダムの堕落」説から話を始めることはしませんでした。そのような理論は存在しなかったからです。パウロの考察は、一見すると悲劇と思われたけれども、勝利に変わった別の出来事に促されたことです。その出来事とは、イスラエルのメシアが十字架にかけられ、そして死からよみがえったということでした。タルソのサウロが早くから気づいていた問題、すなわちローマの圧政とユダヤ人がトーラーをふさわしく守れなかったことによって引き起こされた政治的・神学的問題は、メシアの十字架によって、彼が想像していたよりもはるかに深い問題であることが明らかにされたのです。十字架にかけられたメシアがその問題に対する神の答えであるなら、それは、彼が考えていたよりもはるかに深刻なものであったに違いありません。

その一方でパウロは、アダムの肖像のもう一つの「横顔」を展開することができます。（同時代のユダヤ人と同じように）詩篇8篇を引き合いにしながら、創造主がご自分の被造物である人間に与えようとしていた栄光――この世界を治めること――が、イエスにおいてすでに成就しており、今、驚くべきことに「メシアにある人々」と共有されるようになったとパウロは捉えているのです。この肖像の両側面が、どちらもローマ人への手紙では重要です。アダムのことは、ローマ人への手紙5章で明確に言及されるのですが、他の様々な場所でも暗示されています。多くの学者が、ローマ人への手紙1章18節～25節と7章7～12節の論理展開の中にアダムが隠れているのを見出してきました。ローマ人への手紙6章6節の「古い人間 old human being」（著者訳）というのは、ローマ人への手紙5章において解説されたアダムとの連帯を暗示していることはまず間違いないでしょう。またローマ人への手紙8章17～30節でパウロが語る人間の栄光は、詩篇8篇5節の「栄光」を精査したものと思われます。人間が栄光を受けるとき、被造物そのものがついに正しい秩序に戻されるのです。

この「より大きな文脈」を明らかにしておくことは重要です。なぜなら、宇宙や人類の起源を科学的に研究することによって生じる疑問（「アダムは存在したのか」とか「原（オリジナル）アダムは存在したのか」）が、「原アダム」は、聖書的な救いの教理に必要かどうかというような**救済論**的な問いと混同されるようになったからです。しかし、この聖書教理らしきものは、しばしば矮小化され、歪められた形で提示されてきました。それは往々にして次のように作用することになっています。（a）神はアダムとエバに完全な服従を要求した。（b）二人はその命令を破った。（c）イエスは神に完全な従順を差し出した。（d）それゆえイエスは信仰者に付与できる「義」を持つようになった。なぜこれがパウロの語っていることとして不適切で誤解を招くものなのか、ここで説明するスペースはありません。それよりも、ここでの簡潔な目的にとっては、パウロが語るアダムについての非常に異なる（そして大変聖書的な）ストーリーに注目することのほうが重要です。創世記では、12章にある新しい出発が、3～11章の問題に対する神の答えを表しているように、パウロの講解では、アダムの問題（ローマ1・18～3・20）に対する神の答えは、アブラハムの召命および彼と契約を結ぶこと（ローマ4章）なのです。パウロにとって、神がメシアであるイエスにあって、またその信実な死を通して成し遂げたことは、アブラハムとの契約に忠実であることであり、それゆえにアダムの罪とその影響に対処することです。それが、パウロがローマ人への手紙5章12～21節で総括し、ローマ人への手紙6～8章でさらに詳しく展開し、説明していることです。

これが、私が提案する「パウロとアダム」論への新しい道筋の核心となるものです（もちろん、もっと深く扱う必要がありますが）。第一に、これらの箇所におけるパウロのアダムに関する講解は明らかに、伝統的な救済論に寄与するものではなく、神の国に関するものです。第二に、創世記におけるアダムの聖書的な召命とイスラエルの聖書的な召命の間には、密接な並行関係があり、これを探究するなら、現代のいくつかの難問の核心に迫る新しい方法を見出すことができるでしょう。

**アダムと神の国**　では手始めに「アダムと神の国」から始めましょう。ローマ人への手紙は何世代にもわたり、単に「私たちはどのように救われるのか」を主題とする書として読まれてきましたが、究極的な論点は違うところにあります。ローマ人への手紙1章から8章あるいは5章から8章でさえそうです。ローマ人への手紙1章から8章の大きなクライマックスは、すべての被造物の刷新であり、ローマ人への手紙8章17節から26節において、詩篇2篇の引照によって、メシアとしてのイエスに、地の果てまでが相続地として与えられています。パウロにとっては、今や全世界が神の聖地となったことは明らかです。それは聖書が預言していたことであり、メシア・イエスによって実現したことです。しかしこの相続地は、すべてのイエスの民と共有されるもので、究極的には神の民の復活を通してもたらされます。「被造物自体が、その滅びの奴隷から解放され、神の子らが栄光を受けるときに実現する自由を楽しむようになる」（ローマ8・21、著者訳）とパウロは宣言します。これは、被造物が栄光を分かち合うようになるという意味ではありません。そういう誤解を招くような翻訳があるのですが、パウロは詩篇8篇を2篇と連携させているのです。そして詩篇8篇では、まさに創世記1章と同じように、人間に栄光と、この世界の支配権が与えられています。ここにローマ人への手紙が答えようとしている問題があります。それは単に私たちが罪深いので救いが必要だというだけではなく、私たちの罪深さのゆえに、神が被造物全体のために計画していたこと（従順な人間によってうまく営まれるはずだった）が頓挫し、保留されたということです。そして、パウロが説明しているように、私たちが救われることで、全被造物に対する計画がついに軌道に戻るのです。人間が贖われるとき、被造物は安堵のため息をついて「よかった。これで私たちはやっと正しい状態にしてもらえる」と言うのです。

これこそが、パウロがローマ人への手紙5章12節から21節で本当に語ろうとしていることです。いろいろなことが言えますが、ここでは、ローマ人への手紙5章17節と21節に注目しましょう。ローマ人への手紙5章17節において、パウロは私たちを驚かせます。「もし一人の違反により、一人によって死が支配するようになったのなら」と彼は言い、私たちは「なおさらのこと、一人の人により、いのちが支配するようになるのです」と続くことを期待します。しかしパウロはそうは言わず、こう言うのです。「なおさらのこと、恵みと義の賜物をあふれるばかり受けている人たちは、一人の人イエス・キリストにより、いのちにあって支配するようになるのです。」アダムの罪は、彼が死んだことだけではなく、この世界に対する「支配」を失ったことを意味します。神の被造物は、人間の管理のもとで機能するはずでしたが、その代わりにいばらやあざみを生み出すようになりました。今や人間は、神の創造の計画を軌道に乗せるために贖われるのですが、そこでその全体を表す言葉が「治める」や「支配する」で、ギリシア語では「バシレウエイン」つまり「王国（御国）」なのです。パウロのアダム神学は、彼の御国神学でもあり、創世記の著者はそのことに気づいて微笑んだことでしょう。ローマ人への手紙5章21節も、もちろん、同じ方向を色濃く指し示します。恵みは「義によって」来るべき時代のいのちを支配します。神が人々を正すのは、人々を通してこの世界を正すためです。信仰による義認は、神が人々を前もって正すことであり、それは彼らを通してこの世界を正すためなのです。

　コリント人への手紙第一15章20節から28節では、同じことを別の角度から見ています。ここでもパウロは詩篇を連携させており、今度は、詩篇110篇と再び8篇です。パウロが言いたいのは、イエスはすでに王座に着いて、王となり、支配しているということです。言い換えれば、アダムがいるべきはずだったところに、ついにイエスがいるのです。宇宙のかじ取りのために、ついに従順な人間が立ったのです。もちろん、これはパウロの「すでにといまだ」神学の一部です。すなわちイエスはすでに治め始めていますが、やがて、最後の敵、すなわち死そのものを完全に打ち破るのです。パウロはコリント人への手紙第一15章全体を通して、創世記1章から3章を密接に連携させています。そしてパウロの創世記講解の基礎にあるのは次の論点です。つまり、神はご自分の素晴らしい世界を人の手に委ね、人の手によってこの計画は台無しになり、メシアであるイエスという人間の手がそれを拾い上げ、整理し、再び軌道に乗せたということです。ですから、単純にパウロに言及し、「ほら、パウロはアダムの存在を信じているから、創世記の文字どおりの読み方は証明されるのだ」と言うことはできません。このテクストの読み方が顕在化させるのは、伝統がパウロを読むことにも創世記を読むことにも失敗しているということです。というのは、パウロが言いたいことの要は、アダムの召命という概念を創世記から取り上げて、それがメシアにおいて成就されることを示すことだからです。これを真ん中に据えない限り、これらの中心的な聖典テクストの権威に従っていることにならないのです。

それで、創世記に戻ってアダムの召し出しのことを見てみましょう。ジョン・ウォルトンの著作や、リチャード・ミドルトン、グレッグ・ビールのものなどを必要に応じて手引きにしてみたいと思います。「［訳注＝神の］像(かたち)」とは、特定の霊的な才能や、人が遺伝子構成のどこかに持つ秘密の「性質」、科学的観察によって見出されるような、チンパンジーにはないが人間にはある何かを指す概念ではありません。「像［訳注＝英語はイメージ］」とは召命、召しです。それは、角度のついた鏡になることへの召し、すなわち、この世界に対しては神の知恵に満ちた秩序を映し出し、創造主には、すべての被造物の賛美を反映させることです。これこそが、王なる祭司となることの意味です。神の世界を世話することは、王の務めであり、被造物の賛美をまとめあげることは祭司の務めです。そして「像」は、もちろん、神殿に最後に据え置かれるものです（ここで私は創世記1章と2章が聖なる空間の創造を語り、創世記1章の七日間は神殿落成のための七段階であるというジョン・ウォルトンの丁寧な講解を念頭に置いています）。そうすることで、神はご自分の民に、その「像」を通して臨在を現すことができ、神の民はその像において、神を礼拝することができるのです。この数十年の聖書研究で得られた大きな成果の一つは、特に紀元一世紀のユダヤ教に対する理解が刷新されたことで、神殿がユダヤ人の世界観の中心にあるとわかったことです。このことは、パウロ書簡で随所に現れています。神殿とは、天と地が出会うところでした。エペソ人への手紙1章10節においてパウロが、神のみむねとは「天にあるものも地にあるものも、一切のものが、メシアにあって、一つに集められること」（著者訳からの翻訳）だと言うなら、この手紙の残りの部分が、イエスと真の神殿としての教会についてであっても、驚くには当たりません。しかし、ここに問題があります。私たちは「神との交わりを持てるようになるために人間を救い出す」ことが究極の目的だと考えてきたのですが、聖書は「すべての被造物の賛美をまとめあげ、神の知恵深い管理者としてその被造物を世話するために人間を救い出す」ことがすべての目的だと見ているのです。創世記、福音書、ローマ人への手紙、ヨハネの黙示録はすべて、問題は次のようなものだと主張しています。すなわち人間の罪が、すべての被造物に対する神の計画を妨げたが、神はご自分の像（かたち）の担い手である人間を通して被造物の中で働くという創造の目的を撤回することはなかったということです。神の真の像の担い手であるメシア・イエスにおいて、神は人間をその罪と死から救い出し、その本来の目的をもう一度刻み直しました。その目的には、まことに水が海を覆うように、地が神を知り、その栄光に満たされるまで、すべての被造物の中に聖なる空間を拡大していくことが含まれます。神は被造物全体の中に、また共におられ、被造物全体が、荒野の幕屋やエルサレム神殿の輝かしい延長のようになるのです。（ところで、このことは私が正しいと考える秘蹟の神学の基礎をなすものですが、このことはまた別の機会に述べることにします。）

**アダムとイスラエルの召命**　ここが、私が古代イスラエルの人々の召命や召しとの強い並行関係を感じる部分です。また、ここにアダムや起源の問題について新しい光を垣間見ることができるかもしれません。創世記自体が、アダムとアブラハムを並べて明確に結び付けています。「生めよ。増えよ」（創世記1・28）が、「わたしは、あなたをますます子孫に富ませ、あなたをいくつもの国民とする」（創世記17・6）になっているのです［訳注＝英語では「生めよ」と「子孫に富ませ」がfruitfulという同じ単語で訳されている。ヘブル語は同じ動詞」。神がご自分の民と共に臨在する原初の楽園に代えて、イスラエルは土地を約束され、最終的に神の臨在の場である神殿を与えられます。しかし重要なのはこの点です。イスラエルという、世界の目立たない場所に住む小さくて風変りな遊牧民が、「あなたの子孫によって、地のすべての国々は祝福を受けるようになる」（創世記22・18）という約束の担い手として選ばれたのです。イスラエルは王的な祭司となるのです（出エジプト19章）。イスラエルは国々の光となるのです（イザヤ書42・49）。イスラエルは人類を救い、創造の計画を再び軌道に乗せるための神の風変りな手段となるために、世界の中から選ばれました。そしてパウロの言葉を借りて言えば、イスラエルもまた「アダムにある（in Adam）」こと、すなわち解決を担うはずの人間自身が問題の一部であることを十分承知した上で、神はイスラエルを選ぶのです。実際、このことはパウロ神学の中で最も難しい部分（例えば律法の問題）を解く手がかりになります。ただこれは別の機会にしましょう。でも、よく見てください。イスラエルはこの神の目的を果たすために選ばれます。イスラエルは聖なる土地、神の喜びの園に置かれます。そしてイスラエルは、トーラーを守らなければ、追放され、捕囚となると警告されます。それはまるで、計画全体が頓挫したかのように見えるでしょう。それは捕囚においてだけでなく、いわゆるポスト・エグザイル（捕囚後）の期間にも直面した恐ろしい問題です。そして新約聖書は、この複雑な問題がイスラエルのメシアである主イエスにより、その死と復活によって対処され、見事に解決されると見ます。イエスは捕囚に対処し、今や全世界が神の聖地となり、イエスとその民が世の光となるのです。

では、そこからアダムの召命について何がわかるでしょうか。創世記がいつ今日ある形になったのかはわかりません。今なお、モーセが書いたと主張する人もいれば、少なくとも捕囚期に編集されたと主張する人もいます。しかしどの見方を取るにしても、第二神殿時代のユダヤ人はアダムの物語を自分たちの物語の初期バージョンとして読み解くことに何の難しさも感じなかったことでしょう。園に置かれ、その世話を任され、神が安息を求める場所となり、戒めを守るよう警告され、特に戒めを破ることは死を意味すると警告され、結局戒めを破って追放される。これらはすべて、非常に聞き覚えのある話なのです。そういうわけで、これらのことから私はこのように考えます。すなわち、神がイスラエルを人類の中から選び出し、特別で、風変りな、要求の厳しい召命へと招いたように、おそらく創世記が語っているのは、神が一組の夫婦を初期の人類の中から選び出し、特別で、風変りな、要求の厳しい召命へと招くことだったのではないでしょうか。この夫婦（アダムとエバと呼んでもよいでしょう）は全人類の代表であり、全世界を喜びと楽しみと秩序ある場とし、最終的に全被造物を御国の下に置くという神の計画を推進する者になるはずでした。創造主なる神は、二人の手に、ご自分の像（かたち）を担うという壊れやすい務めを委ねました。もし二人が失敗すれば、選ばれなかった他のすべてのヒト科の動物を含む、より広い被造物のための目的を、彼らと共に失うことになるのです。二人はいのちをもたらすはずの者なのに、その務めに失敗するなら、すでに世界に蔓延していた死が、彼らをも飲み込んでしまうでしょう。これは「その木から食べるとき、あなたも死ぬことになる」という創世記2章の警告の読み方なのかもしれません。「植物、動物、およびヒトの腐敗と分解という死はすでに確かな現実です。しかし、アダムとエバよ。あなたがたはこの世界に、いのちを与える神を映し出す反射材になるように選ばれたのです。だからもし、創造主よりも被造物に仕え、これを崇めることを選ぶなら、あなたがたは、死ぬべきものに対してただ死を反射し、あなたがた自身がその死を共有することになるのです。」これが創世記の意味するところなのか、パウロの意味するところなのか、正確なところはわかりません。しかし、アダムとイスラエルの召命の間に見られる密接で（ユダヤ人読者にとっては）あからさまな並行関係からすれば、この方向に読むほかないように私には思えます。そして、西洋の伝統的な**救済論**におけるアダムとキリストに関する図式は、パウロが本来思い描いていたことを矮小化したものであることは、すでにお気づきのはずです。

この問題は、次のようにまとめることができるかもしれません。アダムが罪を犯しただけでなく、イスラエルもまた罪を犯しました。問題は、イスラエルがこの世界を救う神の器として召され、解決策を提供するはずだったにもかかわらず、自らもアダムの問題の一部だったことです。それと同じように、――これは厳密な並行関係ではありませんが、似ています――アダムとエバは、創造主の目的を推し進め、いのちを新しい次元へと推し進めるために選ばれました。しかし二人が失敗するならば――もし、二人が像（かたち）を担うという彼らに与えられた召命を投げ出し、被造物の中に今も存在する混沌状態から来る誘惑の声に従うなら――彼らはこれまでずっと被造物の宿命であったエントロピー［訳注＝秩序の高い状態が崩れて無秩序の状態へと移行していく傾向］を共有することになるでしょう。二人は失敗し、まさにそのとおりになりました。

**キリスト論と新しい創造の計画**　もちろん、これらのことは十全で豊かなキリスト論へと私たちを前進させるものです。これは単にイエスが神であると同時に人であるということに留まりません。それは当然のことですが、短縮表現あるいは標識にすぎません。パウロの言葉遣いを見てください。イエスは、初めであり、初穂であり、真の像（かたち）であり、神の満ち満ちた豊かさが、御心に適って宿る神殿です。彼はイスラエルのメシアであり、十字架上でイスラエルの従順を完成し、それによってイスラエルと全人類の双方を救うのです。彼はイスラエルができなかったことを、イスラエルのために行い、それによってイスラエルが人間のために行うはずだったことを人間のために行い、それによって神の新しい創造の計画を立ち上げます。すなわち、イエスがすでに王として治めている新しい世界です。これこそが偉大な物語（ナラティブ）であり、真にパウロ的なアダムとキリストの物語（ストーリー）です。そして私たちはこれをどのように語り、生きるのかを学ぶ必要があるのです。

ここで、興味深い可能性に出くわします。生物学者や哲学者は、利他主義という複雑な概念が、利己的な遺伝子の閉じた連鎖から脱却する標識になるかもしれないと指摘してきました。そしてキリスト教のメッセージにも十字架がありますが、それは単なる利他的な行為（利他主義とは結局、薄っぺらで、血の通っていない言葉であり、現実のパロディにすぎません）ではなく、究極の愛の行いです。「私を愛し、私のためにご自分を与えてくださった、神の御子」とパウロは書いています（ガラテヤ2・20）。「世にいるご自分の者たちを愛してきたイエスは、彼らを最後まで愛された」とヨハネは書いています（ヨハネ13・1）。十字架は、イエスが常に語っていたように、すべての人間の権力体系を覆すものです。十字架は、形而上学的に膨れ上がった大文字のEで始まるEvolution［訳注＝生物学的進化を越えた進化主義のこと］が不可能であることを実証する中心的なものです。神の弱さは、人間の強さより強いのです。そしてそれは、イエスが言われたように、十字架を背負うことでいのちを見出し、柔和な者が地を受け継ぐという、イエスに従う人生へとつながるのです。アダムの召命はこのようにして成就します。たとえ創世記や人間の起源を研究しても、イエスにあって新しくされた「神の像（かたち）を担う人間」になるようにとの呼びかけを聞かないなら、私たちは非常に的外れなことをしていることになります。それはおそらく、別世界への救いという夢［訳注＝霊肉二元論に基づく「天国行き」の福音のこと］を追いかけ、悪の勢力と共謀することになるだけでしょう。それはグノーシス主義の常套手段です。

　このような視点でパウロが描くアダムの姿を見るとは意外だ、と思う人もいるかもしれません。しかし受け入れ難い話ではないのです。これは史上で最も素晴らしい物語であり、私たちの物語をすべてその中に引き込んでくれるでしょう。確かに、多くの人（すべてではありませんが）は自分の人生における諸問題、痛みや恐れ、悲しみ、根深い難題をよく意識しており、それがきっかけで十字架の下にやって来るかもしれません。しかし聖書のメッセージは、単に「私」と「私の救い」であってはならないのです。それは、神と神の国についてのものでなければなりません。それこそイエスが宣言したものであり、私たちもそうすべきなのです。完全な良い知らせは、イエスにあって、またイエスの死と復活を通して、神がこの世界の王になったということです。世界に目を向けると、ひどい状態になっているのが見えます。何とかしたいと直感的に思います。しかし自分の罪、欲、プライド、傲慢さが邪魔をして、すぐに自分の力と（さらに悪いことに）自分のやり方でやろうとするのです。ちょうどモーセがエジプトの方法で、エジプトからイスラエルを解放しようと試みたように。彼はまず自分自身を解放する必要がありました。私たち人間は、神の知恵ある秩序をこの世にもたらすために召されていると直感的に知っています。それは悪を継承したのと同じように、アダムから受け継いだ私たちの相続分なのです。しかしその召しが現実となるためには、私たち自身が、残りの世界を苦しめている同じ問題から救い出される必要があります。私たちは、王なる祭司になるために子羊の血によって救われました。新約聖書によれば、その方法は、イエスがなさったことと同じです。つまり十字架を負うという、苦しみながらも喜びに満ちた証しの道です。それもまた、パウロが描いた贖われたアダムの姿に不可欠な要素でもあります。私たちは彼と共に苦しむのは（思い出してください、これは詩篇8篇と一致しています）彼の栄光をも分かち合うためなのです。西洋神学がパウロのアダム神学に持ち込んだ歪みは、神の国に関連して起こった歪み（あるいはあからさまな無視）と同質のものです。両者は一体であり、両者が一緒になって、救いについても起源についても、賢く語る方法を教えてくれるかもしれません。

1　アダムの召命とイスラエルのそれとの間に確認された並行関係は、アダムがイスラエルにとってのグリフ（象形画像）、すなわち捕囚の物語を象徴的に語るものにすぎないという見解にはならない。この点は、ピーター・エンズ *The Evolution of Adam: What the Bible Does and Doesn't Say About Human Origins*（Grand Rapids: Brazos, 2012）の立場と大きく異なる点の一つである。

2　John H. Walton, *The Lost World of Genesis One: Ancient Cosmology and the Origins Debate* (Downers Grove, IL: InterVarsity Press, 2009). ジョン・H・ウォルトン『創世記1章の再発見——古代の世界観で聖書を読む』（聖契神学校）。J. Richard Middleton, *The Liberating Image: The Imago Dei in Genesis 1* (Grand Rapids: Brazos, 2005); and G. K. Beale, *The Temple and the Church's Mission: A Biblical Theology of the Dwelling Place of God* (Downers Grove, IL: Inter- Varsity Press, 2004).

## 提言20 全人類がアダムとエバの子孫であるかは本質的なことではない

本書は、科学的な問題に焦点を当てたものではない。というのは、私は科学者ではないし、そこにある問題は複雑なものだからだ。[1] その代わりに、生物学的な人類の起源に関して聖書がどのような主張をしているかに焦点を当ててきたわけだが、その点に関しては何の主張も見つからなかった。それと同時に、ごく初期の聖書解釈者たちであっても、アダムとエバが全人類の祖先だと考えていたことは疑いないことだ。[2] 証拠が示すのは、創世記2章は、すべての人の性質について語るものであり、アダムとエバ独自の物質的な起源を語るものではない。したがって、創世記2章に科学的主張を含むような人類の起源物語を見出すことはない。だからといって、それは現代科学理論が、既定路線のままで正しいという意味ではない。ただ、聖書の主張と矛盾するからと言って、科学的主張を否定するのではなく、科学そのものの評価に基づいてその主張を考えればよいということだ。

### 遺伝学

遺伝に関する科学的合意事項（コンセンサス）は、ヒトゲノムのマッピングや他のゲノムとの比較から得られた情報に凝縮されている。最も基本的なレベルでは、ゲノムは融合、切断、突然変異、レトロウイルス、偽遺伝子などの存在を通して、歴史的遷移を示す。このことに反対する人は誰もいない。意見の相違が生じるのは、このような発達史が実際に起こったのか、それともそのような歴史的遷移があるように見えるゲノムを持つ人間を神が創造したのかと問う場合だ。これは「アダムに臍があったのか」という古くからある問いかけにも似ている。

もし誰かが私の口腔レントゲンを見たら、チタン製のペグが付いたインプラント、クラウン、根管治療、詰め物、エナメル質のひび割れなどに気づくだろう。これらはすべて、口腔内の歴史的遷移を示す明らかな証拠である。そして私の口にある証拠に相当するのが、ヒトゲノムなのだ。ただしゲノムの場合、その歴史的遷移は世代を超えて受け継がれ、他の種のゲノムと比較することもできる。そのような比較によって、異なる種の間にある物質的な連続性を示す顕著な類似点が明らかになり、それによって近親種や類似した発達史が示唆される。これが、**共通祖先**に関する理解である。つまり、遺伝子解析により、遺伝的多様性を説明するような漸進的な発展の証拠が得られるわけである。[3]

比較ゲノム解析によって明らかにされた、この共有された歴史の証拠は、説得力があり、容易に受け入れられるだろう。ただし、そのような歴史的遷移が実際に起こったとするなら、聖書に書かれている主張と矛盾すると信じる人にはそうではない。そのため、聖書を真摯に受け取ろうとする人の多くは、**比較ゲノム学**が証言するような歴史的遷移は、実際には起こらなかったと主張する。

このような遺伝の歴史的遷移が起こらなかったという立場を立証するためには、（1）神が複雑なゲノムを持つアダムを**デノボ**によって（他の先行種から切り離された形で、生物学的プロセスを用いずに）創造したという主張が必要である。このゲノムには、他の種で機能しているようには働かない部分や、遺伝子を無効にする突然変異などを含むだろう。さらに、そのゲノムは偶然にも近縁種のゲノムとよく似ており、どちらにもほぼ同じ遺伝子の歴史的遷移が見られる（同じ場所に同じ欠損がある）のだ。あるいは（2）神は堕落への応答として、人間だけでなく、すべての種のゲノムを（非常によく似た方法で）完全に混乱させたと主張しなくてはならない。

もし聖書が、ゲノムの中に見られる歴史的遷移の証拠をこれらのどれかの方法で否定しなくてはならないような主張をしているのであれば、そうすればいいだろう。実際には起こらなかった歴史の痕跡を伴ったものが神のみわざによってもたらされることがあることは、イエスが水をワインに変えた奇跡によって実例が示されている。可能性の観点で言えば、復活という出来事は、非常に起こり得ないことだが、私たちはそれが起こったと肯定する。けれども同時に、聖書がデノボによる人類の起源を断言していないのなら、それを否定したとしても、聖書が肯定する奇跡を否定することにはならないだろう。つまり、ゲノムが提示する遺伝の歴史的遷移の証拠を却下する前に、聖書の主張をしっかりと見た上で、聖書を真摯に受け止める者として、どのような立場を取るべきかを判断しようということだ。

この章では、二つの問いを取り上げる。

1 聖書はアダムが史上初の人間だと主張しているか。

2 聖書はすべての人間がアダムとエバの子孫だと主張しているか。

今日の科学的理解では、人類は、ある集団が**進化**したことで出てきたものなので、最初の人間というものは存在しないとされる。遺伝学の証拠も、今日の人類に存在する遺伝的多様性は、二人の個人（つまり一組の夫婦）にまで遡ることはできず、このような多様性には幾千もの遺伝源集団が必要であると示している。もし聖書がそうではないと主張するのであれば、そのときには私たちもこの新登場の科学的合意事項に立ち向かわねばならないだろう。

しかしながら、本書はこれまで、創世記1章と2章の関係分析から、創世記2章のアダムとエバの叙述は、創世記1章における人類の一団的な創造[4]の後に来る可能性を提起し（7章）、ただしアダムとエバは、その集団に含まれていたと考えるべきだとした。アダムとエバが最初の、唯一の人間だとしなければパウロの主張が成立しないわけではない。パウロがアダムを「最初の人」と語る場合、彼が最も関心を持っているのは、アダムの原型的な役割と罪をめぐる神学的な問題である（10章）。最後に加えて言えば、先述の二つの問いは、アダムとエバが現実の過去に存在した実在の人物であるどうか（この件については、彼らが実在した人物であったという私の確信はすでに述べた）には関係ないことに注意すべきだ。もし創世記2章が、人類の起源や、アダムとエバが最初の、唯一の人間であるということに基づく主張をしようとしていないとしても、他の聖書箇所ではどうだろうか。私たちが特に関心を持っているのは、聖書は人類の起源について、科学的な影響を与える主張をしており、したがって今日の科学的合意事項と矛盾するのかということだ。

人類の起源を主張していると考えられている他の聖書箇所に目を向ける前に、科学的な結論や主張と聖書解釈の調和を試みる科学的な対話のいくつかを簡潔に記しておこう。

**ミトコンドリア・イブとY染色体アダム**　ミトコンドリア・イブと呼ばれる一人の女性がいて、現生人類はその女性の子孫であるという趣旨の科学者たちの結論に多くの関心が集まっている。つまり、彼女は全人類の最も近い**共通祖先**なのだ。同様に、男性にしか存在しないY染色体も、一つの源まで遡ることができる。けれどもこれについて興奮しているわけにはいかない。というのは、いわゆるミトコンドリア・イブ（約十八万年前に生きていたアフリカ人女性）とY染色体アダム（約二十一万年前に生きていたとされるアフリカ人）が夫婦だと考えることはできないからだ！　何しろ三万年も離れている。さらに、この二人には従来の聖書の主張を裏付けることができない。なぜなら、この二人の存在を認めるなら、異なる方向に向かう遺伝学の多くの前提（例えば、ゲノムには歴史的遷移が示されていて、他の種との連続性や共通の出自が示唆されるなど）を受け入れることを意味するからだ。例えば、二人を特定する同じ種類の情報は、両者が大きな集団の一員であることを示す。現在の全人類は、ミトコンドリア・イブやY染色体アダムのような単一の祖先を共有しているかもしれないが、彼らが唯一の祖先ではないのだ。ここでこの科学理論の賛否を論じるつもりはない。ただ、これが科学的知見と伝統的な聖書解釈を統合する方法を提供する情報ではないことを指摘しているだけである。

**遺伝源集団の大きさ**　集団遺伝学者は一般に、進化した人間の集団は五千～一万人を下回ることはなかったと主張する。約十五万年前に起こった人口激減（ボトルネック）のときが最小の個体数だったと推定される。これらの数字はコンピューターモデルから導き出されたものであり、モデルはすべてのパラメータが正確に設定されているとは限らないので、十分に信頼できる結果は得られないのではないかという議論もある。確かにそうかもしれないが、より精密なモデルを使えば、この数字が二人まで減ると考えるなら大間違いだろう。現段階では、集団遺伝学は、伝統的な聖書解釈との間に和解の道を提供するものではない。

**初期集団の中のアダムとエバ**　アダムとエバを少数の人間集団の中の二人とし、世代を重ねるうちに、二人の子孫が集団の中に広がり、他の系統が死に絶えたので、今日では誰もがこの二人の遺伝子を持っていると考えるモデルもある。この見解は、創世記1章のアダムとエバを人類の一団的な創造の中の二人だとして、アダムとエバが私たち全員の親であるという考えを維持しようとする。それは、アダムとエバが最初の人間たち（の一部）であり（複雑な過程を経て）私たち全員がアダムとエバの子孫であることを支持する。伝統的な聖書解釈とは似ても似つかないものだが、同じような主張をしつつ、共通祖先を受け入れ、ゲノムに現れた歴史的遷移が実際に起こったことを認めるわけだ。これらはいずれも伝統的な聖書解釈の外観を維持しつつ、現在の科学的合意事項の基本的な部分を採用している。こういった試みは、科学的知見を選択的に受け入れたり、聖書解釈を大幅に修正したりする必要に迫られる。しかしここで、このような複雑な和解の試みが必要かどうかを問う必要がある。そこで、先に挙げた問いに戻ることになる。聖書は、アダムは実在した最初の人間で、すべての人がアダムの子孫であると主張しているだろうか。

**使徒17章26節は「一人の人」を要求するか**

創世記2章についてはここまで長く議論をしてきたし、コリント人への手紙第一15章でアダムが「最初の人」と呼ばれていることも同様である。しかし、これらの問題に関して最も説得力があると多くの人が指摘するのは、使徒の働き17章26節「神は、一人の人からあらゆる民（直訳は「国々の人間」ギリシア語は *ethnos anthrōpōn* エスノス・アンスローポーン）を造り出して、地の全面に住まわせ、それぞれに決められた時代と、住まいの境をお定めになりました」である。これは、パウロがアレオパゴスの哲学者たちに行った「知られない神」に関する説教の中での発言だ。第一に、パウロは真の神を、状況依存のない方（使徒17章24節「この世界とその中にあるすべてのものをお造りになった神」）、超越的な方（使徒17章24節「手で造られた宮にお住みにはなりません」、**大いなる共生**によって動くことのない方（使徒17章25節「何かが足りないかのように、人の手によって仕えられる必要もありません」）、神の被造物であるすべての人が依存している方（使徒17章25節「神ご自身がすべての人に、いのちと息と万物を与えておられる」）として提示する。この一連の発言はすべて、創造主としての神の役割に結び付いている。

使徒17章26節では、パウロの言辞は、地政学的、歴史的、社会的な焦点へと移行し、国民、歴史的役割や国境がすべて神に依拠していると示す。この節でパウロが語っているのは、生物学や人間の起源についてではないと主張したい。彼は、国々の起源について論じているのだ。神が国民を「造り出す（ギリシア語は*poieō* ポイエオー）」というのは、物質的な行為ではなく、組織的なものだ。聖書のどこでどのようにして神が国々を造ったのかという疑問を持つとしても不思議ではない。国々は子孫の家系によって存在するようになる。そして聖書はその過程を創世記10章、いわゆる「民族一覧」によって、非常に明確に伝えている。そこでは創世記の著者の時代に知られていた七十の国や民族の系譜を特定する手段として、ノアの三人の息子たちの系図がたどられている。[5] 創世記10章32節では、ノアの三人の息子からすべての国民が分かれ出たと結論づける。「以上が、それぞれの家系による、国民ごとの、ノアの子孫の諸氏族である。大洪水の後、彼らからもろもろの国民（*ethnōn*）が地上に分かれ出たのである。」これは旧約聖書の中で、集団としての国民の成り立ちについて語る唯一の箇所であり、それゆえパウロがここを参照していることはほぼ間違いない。そうであれば、この箇所でパウロが示す「一人の人」とはアダムではなくて、ノアのことだ。[6]

　もし、国民ではなく人類の起源が焦点だったなら、パウロは基本的な「アンスローポーン *anthrōpōn*」を使うほうが自然ではないだろうか。さらに言えば、ナショナル・アイデンティティ（民族意識）という概念は、歴史的な時代や領土の境界線との関連で、この節のほうがより適切にかみ合う。最後に、パウロはこの言葉を、「私たちもまた、その子孫である」（使徒17章28節の終わり）という結論で括っているが、これは使徒17章26節の始まり（「一人の人から神は造り」）と並行している。このことと、地政学的な存在に焦点を当てていることから、パウロは生物学的起源について述べていたのだろうかと問うのは当然だ。パウロは、人類の遺伝的な源の幅を広げること（人類多源説）を否定する主張をしていたのだろうか。パウロは遺伝学について何も知らなかったのだから、それは疑わしい結論だろう。そうではなく、彼は神がノアの三人の息子たちから数多くの民族アイデンティティを形成したという驚くべきみわざを指摘しているのだ。

## 生きるものすべての母

全人類がアダムとエバに遺伝的に遡るという主張が聖書的なのではないかと推測するのに、創世記3章20節を用いる解釈者たちもいる。この箇所で、アダムが妻にエバ（ヘブル語ハッバー＝いのち）という名前を与え、彼女が「生きるものすべての母」だと示した。[7] これは、すべての人類が遺伝的にエバの子孫だという聖書の主張なのだろうか。いくつかの観点から、その結論には至らないと考えられる。第一に、彼女の名前の説明にある「生きるもの」という言葉は、すべての生き物を指すことのできる言葉だが、すべての動物がエバの生物学的な子孫ではない。第二に、「すべての〜の母」という表現は、生物学的な関連を必然とするものではない。創世記4章20節では、ヤバルは「天幕に住む者、家畜を飼う者の先祖［訳注＝英語の聖書では the father すなわち父］となった」とあり、創世記4章21節では、ユバルが「竪琴と笛を奏でるすべての者の先祖となった」とある。これらの用法は、この種の表現が、単なる生物学的な出自以上に広がりのある結び付きを想定していることを示す。

## 系　図

聖書テクストからのもう一つの論拠は、系図が一貫してアダムに遡り（創世記5章、I歴代誌1章、ルカ3・38）、アダムを最初の人間だと示唆していることだ。旧約聖書や新約聖書時代のイスラエル人が、アダムのことを最初の人間だと信じたとしても不思議ではない。しかしながら、解釈学上の問題はもっと微妙である。それらの箇所は、アダムが最初の人間だと教えていたのだろうか。著者たちは、その概念に基づいて神学を構築していたのだろうか。それとも神が単に、コミュニケーションの枠組みとして、彼らの時代の概念を用いているだけなのだろうか。

神は人々の科学的理解を向上させるのではなく、当時の慣れ親しんだ考えを用いる。それは、すでに紹介してきた生理学や宇宙地理学の事例によって明らかである。聖書には、自然界の規則的な営みに関する新たな啓示は存在しないことも指摘してきた。例えば、生理学を引き合いに出すなら、生理学についての啓示がされるとか、特定の生理学を神が承認したということにはならない。

系図についても同じことが言える。アダムは当時の人々の知識領域において、最初の重要人物であり（彼は実際、歴史的にも神学的にも重要な人物である）、人々はすべての重要なつながりを彼に遡らせる。創世記では、系図はアダムから（彼がどう収まるかは別として）ノアに至る系統を示す。歴代誌第一では、神の王国の代表者としてのユダヤ人のアイデンティティが関心となっており、アダムが神の民の源流と見なされるのは自然なことだ。その役割は遺伝的な祖先や物質的な連続性についての特定の見解に依存するものではない。アダムの連帯的な首長としての性質［訳注＝キリストが「かしら」であることに並行する概念］が、系図を彼に遡らせる適切な根拠として働くのは当然である。[8] ルカの福音書3章の系図は、系譜を遡ってイエスの血筋をたどり、歴史の中でのイエスの位置を確立している。それは単にアダムに遡るのではなく、神にまで遡る。これはヨセフを介した系図なので、イエスの生物学的な系図ではない。アダムは彼が担っていた非常に特殊な役割ゆえに、最初の重要な人間であり、人類を神とつなげる存在である（ここでも、その祭司的な役割と並んで、連帯的な首長としての役割が結び付きを適切なものとしている）。

ここに挙げたすべての事例において、アダムが最初の人間であることを聖書が示唆しているように読める場合にしても、現代人は**共通祖先**の子孫であるという遺伝的証拠が示す可能性を否定するほどの科学的主張を行っているのかどうかには議論の余地が多分にある。したがって、聖書がアダムは［生物学的に］最初の人間であると主張しているとか、すべての人類は彼の子孫であるといった趣旨の主張はいずれも議論の余地があると結論する。

1　もっと科学的に思考し、遺伝学がこれらの情報に関係する方法について理解を深めたい人には、Denis Alexander, *Language of Genetics: A Primer* (Conshohocken, PA: Templeton, 2011); Francis Collins, *The Language of God* (New York: Free Press, 2007)フランシス・コリンズ『ＤＮＡに刻まれた神の言語――遺伝学者が神を信じる理由』（いのちのことば社、二〇二二年）; Graeme Finlay, *Human Evolution: Genes, Genealogies and Phylogenies*, (Cambridge: Cambridge University Press, 2013) などがある。

2　実例として紀元前二世紀に書かれたトビト書8章6節には「彼らより人の裔、生まれたり」とある。

3　これは現在の進化についての理論が正しい道を進んでいるかどうかにかかわらず言えることだろう。

4　その「創造が」デノボによって新規に行われたものか、それとももっと長いプロセスを経て行われたものなのかは、まだ議論の余地がある（いずれにしても、神が創造していることに変わりはない）。

5　総括的な議論については、John H. Walton, *Genesis*, NIV Application Commentary (Grand Rapids: Zondervan, 2001), pp. 367-69. を参照。

6　ノアに関してでさえ、この箇所の主張は限定的である。パウロが主張しているのは、私たちが共通の人間性において、誰もが神への飢え渇きを持っているということであり、実際、私たちがみな、神の子孫であるということだ（明らかにこれは生物学的・遺伝学的な表現ではない）。私たちの共通性は、神との遺伝関係を必要としないとの同様、ノアとの遺伝的関係も必要としない。さらに言えば、たとえこの箇所が遺伝的な多様性を扱っているとしても、物質的な起源については何も述べていない。

7　対してＮＩＶでは、彼女は母に「なる would become」と訳している。ヘブル語でそのように言いたいのであれば、別の動詞構文がある［訳注＝新改訳２０１７はこの節については問題がない。一方、4章20節、21節は「先祖となった」と訳されているが、3章20節と同じ文法であるから、「父だった」と訳すのが適当だと思われる］。

8　連帯的首長という概念は、宗教改革の中で、ヨハネス・コッケイウスや、ジョン・カルヴァンによって広められた。ローマ人への手紙5章に基づいて、アダムを人類の「連帯的」首長として捉え、生物学的なものよりも、契約的なものとして彼の首長としての役割を考える。同じように、キリストも恵みの契約のもと、連帯的なかしらとなられたのだ。

## 提言21　人間と動物の間に物質的な連続性があるとしても、人間は独自の生き物であり神の特別な被造物と捉えられる

前の章では、「アダムとエバ」とその後に続く私たちを含めたすべての人々との関係について論じた。本章では、アダムとエバとそれ以前の存在との関係について考えていこう。現代科学の合意事項（コンセンサス）は、すべての生物種の間には物質的な連続性（厳密に言えば、系統発生的な連続性）があることを認めている。**進化モデル**は、**共通祖先**から時間をかけて徐々に変化していく過程についての一つの説明を提示する。すべての種に共通祖先がいると想定することと、どのようなメカニズムで変化のプロセスが生じたのかを説明することはまったく別のことである。前者は、科学者の間ではほぼ常識となっているが、後者は、今でも活発に議論されている事柄である。

化石記録、比較解剖学、ゲノムも一様に共通祖先を指し示しているが、どのような要因で変化したのかについての情報は提供していない。言ってみれば、これらはみな、それぞれの段階でのスナップショットであり、進化モデルはそれらのスナップショットを一つの動画にしようと試みるようなものだ。したがって、系統的連続性や共通祖先の概念を（比較ゲノム学や化石記録から得られる知見に基づいて）理論的に受け入れたとしても、進化モデルが目下提案しているメカニズム（突然変異や自然選択など）に対しては、非常に懐疑的であることも可能だ。

進化とは、既知および未知の様々なプロセスの結果として、すべての生物種の間に物質的（系統的）連

続性（生物学的また遺伝的なもので、霊的なものではない）を仮定する、私たちを取り巻く世界についての一つの説明の仕方（解釈）であると定義できる。[1] それは本質的には無神論的なものとも理神論的なものとも言えず、神の摂理や密接な関与を認める余地が十分にある。進化モデルが正しいのかどうかを議論することは、本書の目指すところを越えてしまう。それよりも重要な問題は、共通祖先や物質的連続性という結論が、聖書の忠実な解釈と矛盾なく両立できるのかということだ。

今日、進化モデルを支持する多くの人は、このモデルを創造主なる神の関与に替わるものと考え、進化モデルによって創造主なる神の必要性は廃れたと主張する人までいる。もちろん、このような結論は、キリスト信仰者にとって受け入れられるものではない。しかし別の科学者たちは、共通祖先の概念や、進化モデルの一部を受け入れるものの、共通祖先から時間をかけて変化するプロセスによって、神が創造をしていると見ている。このアプローチは「進化的創造」として知られている。[2] それゆえ、長期間を経ての変化、共通祖先、物質的連続性、さらには進化モデルを考慮することさえ、必然的に神を締め出すことにはならない。これらは神が存在しないとか、神が創造に関与していないという結論を必要としない。このような科学的結論の下であっても、神を創造主として仰ぐことは可能なのだ。

同時に、聖書テクストには、人類の起源に関するそういった理解を示唆するものは何もないことを素直に認めざるを得ないだろう。創世記は古代文書なので、このような現代的な概念を取り上げていると想定することはできない。そうであっても、聖書の権威ある教えに基づく情報が、そのような可能性を除外するのかどうかを問う必要はある。聖書を真剣に受け止めている人が、共通祖先や物質的連続性を信じることはできるだろうか。

最も簡単で表面的な読み方（そして千年以上にわたって信じられてきた読み方）や、古代中東のテクストを参照しない読み方は、**デノボ・クリエイション**によって人類が新たに創造されたと考えるだろう。完全なデノボ説に立てば、物質的な不連続性があるので、人間と他の霊長類の共通祖先はいないことになる。この見解では、神はアダムとエバの特別な創造に直接関与しており、それは他の動物の創造とは異なり、物質的にも他の動物に由来するものは何もないことになる。この解釈は、依然として非常にもっともらしいものだが、再びここで問いたい。このような見解は、聖書が権威を持って主張していることで、このような読み方をしないとしたら、それは聖書の真理を否定することになるのだろうか。

これまでの章で、聖書の権威ある主張を、その文学的、神学的、文化的な文脈において忠実と思われる読む読み方を示してきた。それは、聖書がデノボ説を肯定するものと読む必要はないことを示すものだった。それどころか、聖書は物質的な人類の起源について、実のところ何の情報も提示していないと私は提言した。これは共通祖先や物質的連続性という科学的な主張が、自動的に否定されるものではないことを意味するだろう。

しかし重要なことは、共通祖先や物質的な連続性を採用するとしても、人間が神によって創造され、「神の像(かたち)」を持った独特な霊的存在であるという考えを排除するわけではないと認識することだ。神の像は、神経学的なものではなく、神経科学や遺伝学の観点から物質的に定義されるものでもない。その像は体現されているが、物質的な構成によるものではない。

## 人間の特殊性は霊的なものである

霊的な独自性については、三つの基本的カテゴリーで論じることができる。第一に、12章で論じたことに基づいて、アダムとエバが同時代に存在していた可能性のある他の人間と区別されていることがわかる。それは、聖なる空間において、祭司として人類を代表して仕えるという役割をあてがわれたことによる区別である。これは神から与えられた役割であり、本質的に霊的な役割であることが示されている。これはアブラハムが彼の時代に生きていた他の人々と区別されたのも物質的なことではなく、神によって選ばれ、霊的役割をあてがわれたことだったのと同じであることを思い出すとよい。

第二に、人間には、ある種の霊的性質があるというキリスト教の信条である。人間の霊的部分をどのように説明し理解すべきかについては、いまだに多くの議論がなされている（おそらくは意見の相違も増えているだろう）が、人間は生物学的な標本以上の存在であり、炭素ベースの生命体以上のものだと私たちは信じている。脳神経科学は、私たちが自身を生物学的な標本以上の存在であると理解するに至った経緯を説明することはできるが、それ以上の存在になった経緯は説明できない。これを魂と呼ぼうが、霊と呼ぼうが、また二元論者であろうが一元論者であろうが、キリスト信仰者としては、肉体の死を乗り越えて生き延びる人間の一部、実際には最も重要な部分が存在すると信じている。これは進化するものではなく、共通祖先を持つ他の生物が持っているものでもない。たとえ物質的な連続性があると結論づけても、霊的な不連続性が示されているのだ。これは神の直接的かつ特別な創造行為として（いつ、どのようにしてかはわからないけれども）神から与えられたものであり、私たちを他のすべての被造物と区別する。

人間の霊的独自性の第三の側面は、私たちに与えられた神の像にある。神の像は、私たちの霊的性質と同じではないが、霊的性質と同様、人類の中でただ時間をかけて発達していくものではない。神の像を定義する最も一般的な方法の一つは、「神の像が私たちをすべての被造物から区別する」という命題から始めることで、私もこれでよいと考えている。しかし、私たちを他の生物から区別するものは何でも神の像が何かを語っているという結論に至ることには同意しない。このような理論が、拇指対向性の存在［訳注＝親指だけが他の指と離れ、かつ向かい合っている配置のこと。これは霊長類の中で、二足歩行のヒトのみに見られる特徴］ではなくて、精神的な能力に焦点を当てていることは幸いだ。しかし、神の像とは、脳神経科学的にその発達をたどることができる能力の総体以上のものだと捉えられなくてはならない。神の像とは、その定義上、人間として私たちがどのような存在かということだ。それは人間のしるしではなく、人間にどのようなしるしが与えられているかということである。それは私たちを人間たらしめるものではないが、人間として、私たちには神の像が与えられている。神の像とは、神が人間に直接与えた、霊的に定義される贈り物だと私は信じている。人間は、生物学的には共通祖先を通して時間をかけた変化によって生み出されたものだと考える人々にとって、神の像は、その歴史のある特定の時点で神から人類に与えられたものだろう。それは化石記録やゲノムの中には検出されない。では、ここで神の像とは何か、もう少し詳しく取り上げたい。

**神の像（かたち）**

神の像は様々な分野（創世記の解釈、神学、哲学、美術史、脳神経科学・心理学など）で数多くの論文やモノグラフのテーマとなってきたが、ここでは恥ずかしいほど簡潔にしか取り扱えない。ここでは、こういった諸研究（私自身のものも含めて）が明らかにしてきた神の像について、その諸側面を概観するだけのスペースしかない。ここで取り上げるのは、機能、アイデンティティ、代理、関係性の四つの側面についての簡単な説明である。これらは相互に排他的な選択肢ではなく、それぞれが真理であると提言する。

**機能**　神の像を固有な機能を伴うあてがわれた役割として理解することは、長い間、議論の対象となってきた。最近では、J・リチャード・ミドルトンが提唱している。[3] この見解では、人類は神の代官職として共同で機能するとされる。すなわち、神の像が与えられた文脈（創世記1・26～30）にまさしく示されているように、従わせ、支配する責任を負う管理者である。それは人類全体に与えられた役割として、人類を他の被造物や種と区別する。自己認識や神認識といった脳神経学的に論じ得るいくつかの能力は、人間がこの務めを遂行することを可能にするものだと理解されるかもしれないが、それ自体が神の像を定義するのではない。すべての人間は、精神的、肉体的な機能性の優劣にかかわらず、この共同の自己認識（アイデンティティ）において、果たすべき役割を持っている。

**アイデンティティ**　神の像のこの側面は、私たちの中核となるアイデンティティ、すなわち「これが私たちである」というものを表現する。[4]古代中東において、創造行為の一つに「命名」があったことを思い出してほしい。そこからすると、神が人類をご自分の像として指名することで、人類はそのような存在になる。その像は、私たちの運命と性質に織り込まれる。旧約聖書に出てくる名前のように、それは時間の経過とともに、様々な方法で現実のものとなっていく。このアイデンティティは、私たちの創造主によってあてがわれたものであり、私たちが自分で手に入れられるのでも、自分のうちでただ発達していくものでもない。古代世界で、命名行為が創造のみわざであったのと同じように、このアイデンティティの付与は、特別な創造の霊的なみわざなのだ。

**代理**　古代世界の王が、征服した都市の門のそばや、獲得した領土の境界に自分の像（かたち）を置かせたとき、その像は王の臨在がそこにあることを宣言するものだった。これは代理であるが、単なる代用品ではない。その美しさによって、王と王権についての重要で崇高な理想を伝えていた。[5]神殿に置かれた神々の像は、同じことを、より大きなスケールで行っていた。というのは、神々の像は、儀式によって神の本質をその像に付与したものだからである。このようにして、像の物質的な性質や存在は、（最高の素材が使われていたにもかかわらず）ほとんど重要ではなくなっていた。それは、神の本質を収めるのに適した器になったのであり、それこそが最も重要なことだったのである。その像は、単に神の本質を含むだけではなく、本質的に霊的なものに変化したのだ。[6]

興味深いのは、創世記では、神の像である人間が、最も卑しい材料から造られており、対照的に神の像の価値が比例して高くなっているのが強調されていることだ。しかし古代世界の像と同じように、神の像である私たちは、神の代理として立てられている。私たちは聖なる空間における神の臨在を表している。神の本質は私たちを霊的存在とし、他のどのような生物とも不連続な存在にする。古代世界において、像が聖なる被造物として崇敬されたのと同じように、私たちも真の意味で、神の作品であると見なされるのだ。

**神と人との関係**　ここまで述べてきたカテゴリーには、その前提として、神と民との間に何らかのレベルで関係があることが示唆されていた。この最後のカテゴリーでは、より具体的に、その関係は「親子」という観点で表現するのが最適だという示唆が与えられる。[7]聖書テクストでは、創世記5章1～3節で、アダムが「彼の似姿として、彼のかたちに」セツを生んだという箇所に最もわかりやすい例を見つけることができる。これと同じ考え方は、古代中東にも見られ、像は地上で作られたものであっても、天において生まれたものと見なされた。

**像についてのまとめ**　神の像は、人間が他の被造物とは対照的な霊的な不連続性を持つという特徴に結び付けられた聖書テクストから差し出されるもう一つの証拠である。神の像を理解するための先述の四つのカテゴリーは、相互に排他的なものではなく、それぞれがその記述についての洞察を与えるので、四つすべてを受け入れることができる。この四つのカテゴリーを考える際、すべての人間はこの神的像に参与していると考えなくてはならないことが確認できる。これは個人的なものというより、集合的なものだ。さらに言えば、聖書テクスト中、随所にこの表現が現れることからも明らかなように、アダムとエバが園から追放されたときにも、この像は（損なわれたものの）失われることはなかった。創世記1章で私たちに託された機能は、今もって私たちの責任である。ただその機能を果たすための能力は、現在の私たちの状況ゆえに、様々な仕方で妨げられることがあるだろう。

ここまで、創世記と古代中東の接点を多く見てきたが、イスラエル人が古代世界の標準的な思考様式から外れていた点にも注意を払うことを怠るべきではない。バビロンの神々の像が神殿の聖なる空間に置かれて、神の臨在と啓示を媒介したように、人（神のかたち）も聖なる空間に置かれていた。しかし、イスラエルの礼拝から像は排除されていたのだ。私たちだけが神が許された唯一の像なのである。

## まとめ

この章では、物質的連続性に対する結論は提示しなかった。その代わりに**比較ゲノム学**が歴史的遷移を示唆することを観察した。そこで、神は人間をデノボ・クリエイションによって造られたのだから、そのような歴史的遷移は決して起こらなかったと聖書が主張しているのかどうか、判断しなければならない。聖書テクストの解釈にあたって、**デノボ・クリエイション**を必要としない解釈が可能だとわかれば、神による人間の創造についての別の理解の仕方を考える余地が生まれる。創造主である神の働きを、これらのモデルのいずれの中にも見出すことができるだけでなく、たとえ物質的な連続性が伝統的に考えられてきたことよりも高いレベルであるとしても、長期間にわたる自然の変化やヒトのゲノムに確認されるような事柄によっては説明できない神の特別な創造の働きを認められる霊的な不連続性が数多くの点で見られるということが認識できる。人間はある意味で特別な、神の直接的な被造物である。それは疑う余地がない。不確かなことは、その特別な創造のうち、物質的なカテゴリーに入るのはどれほどなのか、ということである。

1　つまり、自然選択あるいは無作為選択、突然変異といった長きにわたって進化論の一部を構成してきた標準的なメカニズムのいくつかは、説明に耐えるだけの内容を有していない可能性が認められている。科学者たちは、以前からこのことを認識しているので、他のモデルが絶え間なく提唱されているのだ。

2　www.biologos.orgを参照。多数の情報源によって、このアプローチが展開されている。

3　J. Richard Middleton, *The Liberating Image: The Imago Dei in Genesis1*（Grand Rapids: Brazos, 2005）.

4　Ryan Peterson, “The Imago Dei as Human Identity: A Theological Interpretation”（PhD diss., Wheaton College, 2010）.

5　Zainab Bahrani, *The Graven Image: Representation in Babylonia and Assyria*（Philadelphia: University of Pennsylvania Press, 2003）; and Edward Mason Curtis, “Man as the Image of God in Genesis in Light of Ancient Near Eastern Parallels”（PhD diss., University of Pennsylvania, 1984）, ProQuest AAI8422896.

6　Christopher Walker and Michael B. Dick, *The Induction of the Cult Image in Ancient Mesopotamia: The Mesopotamian mīs pî Ritual*, State Archives of Assyria Literary Texts 1（Helsinki: eo-Assyrian Text Corpus Project, 2001）, pp. 6-8に具体的な論考を掲載。宗教的像に関する補足説明はMichael B. Dick, “Prophetic Parodies of Making the Cult Image,” in *Born in Heaven, Made on Earth: The Making of the Cult Image in the Ancient Near East*, ed. Michael B. Dick（Winona Lake, IN: Eisenbrauns, 1999）, pp. 1-53; and Angelika Brlejung, Washing the Mouth: The Consecration of Divine Images in Mesopotamia,” in *The Image and the*

*Book: Iconic Cults, Aniconism, and the Rise of Book Religion in Israel and the Ancient Near East*, ed. Karel van der Toorn（Leuven: Peeters, 1997）, pp. 45-72 を参照。

7 Catherine Leigh Beckerleg, "The 'Image of God' in Eden: The Creation of Mankind in Genesis 2:5–3:24 in Light of the *mīs pî pīt pî and wpt-r* Rituals of Mesopotamia and Ancient Egypt"（PhD diss., Harvard University, 2009）, ProQuest 3385433.

# まとめと結論

ここまでの章で私たちは、アダムとエバ、「園」、「蛇」、そして堕落に関する聖書の主張を検討してきた。この調査の焦点は古代中東の文書として創世記のテクストを見ることにあった。とりわけ関心を払ってきたのは、聖書の主張が人類の起源についての現代科学の合意事項（コンセンサス）とどの程度衝突するのか、あるいはしないのかを見定めることだった。その取り組みの中で、科学的な主張や古代中東の主張を聖書に押し付けてしまわないよう細心の注意を払ってきた。その代わりに、聖書の主張を他の資料には拠らずに評価し、その上でのみ、他の古代中東文献に見出だされた事柄と比較し、また科学的発見に基づいて提出された証拠と比較するように努めてきたのである。私たちは、創世記が古代中東の文献に見られるような枠組みによってある程度特徴づけられていると予期している。なぜなら、神は古代中東の文化の中に生きる古代イスラエル人に対して意思疎通を図られたからだ。また、私たちは創世記を適切に読むならば、私たちの世界について科学者たちによって明らかにされた真理と共存できるものだと予期している。なぜなら、世界も聖書も、その双方が神から生じたものだからである。

この本の最初の数章は、先に私が提唱した創世記1章の解釈〔訳注＝『創世記1章の再発見――古代の世界観で聖書を読む』〕の要約である。そこで注目したのは、創世記1章が物質的宇宙の起源ではなく、秩序や機能、役割といった事柄の起源と関係が深い話だという考え方だ。神が確立した秩序は「宇宙（コスモス）」に聖なる空間を開闢（かいびゃく）した。神が意図したことは、ご自分の像（かたち）である人間のために自ら備えた場所に入って、そこで人々と関係を持つことだった。

これに続く創世記2章が告げるのは、聖なる空間の地上的な中心を設立することだ。それは「園」と認識されるものの中にあり、アダムとエバは聖なる空間で仕える祭司の任に就き、そこで神の啓示を仲介し、神に近づく助けをする役割を担った。アダムとエバはその形成において、原型として表現されている。すなわち二人はすべての人を体現し、二人の形成の叙述において断言されることは、すべての人の成り立ちを語る。したがって、その特徴は、アダムとエバの固有性を示すものではない。すべての人は大地のちりで造られ、女性は男性の「側面」から造られている。アダムとエバは祭司的な代表者としても立てられており、人々が神との関係に招き入れられるとき、二人を通して知恵といのちに至ることができるように定められていた。残念なことに、二人はこれらの恩恵に与ることに失敗してしまった。なぜなら、二人は神に代わって自分自身を秩序の中心とする（すなわち、そうすることによって神のようになる）ことを選んでしまったからである。

創世記で展開されるこれらの要素には、古代中東の文献に類似性が見出されるものもあれば、古代世界でも他に例を見ないものもある。適切な解釈は、両者を認めるだろう。ここに私たちが気をつけなくてはいけないことがある。それはイスラエル人が古代世界の中で何らかの概念を共有している場合でも、彼らを取り囲む文化とは際立った相違を示すことがあるということだ。例えば、古代中東の文献では、人類の創造に、大規模な人間の集団が関与すると考えられているが、その根底にある理由は、（創世記1章に集団的な人間の創造が表現されているとした場合）聖書の文脈での理由とは大きく異なる。古代中東の創造物語で、多くの人間が同時に創造されるのは、神々が自分たちの必要を満たすのに、多くの人間を用いることを意図していたからだ。神々の目的を十分に達成するためには少数の人間の創造ではうまくいかないというわけだ。これとは対照的に、創世記1章には、集団的な人間の創造という考え方を読む余地があるとしても（私はそのように論じた）、そのような理由によるのではない。聖書の神はいかなる必要も抱えていない。そして人間の機能はまったく異なる角度から提示されている。同様に、聖書によって提示される人間存在の役割と機能が、科学を通して立証されることもない。なぜなら、科学は最終的な原因者［訳注＝神のこと］について論じることができないからだ。

私たちの注意を原型的役割に向けてみると、古代中東のテクスト群も人類の起源について原型的な見方をしていることから、イスラエル人の文化的文脈において、原型的役割という考え方は珍しいものではなかったことがわかる。同時に、創世記で展開される原型的表象に見出されるメッセージは、古代中東のものとはまったくかけ離れた類のものであることがわかる。創世記において、原型的表現に結び付けられたメッセージを並べると、次のようになる。

- 人類は死すべき肉体を持つものとして創造された。
- 人類は神によって養われた（園）。
- 人類は聖なる空間で奉仕する役割を与えられた（神との関係を意味する）。
- 人類は男性と女性に分けられ、新しい家族関係を探し求めることになる。

創世記2章の中心的な教えは、こういったポイントで構成されている。神のご性質、人間の性質、そこにある水平的関係と垂直的関係といった重要な概念が、これらによって伝達される。

この人間の形成についての叙述が原型的なものだとひとたび認識するなら、それらは年代学や物質的な人類の起源についての歴史といった観点では意味を持たなくなる。もっとも私は、アダムとエバは歴史的人物であると繰り返し主張している。二人の形成の叙述が性質上、物質的なものではなく原型的なものならば、この過程の叙述は、物質的な創造の出来事としてではなく、人間の性質についての見解として重要なのだ。それにもかかわらず、アダムとエバは現実の過去に生きた実在の人物であると、イスラエル人も、新約聖書の記者たちも信じていたという証拠を、私はテクストの中に見出した。しかし問われるべきことは、この信念は単に文化的なもので、かつてはそう信じられていたが、今日の私たちにはどちらでもよいものなのかどうか、ということだ。これを決定するために私が用いる解釈学の原則は、そのテクストが、その信念の上に神学理論を成り立たせているのかどうかである。例えば、古代世界において人々は、心臓とは知性と感情の座であると信じており、テクストもそれを肯定している。しかし聖書においては、その信念の上に何の神学理論も構築されていない。したがって、その考えが霊感された、神の権威ある啓示ではなく、古代世界ではかつて、そのように考えられていたという単なる文化的な事柄として認識されれば、私は問題なくその信念を脇に置くことができる。

そこで改めて問うことは、神学的教理が、アダムとエバの歴史性から導き出されるものなのかということだ。この問いに関して、聖書についての教理に結び付いた神学と、それ以外（例＝罪など）の教理に結び付いた神学を区別することができる。アダムが系図上に載っているという理由で、アダムの歴史性を受け入れることが、聖書の無誤性を堅持するのに必要であるという単純に言うなら、旧約聖書の著者たちが付随的に信じていた事柄と、聖書が確証する権威ある教えとの区別ができていないことになる。神は当時の人々にどこまで適応されたのだろうか。先に挙げた「心臓で考える」という例に戻ると、無誤性を堅持するために、心臓が生理学的に知性の座であることを信じる必要があるとは誰も言わないだろう。無誤性はそのテクストが確証する事柄に付随するものであって、心臓の生理学はテクストによって肯定されたものではなく、古代の生理学への適応である。私たちはそのように結論してきた。もし、無誤性ゆえにアダムの歴史性が神学的に命じられたものだと訴えたいならば、その人は歴史のアダムがテクストによって提起された権威あるメッセージの一部だということを説得力のある議論によって展開しなくてはならない。その立証は不可能ではないが、他の忠実な解釈者たちは異なる結論に至る解釈を十分な根拠を持って展開するだろう。聖書の著者たちがアダムを歴史的な存在と考えていたかということだけでなく、聖書の教えが、権威あるメッセージを形づくるために、その理解を組み込んでいること、これが論証され得る場合においてのみ、史的アダムは無誤性と結び付く。もし、史的アダムを信じることは文化的なもので、テクストの神学的または啓示的な意図の中で肯定されるものではなく、コミュニケーションの枠組みの一部だと論じる人ならば、無誤性は適用されないことになる。ちょうどメルキゼデクに父も母もない、ということが無誤性の問題にならないのと同じである。私はアダムの歴史性を支持しているので、この理論上の区別を提起する。しかし、聖書を忠実に解釈しようと努めている人が、私と異なる結論に達したとしても、その人たちが無誤性を否定していることにはならないと思う。

テクストが肯定していることと、適応していることとを区別することは、現代だけの問題ではない。なぜならその区別は、科学の黎明期に、聖書解釈に疑問が提示され始めると同時に取り上げられるようになったからだ。例えば、ジャン・カルヴァンは創世記の注解の序論部分で聖書解釈の問題に触れて、モーセが科学的な要素について当時の聴衆に適応していると論じている。

モーセはすべての単純な人たちが共通の感覚をもって認めることを、学説や教養と無関係に、通俗的に記述したが、天文家たちは人間の才能の明敏さが把握し得る限りのことを、非常な労を費やして探求するのである。しかしながら、このような研究を非難したり、科学を断罪したりすべきではない。すなわち、乱心した者らが、自分にとっておよそ未知なものを敢えて拒否するのを常とするようなことに私はくみしないのである。……

また、モーセは、われわれが学問に固有な問題を無視して、この学問の学習から手を引くように願ったのではないことは確かである。ただ、彼は学識ある人と同様に無学また単純な人に対しても教師として立てられていたため、このように粗野な方法による以外その務めを遂行することができなかったのである。もし彼が一般人の知らないことを語ったとすれば、無知な人はこれが己れの把握能力を越えていてわからない、と口実を言ったであろう。要するに、神の御霊はここですべての人ために通常の学校を開くのであるから、すべての人によくわかることを主として取り上げたとしても驚くべきではない。[1]

カルヴァンが太陽系について用いた方法論と視座は、人類の起源についても難なく当てはめることができる。

そこで、無誤性以外の神学的な主張がアダムの歴史性に結び付いていないか、よく考えなくてはならない。アダムの歴史性に依拠している聖書のおもな（唯一のと抗弁する人もいるかもしれない）神学的議論は、堕落の神学である。とりわけ、罪（少なくとも罪に対する人間の説明責任）は、ある特定の行為によって、ある特定の時点にこの世に入り、その行為のために私たちはみな、罪とその結果である死に服すことになったという考え方である。したがって、アダムの歴史性の第一義的な重要性は罪の起源の議論にあり、人類そのものの起源ではない。このことは『アダムの歴史性に対する四つの見方（原題 *Four Views on the Historical Adam* 未邦訳）』においてフィリップ・ライケンによってなされた牧会的な応答の中に暗黙のうちに肯定されている。彼はこのように応答している。「実在した史的アダムなしに、世界も私たちの信仰も理解することは不可能だ。[2]」ライケンは、アダムがそのテクストにおいて、実在の人物として提示されているという考え方には簡単に触れるのみで、彼の議論の大部分は罪に関するものとなっている

（ただ後半は社会学的課題〈三番目〉や宣教学的課題〈五番目〉に移る）。その概要は以下のとおりである。

1 史的アダムは、人類の罪深い性質を説明する。
2 史的アダムは、この世に悪が存在する理由を説明する。
3 史的アダムは（史的エバとともに）性的アイデンティティと家族関係に関する聖書の立場を鮮明にする。
4 史的アダムは、私たちが神の前に義とされることを保証する。
5 史的アダムは、教会の宣教の働きを前進させる。
6 史的アダムは、からだのよみがえりと永遠のいのちという私たちの希望を保証する。

これらのポイントはどれも、いくらでも議論できるし、いくつかのものは明らかに解釈の問題であり、他の誠実な（vona fide）説明が提示されることもあるだろう。とにかく、このライケンの応答はアダムの歴史性にまつわる問題の本当の焦点を描き出してくれる。これらの論点を疑うことなく受け入れたとしても、一般的にアダムとエバに関連する科学的含みに基づいて打ち立てられる神学は一つもないという考えを主張することができるのだ。つまり、アダムとエバは（神学的に言えば！）人類の初めに、ただ一組の人間としてデノボ（de novo）に創造されていなければならず、人類はみなこの二人の子孫でなければならない。本書を通じて、創世記1章では、人間が集団的な形（en masse）で創造された可能性があること、創世記4章では他の人間の存在が前提となっていること、創世記2章の意図は完全にデノボな物質的な人間の起源に関する叙述を提供することを意図していないことについて、聖書的な根拠を提示してきた。もし（1）デノボ・クリエイション（すなわちアダムとエバが最初の夫婦であり、この二人だけがこの世界にいて、全人類の直接の先祖である）という伝統的な主張に依拠し、そこから引き出される教理が一つもないことが証拠によって説得力をもって証明され、さらに（2）健全で、誠実な釈義分析によって妥当性のある別の解釈の選択肢が提示されるならば、こういった伝統的信念だけが唯一受け入れられる解釈だとこだわる理由はなくなるだろう。その場合、無誤性もテクストも、伝統的な信念を私たちから要求することはなく、それらを保持することは好みによる。つまり、人間の起源に関する聖書的で組織神学的な理解は、これまで認識されてきたよりも、より幅広い可能性があり得るのだ。もし科学が逆の証拠を提示することになるなら（きっとそうなると私は思うが）、私たちは自由にその主張を考慮すればよい。別の言葉で言えば、釈義も組織神学も、共通祖先を前提にする現代科学の合意事項に反論する結論を断固として要求しないのなら、科学に異議を唱えるべき確固とした理由はなくなる。だからといって、すべての疑問に今すぐ答えられるという意味ではない。しかし前進は可能である。

読者の中には、聖書テクストについての新しい解釈を受け入れることにためらいを感じる人もあるだろう。「二千年にわたる教会の歴史を無視するのか。私たちは教会教父たちより優れているのか。神はかくも長い間、正しい解釈を私たちに与えないままにしておいたのか。」こういった類の問いは慎重に考えたいという思いの表れで、称賛に値する。しかしながら、こういった事柄に触れるとき思い出すべきことは、宗教改革者に反対した人たちも、似たような異議を唱えたということだ。さらに、この学究的作業において新しく提案されているものは、組織神学的というよりも、主として**釈義的**なものであることに注意したい。

神学的伝統の位置づけに関するこの問いは、重要なもので、この研究分野を専門に扱う著作の中ですでに取り上げられてきた。[3]ここでは、読者に考察を促すための、七つの短い所見を述べるにとどめる。

- 教会教父たちは、互いに大きく意見が対立することがしばしばあった。つまり、教父たち全員が正しいことはあり得ず、完全な一致はそもそも存在しなかった。
- 教会教父たちは、今日においては誰も受け入れないような発言をしたり立場をとったりすることがよくある。私たちは教父たちの思考に縛られるべきではない。
- 教会教父たちの思想や著作は、グノーシス主義、ストア哲学、アリウス主義など、絶えず現れてくる様々な異端や当時の支配的な神学的議論など、彼らの必要に駆られて生まれたものである。教父たちはただ単にテクストを扱っていたのではないし、聖書の著者たちが何を言おうとしたのかに立ち戻ろうとすることはほとんどなかった。
- 教会教父たちは、主としてキリスト論に動かされていた。そのため、教父たちが古代の文脈でテクストについて考える理由はほとんどなかった。神学的には、キリスト教教理の重要な側面を明らかにすることに集中することが、教父たちにとって重要だった。ただ残念なことに、キリスト論に注意を傾けた結果、教父たちの神学と解釈学は、バランスを欠いたものになる傾向があり、それは今日まで続いていると言える。
- 教会史の多くの期間にわたって、著述家や思想家たちは、聖書原語に通じていなかった。それゆえ、彼らはヘブル語のテクストをじっくり読むことのできる立場にはなかった。
- 教会教父たちは、古代世界からの情報を手に入れようがなかった。彼らには、今日の考古学的発掘によって発見された情報源が欠けていた。百万は下らない楔形文字によるテクストにより、今や私たちは、旧約聖書が書かれた古代世界についての重要な情報をかつてないほど入手できるようになっている。

・本書の学究的作業において提示された考え方のいくつかは、教会史の初期において何人かの解釈者たちによって考慮されていたものである。そういうわけで、私たちが思うほど新奇なものではない。

これらの批評的意見は、解釈史をないがしろにし、無視することを勧めているわけではない。ただ、誠実な解釈の歴史は継続していき、テクスト上の証拠次第では、これからも私たちは伝統的に抱いていた考え方から離れることがあるかもしれない、ということだ。

仮にアダムとエバが最初の夫婦でなかったとしても、この二人が神学的にも歴史的にも重要人物であると主張することができる。仮に私たちがみな、アダムとエバの直系の子孫でないとしても、この二人が人類の源として妥当な立場にあることを主張できる。仮にアダムとエバがデノボ・クリエイションでなかったとしても、人類は被造秩序の中で特別な立場を占め、他の種の中で独特無比な存在だと主張できる。

これまで検討してきた最も重要な問題は、人類の起源について、聖書と科学は相互に排斥し合うような主張をしているのか、ということである。現在の科学的合意事項（コンセンサス）は、物質的な（系統発生学的な）連続性の証拠に基づいて、人類は他の種との共通祖先を有しているということだ。聖書テクストをじっくりと読み、組織神学的な研究をしていく中で、そのような物質的な連続性と共通祖先という考え方は許容され得るものだと示される。

私は聖書と科学のデータ双方を説明できる仮説的なシナリオを提案できるような有利な立場にはいないし、そのような意図も持っていない。本書で展開しているのは、もっと限定的な試みであり、聖書と神学が人類の起源に関して要求していることが何かを確定し、それによって科学が提唱することのうち、拒否せねばならないことは何かをはっきりさせることだ。本書で提示した分析は、古代中東文書として創世記を注意深く読むことで得られる釈義的結論と組織神学的な肯定が共通祖先や、ゲノムに観察される歴史から引き出された結論と本質的に衝突するものではないことを示唆する（20章参照）。共通祖先の原理を受け入れることやゲノムによって立証された歴史が実際に起こったと考えることは、今日存在する進化理論を受け入れることと同じではない。ただ、聖書と共存可能な進化理論に道を開くことにはなり得る。あとは科学がベストを尽くして良い議論を展開することに期待する。

最後に、これらのことがなぜ重要なのかと疑問に思うかもしれない。なぜこのような対話を前進させる必要があるのか、私はその理由として四つのことを挙げて、締めくくりとしたい。それは、被造物のケア、奉仕（ミニストリー）、伝道、未来への考慮である。

## 被造物のケア

私たちが自分たち人間を何者だと思っているかによって、周囲の世界との関わり方が大きく変わってくる。興味深いことに、攻撃的な無神論者も原理主義的なキリスト者も、環境からの徹底的な搾取には同意するかもしれない。無神論者は、自らの私利私欲がすべてであるからそのように言い、クリスチャンは、地球はいずれ破壊される運命にあると信じているので、環境に配慮する必要性を感じないわけだ。しかし同時に、無神論者は人間の存在を長期的に見ているので、地球保護に関心を持てるかもしれない。キリスト者は、神がご自分の世界の保護管理者として私たちを任命にしたことを理解するに至ったならば、環境保護に取り組むべきである。神の代官職として、私たちは従わせ、治めることを命じられている。しかしそこには、搾取や乱用を許容する余地は少しもない。私たちはこの宇宙を、究極的に聖なるもの、神ご自身のものとして維持管理する責任を負っている。

## 奉仕（ミニストリー）

科学の諸分野で働いているキリスト者の多くは、自分たちが危険な海域にいることに気づいている。もし彼らがその職場で、公然と自分の信仰を証しするなら、同僚や上司たちから冷遇され、窓際に追いやられるかもしれない。というのは科学志向の世界において、信仰はその仕事の責任能力を著しく減退させると思われているからだ。信仰への献身ゆえに、彼らはまじめに取り合ってもらえず、キャリアが危機に瀕することもあるかもしれない。

そういった人たちが職場で直面している葛藤についての支えや励ましを得ようと教会に来ても、ほとんどの場合、教会もまた彼らのことを不審な目で見ていると気づくだけだ。さらに悪いことに、彼らが科学的合意事項から来る何らかの見解を受け入れるようになり、それが伝統的に教会の非難してきたものであるなら、彼らは教会においても冷遇されることになる。教会が発するメッセージは明確だ。「科学的結論を教会の入口に置いてから入って来なさい。」

こういった状況に置かれた兄弟姉妹に対して、私たちはうまく奉仕ができていない。私たちは彼らに対して、彼らのキリストへの献身は損なわれており、彼らの教会での奉仕は無用のもので、彼らの救いさえも疑わしいと伝えてきたも同然なのだ。私たちは、科学の分野で働く人たちに安全な環境を提供すべく、もっと努力しなくてはならない。彼らから学ぶことが、その助けになるだろう。しかし、時には彼らも混乱していることがある。その場合は、教会がこれらの難しい問題の解決の手助けをすることは適切だろう。ただし、彼らに聖書か科学かを選択させるのではなく、混乱を収め、共存への道を開くことによって助けるのだ。

## 伝道

福音やキリスト教に反対する非キリスト者の多くは、キリスト者は古代神話に入れ込むおめでたい奴らだと言って嘲笑するのが常だ。人類の起源や地球の年齢に関して、一部のキリスト者たちがこれまで行ってきた反論は、キリストの教えを拒否する言い訳を探す人たちにとって、好都合なものになってしまっている。しかし、すべての人が敵意を抱いているわけではなく、傍観している人たちもいるのだ。彼らはキリスト教に興味を持っており、とりわけ好印象のキリスト者に出会ったことのある人はそうである。好奇心や興味があるにもかかわらず、彼らは、キリスト教を受け入れることは、知性を棄てることを意味すると聞かされてきた。彼らは、世俗の世界とキリスト教の世界の双方から、キリストを受け入れることはある種の科学的結論を拒否することだと聞かされ、尻込みしているわけだ。キリスト者になるとは、聖書を信じることであり、聖書を信じるということは、自分たちが慣れ親しんできた科学を投げ捨てることだと言われてきた。だから、彼らは外から眺めるだけに留まっているのだ。

教会は、人の妨害にならない福音を伝えるために、もっとうまくやる必要がある。本書がたどり着いた結論を思えば、キリスト教について探究心を抱いている人たちの懸念を和らげることは簡単だ。聖書を信じるなら地球の年齢が若いと受け入れなければならないのか、キリスト者は、進化論的なモデルを受け入れられないのか、といった懸念である。福音は明快だ。「主イエス・キリストを信じるなら、あなたは救われる。」

## 教会の将来のために

最後に、そしておそらく最も重要な点であるが、聖書のメッセージが科学と衝突するものだと誤って位置づけるとき、私たちは人々にある種の選択を強いることになる。確かに、神が創造主であると断言するとき、私たちは選択をすることになる。しかしキリスト教信仰の中で育てられた若者たちに、科学と信仰の間には争いがあり、ある種の科学的結論を受け入れるなら、聖書を棄て去ることになるのだと伝えれば、彼らはしばしばそれを信じてしまう。問題はそこから先で、地球の古さやゲノム記録に基づく共通祖先について非常に説得力のある説明を突きつけられると、彼らは聖書を棄てなければならないと思ってしまうのだ。それは彼らがイエスのことを信じなくなったということではない。そうではなくて、古い地球説や、ある形の進化理論は聖書とは共存できないと教えられてきたことが原因である。進化論を信じる人たちはクリスチャンではあり得ないと、彼らは自分が尊敬する牧師から聞かされてきた。教会に幻滅した人たちを対象にした度重なる調査では、これは主要な理由の一つに挙げられている。

聖書と科学の論争が、教会を離れる人を生み出す唯一の原因だとは言えないが、最もよく言及されるものの一つであることは間違いない。もし私たちが、彼らがどんな科学的な結論を受け入れようとも、彼らは変わらずに聖書を信じることができ、変わらずにキリストとの関係を持つことができ、変わらずに教会の中で肩身の狭い思いをする必要のないメンバーの一人であることができると、彼らに語ることができるならどうだろうか。それは違いをもたらさないだろうか。こんな論争のせいで、教会の若者たちを失う必要はないのだ。これは読者であるあなたが、科学的な結論に好意的であるか否かに関係する問題ではない。あるいは、本書で展開してきた釈義と神学的結論に、納得がいくかどうかという問題でもない。もし私たちが自分を超えて考え、生き生きとしたキリスト教信仰にとって、解釈の詳細にわたって厳密に一致する必要がないことを受け入れられるなら、教会は私たちの誰よりも大きい存在なのだとわかるかもしれない。もちろん、教会と私たちが呼ぶ大きなテントの外側に置かれるような信仰（あるいは、むしろ不信仰）は存在する。けれども健全な釈義、健全な神学、健全な聖書解釈に基づくのであれば、多様な信仰を受け入れる余地がある。本書で私たちは、創世記1章は神が私たちとの交わりを築き上げることを目標として、聖なる空間を秩序づけることに関するものだと論証した。さらにアダムについての叙述は人類の起源についての叙述であるというより、どのようにして無秩序がこの世界に侵入したのかということについての記述であるとの論証を試みた。これらは聖書の誠実な読み方から導き出されたもので、すべての読者を納得させることはないかもしれないが、無理のない選択肢として提示できる。

どうか、私たちの子どもたちや孫たちのことを考えてほしい。彼らが大学で、人類の起源について私たちが納得できないような、何らかの科学的理解を受け入れて帰宅したとしよう。そのとき私たちは彼らのことを非難し、相続権を奪い、家に入るな、教会にも出入りするな、と言うだろうか。あるいは、聖書と科学の両者を保持するのを可能にする、聖書聖典の誠実な解釈があるかもしれないと提案するだろうか。どうか、このような道が、信仰を薄めて妥協するのではなく、新しい世代にとって必要不可欠になるかもしれない理解へと続く新しいドアを開くものだと信じることができるように。たとい私たち自身はその敷居を跨げないとしても。私たちが誠実な道を描きつつ、若者たちの大量流出を防ぐことができるように、ともに祈ろうではないか。

1 John Calvin, Genesis, trans. John King (Grand Rapids: Baker, 1979 printing), pp. 86-87.（『カルヴァン・創世記Ⅰ』渡辺信夫訳、カルヴァン著作集刊行会、新教出版社一九八四年42頁～43頁）。

2 Philip Ryken, "We Cannot Understand the World or Our Faith Without a Real, Historical Adam," in Matthew Barrett and Ardel B. Caneday, eds., *Four Views on the Historical Adam* (Grand Rapids: Zondervan, 2013), pp. 267-79.

3 ここまでの章で多くの文献を引用してきたが、ここでは特に Peter C. Bouteneff, *Beginnings: Ancient Christian Readings of the Biblical Creation Narratives* (Grand Rapids: Baker, 2008) を挙げておく。

## 用語解説（項目の順序は原書のアルファベット順）

**原型**（archetype）文字どおりの意味では、原型とは回帰的な象徴あるいは典型的要素のことで、性格特性も含まれることがある。架空の登場人物はしばしば、善と悪、英雄と裏切り者などの原型として機能する。本書において私はこの用語を狭い意味で用いている。本書で用いている「原型」は何らかのグループの代表の意味であり、そのグループに属する他のすべての人に体現されている。その結果、グループのメンバーは全員、その代表者の性質を取り込んでいる。

**認知環境**（cognitive environment）これはしばしば「世界観」と呼ばれるもののことである。ある特定の時や文化に属する人々が、自分たちのこと、自分たちの社会、自分たちの世界、自分たちの神（神々）についてどのように考えたのかということの総和と言える。イスラエル人が持っていた認知環境は広く古代中東のものと大変似通っている（明らかに私たち現代のものと比べれば共通するものが多い）が、それと同時に、神の啓示はしきりに、革新的な考えを彼らの認知環境に導き入れている。その大部分は、イスラエル自身についてである。

**共通祖先**（common ancestry）これは進化理論の主要な結論であり、すべての生命が最初の単純な生命形態から発展したということを擁護している。

**比較ゲノム学**（comparative genomics）これは多様な種や亜種の遺伝子配列を比較し、類似点と相違点を同定していく研究過程のことである。そのような比較から、種の発展の歴史を再現するための基礎データが提供される場合がしばしばある。

**デノボ**（de novo）アダムとエバが、先行種とは別に、神の直接的かつ物質的な行為によって、生物学的なプロセスを経ずに造られたと考える人類の起源に関する一つの理解の仕方を指す用語。神が人類を創造する際に用いたのは、同系統も含む他の種との物質的な不連続性（明らかな遺伝的類似性があるにもかかわらず）だとする。現在の人類以前に存在した種の遺伝情報を神が用いた可能性を考慮する場合もあるが、自然的プロセスでは説明できないような物質的な何かの生成に神が関わっていると主張される。ある説では、それは最終段階でＤＮＡにわずかに手を加える程度のことである。「完全なデノボ」と言えば、先行する遺伝情報がまったく関与していないとする考え方を指す。

**認識論**（epistemology）形而上学の一分野であり、知識——その源と本質——を扱う学問。確信を持って何かを知るに至るにはどのようにすればよいのかという問いに答えようとするもの。科学的な実験と理論形成が、今日多くの人にとって認識論の基礎として機能している一方で、啓示［訳注＝おもに聖書のこと］への信仰が認識論の中心的な位置を占めると捉える人もいて、認識論の焦点となっている。

**進化**（evolution）最も基本的で非形而上学的な意味で言えば、進化とは修正を伴う時間をかけた変化の概念を指すものである。もっと正確に言えば、既知および未知のさまざまなメカニズムによって、時間をかけて変化した結果、すべての生物種の間に物質的（系統的）連続性（霊的ではなく、生物学的および遺伝的）があるとする、私たちを取り巻く世界の解釈の一つである。それは本質的に無神論でも有神論でもない。

**エクス・ニヒロ**（ex nihilo）既存の物質を用いずに、物質的なものを造り出す概念のこと。

**釈義／釈義家／釈義的**（exegesis/exegete/exegetical）あらゆるレベルでテクストの分析を記述すること。

**連帯的代表**（federal representative）これはカルヴァン主義によって広められた概念であるが、その起源はエイレナイオスやアウグスティヌスまで遡る。アダムは、契約あるいはそれに類するものによって結ばれているすべての人々を代表する者と見なされる。アダムは、キリストと同様に、人類の連帯的なかしらと見なされる。この概念は、原罪と義の付与を説明する際に用いられる。

**大いなる共生**（Great Symbiosis）メソポタミアにおける宗教の基本は、神々が宇宙を司ることができるように、食料（いけにえ）、住居（神殿）、衣服、より広く言えば崇拝と自由を保証し、神々の必要を満たす奉仕のために人類が創造されたというもの。一方、神々の側は、そういった献げものを守るため、礼拝者を保護し、人々を養う。このように、人間はこの共生関係の中で、神々が宇宙を司るのを（儀式を通じて）助けるという役目を誇りにする。

**ハスモン朝**（Hasmoneans）紀元前二世紀、後にハスモン朝として知られるようになるマタティアスとユダ・マカベアの一族は、イスラエルを支配していたセレウコス朝の支配者に対して反乱を起こした。彼らはユダヤ人の独立を成し遂げ、約八十年の間これを維持した。

**間テクスト性**（intertextuality）この用語は、テクストが他のテクストとどのように関連しているかを指す。間テクスト性の最も明らかな形態は、他のテクストの引用だが、どのようなレベルの使用や引用もこれに当てはまる。

**マソラ学者**（Masoretes）ヘブル語聖書を代々伝えてきたユダヤ人学者のこと。そのルーツは紀元三世紀に遡り、その活動は十世紀まで続いた。テクストの伝統を綿密に伝達するために卓越した写字術が用いられた。彼らは、母音記号や詠唱法などの情報を伝統的な子音テクストに干渉せずに書き込めるように工夫されたシステムを考案した。その写本は、旧約聖書本文の最も信頼できる資料である。

**自然主義**（naturalism）私たちが観察するすべてのものは、因果律の作用する自然法則の探求によって説明できるという考えに、哲学的に傾倒すること。この哲学は被造物に関わり、その中で行動する神の存在を認める余地を与えない。自然科学が、神や超自然的な原因の存在を否定することはしないのと対照的である。

**存在論**（ontology）形而上学の一分野で、存在一般（「存在する」という場合に何を意味するのかを問うこと）から、より限定的なもの（ジェンダーや罪など）の存在を問うものまでである。

**救済論**（soteriology）救いに関する教理のこと。

**定常宇宙**（steady-state universe）この理論は、膨張宇宙論やビッグバン理論に反して、一九三〇年代に展開されていた。定常理論では、膨張する宇宙の中で新しい銀河や星が形成され、宇宙のどこにいても常に同じように見える。

**タルグム・ネオフィティ**（Targum Neofiti）タルグムとは、聖書テクストをアラム語に翻訳・抄訳したものである。このタルグムには、五書［創世記～申命記］のほぼ全文が含まれている。現存するものは、紀元後数世紀に書かれたと考えられるものの十六世紀の写本である。

# 監修者あとがき

本書はJohn H. Walton, *The Lost World of Adam and Eve: Genesis 2-3 and the Human Origins Debate*（Downers Grove, IL: InterVarsity Press, 2015）の全訳で、N. T. Wrightによる寄稿文、*an Excursus on Paul's Use of Adam*（使徒パウロによるアダムの用法についての補説）も含まれている。訳者と出版社との相談により、項目索引、参考文献、著者索引、聖句索引を割愛する代わりに、訳者まえがきを加えた。

著者ジョン・H・ウォルトンは米国ホイートン大学名誉教授であり、旧約聖書および古代中東文化と文献の専門家として多くの著書がある。本書は二〇一八年に邦訳出版した同著者による『創世記1章の再発見――古代の世界観で聖書を読む』*The Lost World of Genesis One: Ancient Cosmology and the Origins Debate*（Downers Grove, IL: InterVarsity Press, 2009）、また*The Lost World of Scripture*（D. Brent Sandyとの共著、2013、未邦訳）に続くThe Lost Worldシリーズ第三弾で、内容的には第一作の『創世記1章の再発見』に連続しており、聖書の権威を重んじる福音主義の聖書観に立ち、テクストそのものから出発しつつ、聖書の著者が置かれた文化や世界観、言語に基づきテクスト本来のメッセージを聞き取ろうとする姿勢で一貫している。それは、「テクストに裏付けられ、古代中東の文脈とも、近年の科学的諸発見とも共存可能な、聖典としての聖書の信頼に足る読み方」（一〇頁）を示すことへと進む。The Lost Worldシリーズはその後、*The Lost World of the Israelite Conquest*（テーマ＝イスラエル人の征服、J. Harvey Waltonとの共著、2017）、*The Lost World of the Flood*（洪水、Tremper Longman Ⅲとの共著、2018）、*The Lost World of the*

*Torah*（律法、J. Harvey Walton との共著、2019）、*The Lost World of the Prophets*（預言書、2024）と次々に出版され、全七巻で完結と思われたが、「創世記の失われた世界への新たな探求——起源に関するさらなる議論」（直訳）*New Explorations in the Lost World of Genesis: Advances in the Origins Debate*（2025）の出版が予告されており、シリーズ最初の『創世記1章の再発見』（邦題）に最新の研究成果を加えて内容を更新拡張した著作が世に出るとのことである。どれも興味津々のタイトルだが、一連のシリーズすべてが邦訳出版されるのは、今回の出版にかかった年月や労力を思うと、夢のまた夢であろうか。

本書との出会いは、二〇一四年十一月に米国カリフォルニア州サンディエゴで開催された、第六十六回米国福音主義神学会（ＥＴＳ）に日本から参加した丸山悟司氏（御園バプテスト教会牧師、聖契神学校教師）が、おみやげとして本書の非売品校正刷り（先読み版）を著者ウォルトンのサイン入りでプレゼントしてくださったことに始まる。同年同月に奈良で開催された、日本福音主義神学会全国研究会議で筆者が主題講演をした際に、ウォルトンの「創世記1章の失われた世界」（原題）を引用したことから同書の邦訳出版企画がスタートした経緯を思うと、不思議なタイミングであった。丸山氏は、クリスチャン新聞二〇一五年一月四／十一日号に「アダムの史実性と聖書の無誤性」とのＥＴＳレポートを書いているが、内容は主にウォルトンが著した本書の紹介である。このＥＴＳでは立場の異なる四名の聖書学者がアダムの史実性に関する議論を戦わせたが、そのベースにあるのは前年にカウンターポイントシリーズの一作として出版された、「史的アダムに関する四つの見解」（未邦訳）*Four Views on the Historical Adam*（Zondervan, 2013）で、この書に寄稿している Denis O Lamoureux, John H. Walton, C. John Collins, William D. Barrick の四名が、前述のＥＴＳでそれぞれ自説を発表し、その中で最も注目を浴びたのがウォルトンだったわけである。より詳しい報告については、「舟の右側」二〇一五年一月号に、「『アダム』とは誰か？　米国福音主義神学会に出席して」との記事を丸山氏が寄稿しているので、バックナンバーを参照されたい。

本書における著者ウォルトンの狙いは、創世記2～3章が人類の起源について現代科学の共通理解とどの程度衝突するかを見極め、科学的主張も古代中東の主張も聖書に押し付けることなく、聖書テクストを独自に評価した上で古代中東文献や科学的証拠と比較し、アダムとエバ、園、蛇、堕落などのトピックについて、従来の一般的解釈をいったん脇へ置き、聖書が本来何を伝えようとしているのかを虚心坦懐に聴き取ることである。提言1～提言5は『創世記1章の再発見』の要約で、創世記1章が物質的起源ではなく機能的起源を叙述しており、無からの創造よりも秩序や役割／機能の確立に焦点が当てられていることと、天地創造の七日間は宇宙神殿（聖なる空間）の落成が主題であることを示す。提言6以降でウォルトンは、聖なる空間の地上的中心が「園」の中にあり、アダムとエバは神啓示を仲介し神に近づく助けをする「祭司」の役割を与えられ、その役割と形成過程が「原型」として表現されていると主張するが、この「原型」（archetype）こそ本書におけるアダム理解のキーワードである。詳しくは本文をお読みいただくとして、ウォルトンが常に意識するのは、「聖書を誤りなき神のことばとして読むため、テクストは私たちにどのような読み方を要請しているのか」である。著者はアダムとエバの固有性と歴史性を信じているが、それは必ずしもアダムが最初の人間かつ完成体（デノボ）として創造され、人類はすべてアダムとエバという一対の夫婦から出て来たことや、アダムの罪が後の人類に遺伝的に伝達されたことを意味しない。だから、そのような従来型のアダム理解に慣れ親しんできた者にとって、ウォルトンの主張は新鮮かつ聖書的で目からウロコとなるか、福音派の聖書観を逸脱し科学や進化論を擁護する危険な読み方と受け止められるか、分かれるであろう。ぜひ前者となってほしいというのが筆者を含めた翻訳チームの願いであるし、同じ地平に立つN・T・ライトの、パウロのアダム理解に関する胸のすくような寄稿文はこれを後押ししてくれるであろう。

最後になるが、前書に続いて邦訳出版に携わった翻訳チームの皆さんに感謝を述べさせていただきたい。筆頭は言うまでもなく、翻訳者の原雅幸氏である。超多忙な牧会の傍らこつこつと下訳を進め、推敲訳については時間的制約が厳しい中、期限までに仕上げてくださった。筆者の作業の遅れから、出版が大幅にずれこんだことを申し訳なく思う。追い込み真っただ中の六月、説教と神学校紹介で教会へ招かれ、熱心かつ緻密な牧会伝道の現場を垣間見たことで、まさにその地平から今回のわかりやすい翻訳が生み出されたことに至極納得した。また、メインの監修者である中村佐知氏にも心よりお礼を申し上げたい。下訳の監修、初校の監修ともに的確なアドバイスをしてくださり、訳者と筆者は大いに助けられた。青臭い表現で恐縮だが、前書にも増して篤き友情の賜物と胸に迫る思いである。今回も、科学／神学用語担当の監修者は無きに等しい作業量にとどまっている。そして編集者の根田祥一氏は、遅れに遅れた現状に対して的確な作業工程表を提案し、お尻に火が付いた筆者は、家族も驚くほどの集中力で期限に間に合わせることができた。加えて、今回も本書出版の意義を理解し、後押ししてくれた聖契神学校理事会に感謝したい。

戦禍と対立に揺れ動く世界情勢と多様な価値観が渦巻く現代世界にあって、「聖書信仰」の中身と実質がますます問われる日本のキリスト教界に本書を送り出すことができるのは大きな喜びである。本書が、諸教会の真の成長に少しでも役立つのであれば、翻訳チーム一同にとってこれ以上の励ましはない。

二〇二四年八月十七日
残暑厳しい中目黒にて

聖契神学校校長　関野祐二

# アダムとエバの再発見
## 古代の世界観で聖書を読むⅡ

2024年 10 月10日　発行

著　者　ジョン・H・ウォルトン
訳　者　原　雅幸
監　修　関野祐二、中村佐知
印刷製本　日本ハイコム株式会社
発　行　いのちのことば社
〒164-0001 東京都中野区中野2-1-5
電話 03-5341-6923（編集）
03-5341-6920（営業）
FAX03-5341-6921
e-mail:support@wlpm.or.jp
http://www.wlpm.or.jp/

ISBN 978-4-264-04520-5